清华大学车辆与运载学院系列教材

汽车构造
——动力系统

主　编　李建秋

副主编　王　志

参　编　裴普成　徐梁飞　高大威

　　　　李　哲　冯旭宁　张俊智

　　　　胡尊严　张剑波　何承坤

　　　　齐运亮　黄朝胜　李　亮

清華大学出版社
北京

内 容 简 介

本书是聚焦汽车动力系统的专业书籍,系统介绍了各类动力系统的技术原理与发展脉络。首章概述汽车动力系统的发展历史、基本组成、性能评价指标及发展趋势,随后分章详述内燃机动力系统、动力电池系统、车用驱动电机系统、车用燃料电池发动机、混合动力系统、纯电驱动动力系统等内容。全书既涵盖了内燃机的曲柄连杆机构、配气机构等传统结构,也深入解析了锂离子电池成组技术、燃料电池堆构造等新能源技术,同时展望了各动力系统在高效化、电气化、低碳化、智能化等方面的发展趋势,兼具理论深度与技术前瞻性。

本书适合车辆工程、能源动力等专业的高校师生作为教材或参考书使用,可辅助读者构建系统的汽车动力系统知识体系;也可供汽车行业研发工程师、技术人员查阅,助力其掌握传统与新能源动力系统的技术细节与前沿动态;同时,还能满足汽车爱好者对汽车动力系统原理及行业发展的求知需求,是一本兼顾专业性与科普性的实用读物。

图书在版编目(CIP)数据

汽车构造. 动力系统 / 李建秋主编. -- 北京 :清华大学出版社,2025. 8.
(清华大学车辆与运载学院系列教材). -- ISBN 978-7-302-70157-6

Ⅰ. U463
中国国家版本馆 CIP 数据核字第 2025U6Y283 号

责任编辑:冯　昕　龚文方
封面设计:傅瑞学
责任校对:王淑云
责任印制:丛怀宇

出版发行:清华大学出版社
　　　网　　　址:https://www.tup.com.cn,https://www.wqxuetang.com
　　　地　　　址:北京清华大学学研大厦 A 座　　　邮　　编:100084
　　　社 总 机:010-83470000　　　　　　　　　邮　　购:010-62786544
　　　投稿与读者服务:010-62776969,c-service@tup.tsinghua.edu.cn
　　　质量反馈:010-62772015,zhiliang@tup.tsinghua.edu.cn
印 装 者:三河市科茂嘉荣印务有限公司
经　　销:全国新华书店
开　　本:185mm×260mm　　印　张:12　　　　　　字　　数:291 千字
版　　次:2025 年 8 月第 1 版　　　　　　　　　印　　次:2025 年 8 月第 1 次印刷
定　　价:39.80 元

产品编号:103681-01

前　言

随着汽车行业的飞速发展,动力系统作为汽车的"心脏",其技术革新呈现电动化、智能化的趋势。《汽车构造——动力系统》旨在为车辆工程及相关专业学生,以及汽车动力领域的技术与管理人员,提供全面深入的专业知识,可作为专业教材与参考书籍使用。

当前,全球对环保与能源问题的关注度日益提升,汽车动力技术呈现出多元化的发展态势。内燃机动力系统凭借其能量密度高、续航里程长、产业链成熟等优势,在相当长时期内仍将是汽车动力的重要组成部分;混合动力系统通过内燃机与电机的协同工作,能有效降低能耗与污染排放,已成为乘用车的重要动力之一;纯电驱动动力系统因其低能耗、零污染排放的优势,发展前景日益广阔;燃料电池动力系统则因续航里程长、零污染排放等特点,在长途重型车辆领域展现出巨大潜力。

本书围绕上述汽车动力系统展开全面介绍。第 1 章概述,介绍汽车动力系统的发展历史、基本组成、性能评价指标以及发展趋势。第 2 章介绍内燃机动力系统,阐述内燃机的发展简史、基本术语和工作过程、典型结构与组成、基本性能参数等。第 3 章介绍动力电池系统,阐述锂离子电池单体、成组和系统等。第 4 章介绍车用驱动电机系统,阐述其发展简史,介绍车用驱动电机结构、电机控制器基本结构、车辆对驱动电机系统的性能要求等。第 5 章介绍车用燃料电池发动机,阐述燃料电池类型,发动机的结构与组成、基本特性,车载储氢系统的结构与组成,等等。第 6 章介绍混合动力系统,阐述串联式、并联式、混联式混合动力的结构与组成等。第 7 章介绍纯电驱动动力系统,阐述了轿车纯电驱动系统、商用车纯电驱动系统、锂电池纯电驱动系统与燃料电池纯电驱动系统的基本构成、系统构型等。

本书在内容编排上,注重各动力系统间的对比与联系,以帮助读者更好地理解不同动力系统的工作原理、特点及应用场景。书中内容力求贴合行业发展前沿,反映最新技术成果。希望通过本书,读者能够全面掌握汽车动力系统的知识,为从事汽车行业相关工作奠定坚实基础。

本书由李建秋担任主编,全书共 7 章:第 1 章由李建秋负责编写;第 2 章由王志负责编写,齐运亮参与部分编写;第 3 章由李哲和冯旭宁负责编写,张剑波参与部分编写;第 4 章由高大威负责编写;第 5 章由裴普成、徐梁飞负责编写;第 6 章由张俊智负责编写,何承坤参与部分编写;第 7 章由胡尊严负责编写,李建秋、黄朝胜、李亮参与部分编写。

此外,对本书编写作出贡献的还有刘伟、蔡开源、刘世宇、张启航、刘尚、张昊、雷诺、林哲龙、刘奕、毛建树、张翼霄、王巍、李莉、吴芷璇、彭勇、毛烁源、邹梦珍、周伟男、邵扬斌、徐领、赵阳、张曦元、于世航、刘浩云、马瑞海、李亚伦、胡家毅、魏一凡、余波阳、严可汗、陈正先、石秉坤、姬雪等。

本书在编写过程中得到了本领域专家和企业的大力支持。感谢比亚迪汽车工业有限公司杨冬生正高级工程师、陆国祥高级工程师,中国科学院电工研究所苟晋芳博士和张仲石博士,东风商用车有限公司张宏飞正高级工程师、余宏峰高级工程师,中国第一汽车集团有限公司韩令海正高级工程师,北京新能源汽车股份有限公司向长虎高级工程师,以及北京亿华通科技股份有限公司、南京清研易为新能源动力有限责任公司。

最后,殷切希望广大读者对书中漏误之处予以批评指正。

编 者

2025 年 6 月

目　　录

第1章 汽车动力系统概述

1.1 汽车动力系统的发展历史

汽车在发展过程中其动力系统经历了数次技术革命。蒸汽机是汽车上应用的第一种动力源,1769 年法国人 Nicolas-Joseph Cugnot 制造了世界上第一辆蒸汽驱动的三轮汽车,此后不断有蒸汽汽车出现并投入运输。1876 年,德国工程师 Nikolaus Otto(尼古拉斯·奥托)成功试制出世界上第一台实用的活塞式四冲程煤气内燃机,为内燃机汽车的发明奠定了基础。1885 年,德国人 Gottlieb Daimler 和 Karl Benz 分别制成了四轮内燃机汽车和三轮内燃机汽车,成为汽车发展史上最重要的里程碑之一,此后内燃机汽车开始蓬勃发展。到 20 世纪 90 年代出现了插电式混合动力汽车(PHEV)和混合动力汽车(HEV)。21 世纪初期至今,由于车用动力电池技术的突破,纯电动汽车又开始了蓬勃发展,汽车的动力系统逐渐走上了电动化的潮流。

1.2 汽车动力系统的基本组成

汽车动力系统是汽车上负责能源的存储、转化、传递直到输出的装置总成,其组成如下。

(1) 车载能源存储装置,用于在车辆中存储不同形式的能源,以供车辆行驶或其他设备的运行。一款车型根据其使用能源的种类可以拥有一个或多个储能装置,内燃机汽车的能量来源为液体燃料(如汽油、柴油等),对应的能源存储装置为燃油系统。纯电动汽车的能源存储装置是各类型的电池。对于混合动力汽车和燃料电池汽车而言,前者的能源存储装置为燃油系统和电池,后者为储氢瓶和电池。

(2) 车载能源转化装置,用于将上述能源转化为其他装置需要的能源,包括内燃机、电机、燃料电池、DC(直流)/DC(直流)转换器和 DC(直流)/AC(交流)逆变器等。内燃机可以将燃油中的化学能转化为曲轴运动的机械能,用于驱动车辆。电机既可在车辆驱动时将电能转化为机械能,也可以在车辆制动时将机械能转化为电能进行回收再利用。燃料电池将氢气和氧气的化学能转化为电能。DC/DC 转换器可以将动力电池输出的直流电转化为另外一种电压的直流电,比如从 600 V 高压转换到 12 V(轿车)或者 24 V(商用车)等,为车载低压设备供电。DC/AC 逆变器用于将电池的直流电转化为多数驱动电机(如永磁同步电机、交流感应电机等)使用的交流电。

(3) 车载动力输出装置,用于将其他能源(主要是化学能和电能)转化为可以驱动车辆行驶的机械能并输出。内燃机和电机既是能源转化装置,也是动力输出装置。

(4) 车载动力传动装置,用于将内燃机或电机输出的机械能传递到车轮。以燃油车为例,其动力传输路线为内燃机→离合器→变速器→传动轴→主减速器和差速器→半轴→车轮。纯电动车的动力系统中存在动力电池、逆变器和电机三大部件之间的电能传输,电力线缆是它们之间的动力传输装置;在机械能的传递方面,其动力传动系统根据拓扑结构分为集中式驱动和分布式驱动两类。集中式电驱动系统在燃油车基础上保留了变速器、传动轴、主减速器和差速器等结构,其中变速器的结构相对简单,仅有1～2个挡位。分布式驱动系统根据电机位置不同可以分为轮边电机驱动和轮毂电机驱动,电机输出的动力通过减速器传递给车轮,或直接驱动车轮。

（5）车载动力热管理系统,用于耗散车辆动力系统运行过程产生的热量,保证内燃机、电池、电机等部件的正常运行,提高车辆性能与可靠性,或者加热低温状态的内燃机和电池、燃料电池,使其迅速上升到正常工作温度。目前内燃机、电机、燃料电池和DC/DC转换器大都采用水冷系统散热,少数内燃机采用风冷散热,部分电机为了追求更高的输出功率,也可以采用油冷散热,加热系统包括热泵加热、电阻丝或PTC(正温度系数)加热。

（6）车载动力控制系统,用于采集上述不同动力装置的各种传感器信号并通过网络协调控制动力系统各零部件的状态。控制系统一般由多个控制器和通信网络[CAN(控制局域网络)总线、实时以太网总线、FlexRay等]以及传感器、执行器和线束组成。

1.2.1　内燃机动力系统

根据内燃机和驱动轮位置的不同,常见的燃油车可以分为前置发动机前轮驱动(FF)、前置发动机后轮驱动(FR)、后置发动机后轮驱动(RR)和四轮驱动(4WD)。

典型的内燃机前置后驱动力系统如图1-1所示。内燃机将燃油中的化学能转化为机械能,经过离合器、变速器、传动轴、主减速器和差速器、半轴,最终传递到车轮,驱动车辆行驶,详见第2章内燃机动力系统。

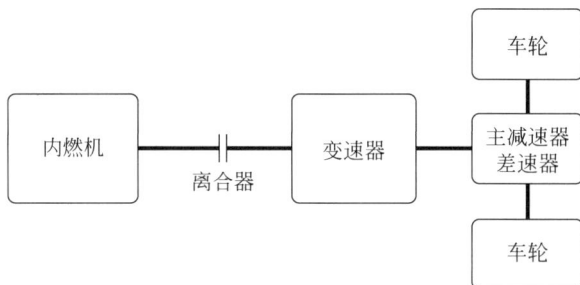

图 1-1　内燃机动力系统

1.2.2　混合动力系统

根据内燃机与驱动电机之间能量流与动力传递的关系,混合动力系统可以分为串联式混合动力系统、并联式混合动力系统、混联式混合动力系统。以串联式混合动力系统(图1-2)

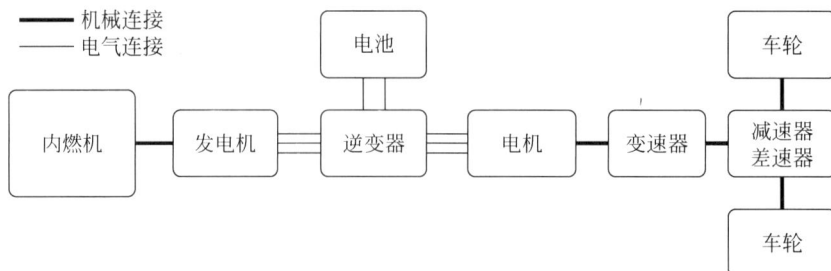

图 1-2　串联式混合动力系统

为例,内燃机带动发电机发电,产生的电能用于供给驱动电机以及给动力电池充电。由于内燃机仅用于发电,其运行工况与车辆行驶工况解耦,因此可以控制内燃机工作在高效率区域。详细的混合动力系统介绍见第 6 章。

1.2.3 纯电动力系统

图 1-3 所示为集中式纯电动力系统的拓扑结构,电池输出的直流电经过逆变器转化为驱动电机运行的交流电。电机通过转子旋转输出机械功,经过变速器、减速器和差速器、传动轴等部件,传递到车轮上。详细的纯电驱动构型,可见本教材的第 7 章。

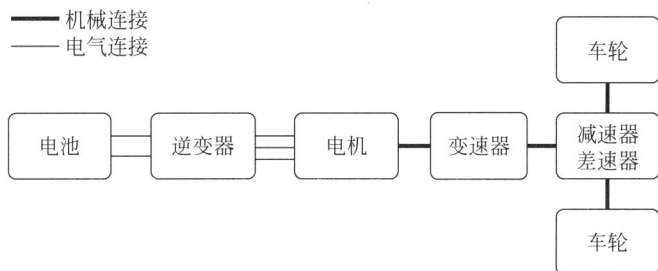

图 1-3 纯电动力系统

1.3 汽车动力系统的性能评价指标

1.3.1 动力性评价指标

汽车动力系统的动力性由动力输出部件本身的特性及整车的动力性来衡量,通常使用以下指标评价:

(1) 内燃机或电机的外特性或万有特性。内燃机的转矩转速外特性是指内燃机全负荷时转矩随着转速变化的特性;电机的外特性是指电机的最大转矩随转速变化的特性。万有特性图通常以转速为横坐标,转矩为纵坐标,描述不同转速和转矩下的排放、油耗、效率、功率等关系,通常制成等高线图的形式,也被称为 MAP 图。

(2) 汽车原地起步加速时间和超车加速时间。原地起步加速时间是指车辆从停放开始起动,将加速踏板快速踩到底加速到某一指定车速,从开始踩下加速踏板至车辆达到指定车速的时间。通常轿车采用 0~100 km/h 加速时间评价,货车采用 0~60 km/h 加速时间评价。超车加速时间是指车辆从某一非零车速开始,将加速踏板踩到底直到加速到另一更高车速,从踩下加速踏板至车辆达到指定车速的时间。内燃机轿车 0~100 km/h 加速时间一般在十几秒,电动汽车的相应加速时间在 3~4 s 即可完成。

(3) 最大输出转矩和最大爬坡度。内燃机的最大输出转矩是指内燃机全负荷时测得的最大转矩。电机的最大输出转矩是指电机工作在恒转矩区时能达到的最大转矩。最大爬坡度是指汽车在良好路面上,满载状态下所能通过的极限坡道,采用坡道垂直高度与水平距离的百分比表示。

(4) 最高转速和最高车速。内燃机和电机的最高转速是指其被设计能够工作的最高转速。对于最高车速,由于内燃机和电机的特性不同,我国使用不同标准来评价非电动汽车和电动汽车。内燃机汽车的最高车速是指汽车能够保持的最高稳定车速。电动汽车最高车速由 1 km 最高车速和 30 min 最高车速来衡量。1 km 最高车速是指电动汽车能够往返各持续行驶 1 km 以上距离的最高平均车速。30 min 最高车速是指能够持续行驶 30 min 以上的最高平均车速。

1.3.2　经济性评价指标

一定工况下汽车行驶百千米的燃油消耗量是经济性评价的关键指标。影响因素包括动力系统各部件的工作效率与测试时所选定的循环工况。新能源汽车与燃油车动力系统的差异主要体现在动力系统工作效率上。燃油车效率主要由内燃机-变速器-传动系统的工作效率决定；电动汽车动力系统的工作效率，主要由电池充放电效率、电机和控制器工作效率、减速和传动装置的效率等因素共同决定；混合动力汽车动力系统的工作效率还与能量流的分配与管理方式有关。图 1-4 所示为卡车柴油发动机的万有特性，其中绘有等功率线与等燃料消耗率曲线，与图 1-5 所示车用电机的转矩-转速-效率特性 MAP 图对比，可以发现电机转矩、转速可正可负，能够四象限运行，而且低速转矩高，功率输出范围宽，经固定齿比减速器减速后即可驱动车辆，而发动机一般不能反转（转速不能为负），常需与多级变速器联合使用才能满足车辆驱动需求。

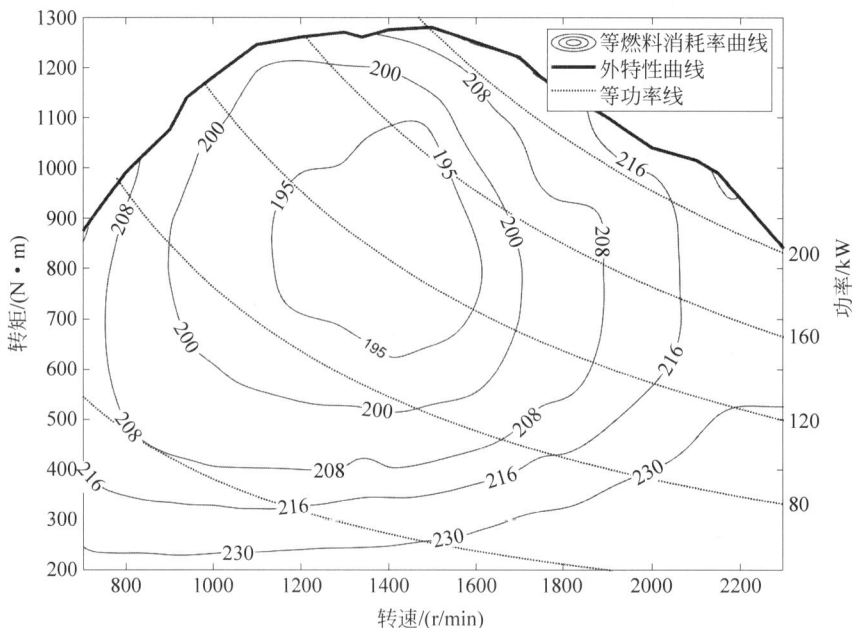

图 1-4　内燃机的万有特性

循环工况决定了经济性指标评定时算得的油耗、能耗指标的可信度。工业和信息化部组织制定的《乘用车燃料消耗量限值》（GB 19578—2021）提出在 2025 年前,传统能源乘用车、插电式混合动力乘用车的试验循环工况将由 NEDC(new European drivig cycle,新欧洲驾驶循环)切换为 WLTC(world light vehicle test cycle,世界轻型车辆测试循环),工况的改变将影响车辆综合燃料消耗量。同时,《重型商用车辆燃料消耗量测量方法》（GB/T 27840—2021)、《轻型混合动力电动汽车能量消耗量试验方法》（GB/T 19753—2021)、《载货汽车运行燃料消耗量》（GB/T 4352—2022)、《载客汽车运行燃料消耗量》（GB/T 4353—

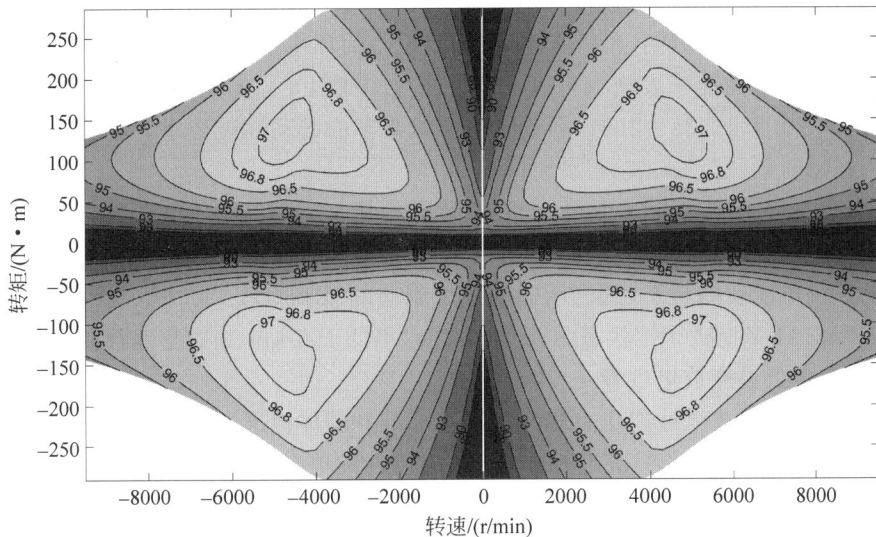

图 1-5　驱动电机的四象限效率 MAP 图

2002）等国家标准的颁布与实施进一步规范了不同车型经济性指标的测量方法，兼顾了油耗、氢耗、电耗等指标的横向比较差异性。

1.3.3　排放性能评价指标

　　内燃机排放的主要污染物主要是一氧化碳（CO）、碳氢化合物（HC）、氮氧化物（NO_x）和颗粒物等。后处理是减少污染物排放的主要方式，具体包括净化技术、捕集技术、转化技术等。2019 年以后，《轻型汽车污染物排放限值及测量方法（中国第六阶段）》（GB 18352.6—2016）、《重型柴油车污染物排放限值及测量方法（中国第六阶段）》（GB 17691—2018）两部国家标准强制实施，直接对标欧美标准要求汽油车的一氧化碳排放量降低 50%，总碳氢化合物和非甲烷总烃排放限值下降 50%，氮氧化物排放限值降低 42%。

　　在温室气体排放方面，全生命周期的碳排放也是车辆排放性能指标的另一个评价维度。《中国汽车低碳行动计划研究报告》（2021 年发布）指出，汽油、柴油、常规混合动力、插电式混合动力、纯电动五种乘用车的生命周期碳排放范围在 146.5～331.3 gCO_2/km。其中柴油车碳足迹最高，纯电动车碳足迹最低。相较于汽油车，插电式混合动力车和纯电动车的降幅分别为 12.7%、39.4%，主要由燃料周期碳排放降低造成，插电式混合动力车和纯电动车燃料周期碳排放相较于汽油车，减排幅度分别为 28.8% 与 57.2%。随着车型级别的增加（车型变大），燃料周期占比呈现逐渐减小的趋势；对于相同级别车辆，SUV（运动型多功能汽车）的碳足迹普遍高于轿车。

1.3.4　环境适应性评价指标

　　环境适应性指的是车辆在寿命的预期内，在各类环境条件的作用下，实现预定功能以及性能并不受到破坏的能力。汽车动力系统的环境适应性主要包括内燃机、驱动电机、动力电池及其控制系统在内的环境适应性。

1. 内燃机和驱动电机的低温冷起动性能

内燃机低温冷起动性能：在一定温度、大气压力的环境中按要求静置后，通过汽车的起动时间、起步行驶等性能来表征汽车机动运行能力。我国专门制定的国家标准《汽车起动性能试验方法》(GB/T 12535—2021)明确了内燃机汽车的起动性能要求，其主要性能指标有：环境温度、拖动时间、起动次数、起动时间等。

北京市发布了团体标准《纯电动汽车低温冷起动性能要求及试验方法》(T/BJQC 201903—2020)，在规定试验环境温度下，满足规定状态的纯电动汽车，按规定要求进行试验，从驱动系统电源切断状态，到表示驱动系统就绪的"READY"或"OK"状态，用时不超过10 s；进入"READY"或"OK"状态后，车辆应能以不低于5 km/h的车速行驶。

2. 动力电池低温充放电性能

动力电池低温充放电性能也有相应的国家标准和团体标准，包括《电动汽车用动力蓄电池电性能要求及试验方法》(GB/T 31486—2024)和《纯电动汽车低温充电性能要求及试验方法》(T/BJQC 201902—2020)，定义了若干充电性能指标，包括充电时间增加率、放电性能指标等。其中充电时间增加率的具体要求为：按照规定的试验方法进行试验后，应满足在－10℃温度下，交流充电时间及直流充电时间增加率≤20%，在－20℃温度下，交流充电时间及直流充电时间增加率≤40%；应满足在－30℃温度下，直流充电时间增加率≤90%。放电性能指标即放电容量占初始容量的百分比，具体要求为在(－20±2)℃下的1C放电容量不低于初始容量的70%。

3. 电动汽车的高温工作性能

内燃机和电动汽车也都需要考虑其高温工作性能，对于内燃机，输出功率为发动机在高温下工作性能的主要评价指标。对于电机和电池，我国制定了《电动汽车用驱动电机系统》(GB/T 18488—2024)和《电动汽车用动力蓄电池电性能要求及试验方法》(GB/T 31486—2024)；其中输出功率与电机高温工作温度限值为电机在高温下工作性能的主要评价指标。对于动力电池，放电容量占初始容量的百分比为电池在高温下工作性能的主要评价指标。在(55±2)℃下的1C放电容量不低于初始容量的90%。

4. 高原/高海拔性能

《汽车起动性能试验方法》(GB/T 12535—2021)中规定了内燃机汽车高原起动性能标准，发动机起动时间、起动次数和输出功率是发动机在高原/高海拔下的主要性能指标。对于电机和电池，高海拔对其工作性能影响较小。

5. 抗冲击、振动、跌落等性能

我国分别制定了内燃机、电机、电池等零部件的可靠性测试标准，包括《汽车发动机可靠性试验方法》(GB/T 19055—2024)、《电动汽车用驱动电机系统可靠性试验方法》(GB/T 29307—2022)和《电动汽车用动力蓄电池安全要求》(GB 38031—2025)等，要求内燃机动力系统在经过车载条件下一定的冲击、振动、跌落等工况后，相关性能参数应处在国标允许范围内，发动机不得向内、向外漏油或漏水，空气不得渗入发动机负压系统，发动机内不得有燃气窜入油道或水道、油水混合等。零部件不得出现严重裂纹或断裂，摩擦表面不得出现严重磨损。电动汽车动力系统在经过车载条件下一定的冲击、振动、跌落等工况后，电机运转时不应出现异常噪声及轴承卡滞现象，绝缘电阻值应满足相关国标规定，额定转速及最高工作转速下的峰值转矩衰减应不大于5%。

1.3.5　汽车动力系统的其他评价指标

1. 车载能源系统的安全性

汽车的安全性是十分重要的一项基本属性,从燃油车到电动车,我国制定了完整的车辆安全性的法规,包括:《汽车燃油箱及其安装的安全性能要求和试验方法》(GB 18296—2019)、《燃料电池电动汽车　安全要求》(GB/T 24549—2020)、《电动汽车安全要求》(GB 18384—2020)、《电动汽车用动力蓄电池安全要求》(GB 38031—2025)等。

燃油安全:汽车燃油箱应具有耐腐蚀性,具有压力补偿装置,在燃油箱盖丢失时,具有防止燃油过量蒸发和溢出的措施,能够防泄漏。满足低温耐撞击性、耐压性、燃油渗透性、耐燃油性、耐火性、耐高温性以及振动耐久性。

氢安全:氢能汽车应有氢气低剩余量提醒装置和氢气泄漏报警装置。整车氢气排放浓度及氢气泄漏浓度应满足要求,储氢气瓶和管路应满足安装位置、热绝缘及防静电要求。氢能汽车所用液氢的氢纯度、仲氢含量等技术指标应满足具体要求。泄压系统及加氢口应满足相关安全要求。

电安全:电动汽车应满足人员触电防护要求,包括高压标记要求、直接接触防护要求、间接接触防护要求以及防水要求。

电池安全性:在国标《电动汽车用动力蓄电池安全要求》(GB 38031—2025)中,汽车动力电池单体应满足在进行相关标准要求的过放电、过充电、外部短路、加热、温度循环、挤压、快充循环后安全试验时,不起火、不爆炸;电池包或系统应满足在进行相关标准要求的振动、机械冲击、模拟碰撞、湿热循环、浸水等试验时无泄漏、外壳破裂、起火或爆炸现象。

2. 电磁兼容性(EMC)

我国制定了国标《道路车辆　电磁兼容性要求和试验方法》(GB 34660—2017),主要包括 EMI(电磁干扰)以及 EMS(电磁耐受性)两部分。

EMI 是电子设备(干扰源)通过电磁波对其他电子设备产生干扰,包括传导干扰以及辐射干扰,其主要指标为车辆和电气/电子部件(ESA)的辐射发射限值。EMS 指电子设备受电磁干扰的敏感程度,其主要评价指标为车辆和电气/电子部件(ESA)对电磁辐射的抗扰强度。

3. 汽车动力系统的可靠性和可维护性

汽车动力系统还有可维护性等要求,包括保养和大修期间等。保养是指定期对汽车进行检查和调整的预防性工作,主要包括更换机油(动力系统润滑油)和机油滤芯以及进行常规的检查。大修是通过拆卸、分解动力系统以及调整、修理或更换必要的零部件等工作来检测故障并进行修复。内燃机汽车动力系统平均故障间隔里程应不少于 5000 km,大修时间应不少于 3 年,大修里程应不少于 6 万 km,全寿命里程应不少于 30 万 km。电动汽车动力系统平均故障间隔里程应不少于 5000 km,大修时间应不少于 8 年,大修里程应不少于 10 万 km,全寿命里程应不少于 30 万 km。

1.4　汽车动力系统的发展趋势

汽车动力系统呈现出多样化的发展趋势,既有高性能低排放内燃机动力,也有混合动力,以及纯电驱动和燃料电池动力,但主流的目标是实现动力系统的低碳化、电动化和智能化,并助力我国实现"双碳"目标,即 2030 年前二氧化碳排放达到峰值,2060 年前实现碳中和。

从发展趋势上看,汽车动力系统呈现如下特征:①高效率,内燃机、电机及其控制器等部件的效率逐渐提高;②高转矩,动力系统的总转矩能力逐渐提高;③高可靠,动力系统的平均首次失效前时间、平均失效间隔工作时间等提高;④高安全,车载能源系统尤其是电池的碰撞安全、热安全等技术水平逐步提高;⑤高集成,动力系统的集成度逐步提高,开始出现了电机、减速器及差速器和电机控制器等多个功能部件集成在一个总成上,其体积功率密度和质量功率密度不断提高;⑥低排放,动力系统的电动化使化石燃料的使用量大幅降低,部分采用混动构型的车型油耗可降至 4 L/100 km 以下;⑦低成本,电驱动技术、电池技术等的发展使动力系统的成本逐步降低;⑧智能化,动力系统的灵活调整转矩和功率分配,精确地适应环境、道路和工况带来的变化,满足不同人员使用动力的习惯。这些目标也将促使当前和未来一段时间汽车动力系统的发展进入黄金时期。

第2章 内燃机动力系统

本章将系统地介绍内燃机的发展简史、工作原理、基本构造、性能参数以及内燃机在交通能源技术革新中的发展趋势。

2.1 内燃机发展简史

内燃机是利用燃料在机体内部燃烧产生热能并将热能转变为机械能的一种发动机。19世纪末往复活塞式内燃机被发明,为汽车工业快速发展点亮了曙光。1876年尼古拉斯·奥托发明并制造了世界上第一台四冲程点燃式煤气内燃机,如图2-1所示。人们发现用石油炼制出的轻质组分(汽油)很适合作为这种火花点火发动机的燃料,但当时发动机的热效率不到10%。1890年鲁道夫·狄赛尔受到中国古代压缩空气点火棒的启发,提出了压缩空气加热燃油着火的概念,并于1897年制造出了第一台压燃式内燃机(图2-2),其热效率达到了26%。狄塞尔早期曾用花生植物油作为压燃燃料,其成本高且燃烧不稳定;后来发现用石油炼制汽油后剩余的重油(柴油)作为燃料,发动机具有更好的燃烧稳定性,且经济性好。20世纪以来,石油成为内燃机的重要燃料,汽油机和柴油机分别得到了长足发展。

图 2-1　奥托发明的四冲程点燃式煤气内燃机　　图 2-2　狄赛尔发明的压燃式发动机

2.1.1　车用汽油机演变

自汽油机发明以来,随着汽车油耗和排放法规的加严,车用汽油机经历了从早期的化油器式,到20世纪80年代开始的进气道喷射(port fuel injection,PFI)式,再到缸内直喷(gasoline direct injection,GDI)式的演变。燃油喷射系统的控制目标由早期以动力性和经济性为主,发展到以经济性和排放性为主并兼顾动力性的阶段。从化油器机械控制混合气的浓稀,发展到电子喷射控制进气道和缸内混合气的质量,实现了汽油机动力性、经济性和排放性能的大幅提升。PFI加三效催化转化器(three-way catalytic converter,TWC)已成为降低汽油机排放的典型主流技术路线,但由于常规PFI汽油机的压缩比低,泵气损失大,因此其燃油经济性低。GDI与PFI相比具有诸多优势,如充气效率高、燃油经济性好、瞬时响应快、起动快、空燃比控制更精确等。近年来,涡轮增压技术在汽油机上得到广泛的应用,在提高升功率(可超过 100 kW/L)的同时,还改善了汽油机的燃油经济性。增压小排量汽油机的结构紧凑,质量减轻,整车燃油经济性也进一步提高。先进的汽油机结构如图 2-3 所示。

彩图 2-3

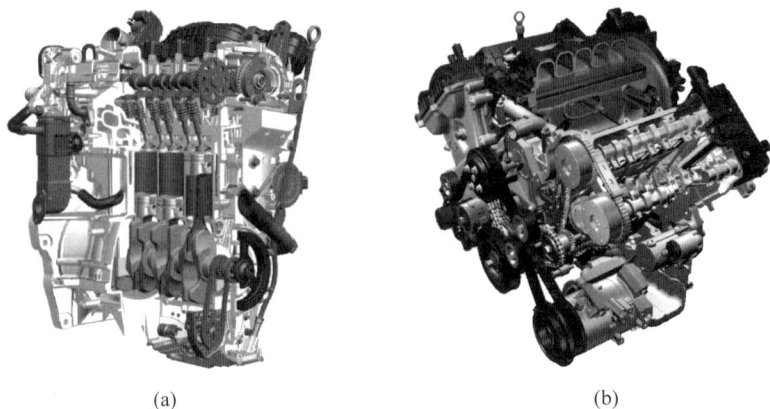

(a)　　　　　　　　　　(b)

图 2-3　现代先进汽油机结构图
(a) 直列自然吸气;(b) V 型发动机

2.1.2　车用柴油机演变

早期的车用柴油机为自然吸气式,20 世纪 50 年代,以康明斯、沃尔沃和斯堪尼亚等为代表的柴油机制造商开始在卡车上运用废气涡轮增压器技术。现代车用柴油机几乎全部采用增压技术,甚至有产品使用双级涡轮增压,发动机动力性能得到大幅度提升,升功率可以超过 60 kW/L。柴油机的燃油喷射系统也从离心式飞吹调速器加机械式柱塞泵,发展到位置控制式机械柱塞泵系统,进一步发展到时间控制式电控单体泵和泵喷嘴系统,再发展到目前的电控高压共轨系统(图 2-4)。喷射压力也由早期机械泵的约 10 MPa,提升到现代高压共轨

彩图 2-4

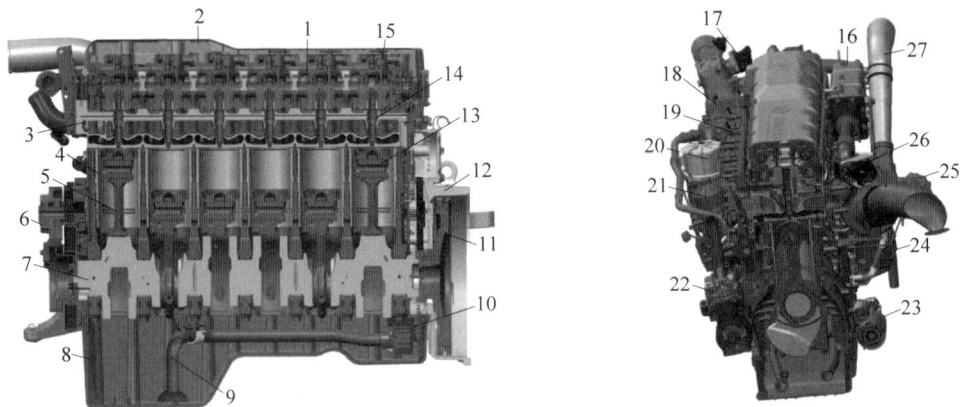

1—摇臂轴;2—气缸盖罩总成;3—气缸盖;4—气缸套;5—连杆总成;6—风扇法兰;7—曲轴;8—油底壳;9—机油收集器;10—机油泵;11—飞轮;12—飞轮壳;13—活塞;14—喷油器;15—制动摇臂总成;16—EGR(废气再循环)冷却器;17—节气门;18—进气预热器;19—高压共轨管;20—机油滤清器;21—燃油细滤器;22—空气压缩机;23—起动机;24—油气分离器;25—VGT(可变截面涡轮增压器);26—EGR阀;27—压气机出气管。

图 2-4　现代先进柴油机结构图

近 300 MPa。电控共轨系统使燃油喷射压力与发动机转速解耦,实现了灵活可变的燃油喷射控制策略,包括可变的喷射压力、喷射时刻和喷射次数等,这是降低柴油机氮氧化物和颗粒物有效的机内净化技术,使柴油机燃油经济性提升的同时,有害物排放降低。

内燃机是 20 世纪以来重要的高效动力装置,在交通运输、工程机械、农业机械、军用装备等领域广泛应用,内燃机技术的创新使其在未来能源动力装置的发展中依然发挥重要作用。

2.2　内燃机的基本术语和工作过程

2.2.1　内燃机的分类

根据内燃机实现能量转换的主要部件形式的不同,可以分为活塞式内燃机和燃气轮机两大类,其中往复活塞式内燃机在车辆上应用广泛。车用内燃机按照使用燃料的种类不同可以分为汽油机和柴油机等;按照着火的方式可分为火花点火(点燃式)和压缩着火(压燃式)内燃机;按照冲程数可分为四冲程和二冲程内燃机;按照进气状态可分为非增压(自然吸气)和增压内燃机;按照冷却方式主要可分为水冷式和风冷式内燃机。

2.2.2　基本术语

1. 上止点、下止点

活塞顶离曲轴回转中心最远处为上止点;活塞顶离曲轴回转中心最近处为下止点(图 2-5)。

2. 活塞冲程

活塞从上止点到下止点移动的距离 S 称为活塞冲程。曲轴主轴颈中心到曲柄销中心之间的距离称为曲柄半径 R。曲轴每转一周,活塞移动两个冲程。对于气缸中心线通过曲轴旋转中心的内燃机,活塞冲程为曲柄半径的两倍,即 $S=2R$。

3. 气缸工作容积

气缸中活塞运动一个冲程,从上止点到下止点所扫过的容积称为气缸工作容积。

4. 内燃机排量

多缸内燃机各个气缸工作容积的总和称为内燃机排量。

5. 燃烧室容积

活塞位于上止点时,活塞顶面与气缸盖之间的容积称为燃烧室容积。

6. 气缸总容积

活塞位于下止点时,其顶面与气缸盖之间的容积称为气缸总容积,即气缸工作容积与燃烧室容积之和。

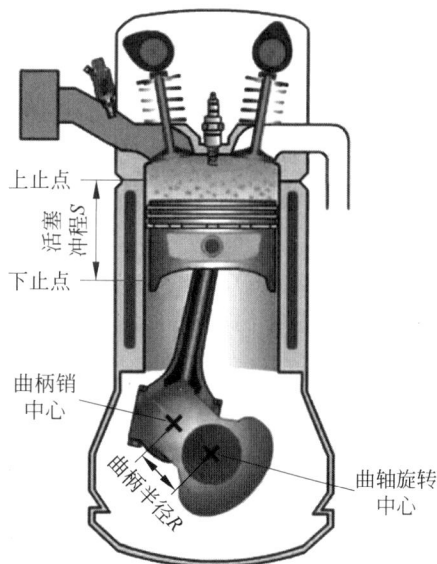

彩图 2-5

图 2-5　内燃机结构示意图

7. 压缩比

气缸总容积与燃烧室容积之比称为压缩比。压缩比的大小表示活塞由下止点运动到上止点时,气缸内的气体被压缩的程度。压缩比越大,压缩终了时气缸内气体压力和温度越高。

8. 转速

曲轴转速即为内燃机转速。

2.2.3　四冲程内燃机的工作过程

如图 2-6 所示,四冲程内燃机在一个工作循环内完成进气、压缩、做功和排气四个冲程,即活塞上下往复运动四个冲程完成一个工作循环。

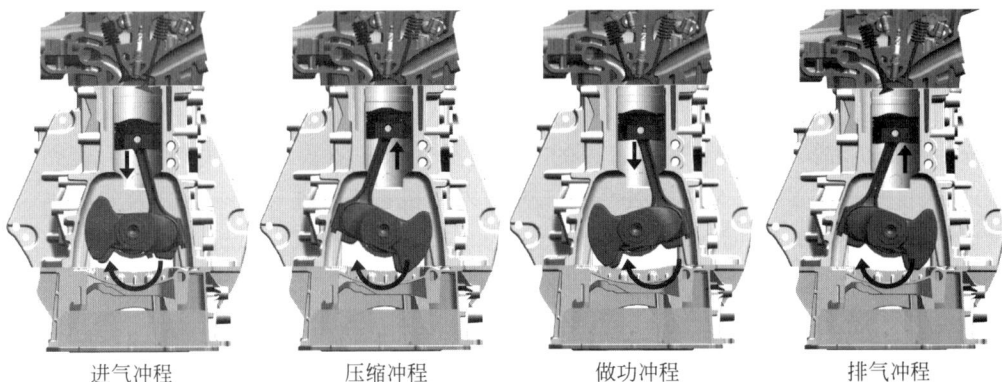

|进气冲程|压缩冲程|做功冲程|排气冲程|

图 2-6　四冲程内燃机基本工作过程示意图

(1) 进气冲程:活塞在曲轴的带动下由上止点移动至下止点。此时排气门关闭,进气门开启。在活塞移动过程中,气缸容积逐渐增大,缸内压力下降,形成吸力,空气或可燃混合气经过进气门被吸入气缸。

(2) 压缩冲程:进气冲程结束后,进、排气门均关闭,活塞由下止点向上止点移动。随着活塞移动,气缸容积不断减小,气缸内的混合气被压缩,其压力和温度同时升高。

(3) 做功冲程:压缩上止点附近,火花塞产生电火花(以汽油机为例),点燃可燃混合气燃烧,放出大量的热能,燃烧室内气体的压力和温度迅速升高。在气体压力的作用下,活塞由上止点移至下止点,并通过连杆推动曲轴旋转做功。

(4) 排气冲程:排气门开启,进气门关闭,活塞从下止点向上止点运动,缸内气体被排出。

总之,四冲程内燃机经过进气、压缩、做功和排气四个冲程,完成一个工作循环,其中活塞上下往复运动了四个冲程,曲轴旋转了两周。

2.3　汽油机的典型结构与组成

内燃机作为一种能量转换装置,包含多个机构和系统,如图 2-7 所示。汽油机和柴油机作为内燃机的典型代表,在结构上有很多的相似之处,主要包括两大机构、五大系统。其中,两大机构指的是曲柄连杆机构和配气机构,五大系统指的是燃料供给系统、进排气系统、点火系统、润滑系统及冷却系统等。下面重点以汽油机为例,介绍典型发动机的构造组成及其特点。

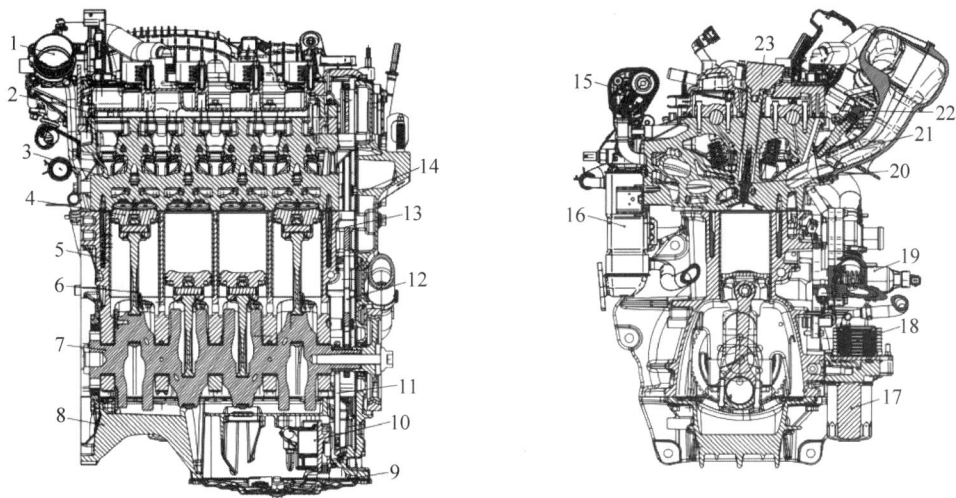

1—节气门体；2—气缸盖罩；3—气缸盖；4—活塞；5—气缸体；6—连杆；7—曲轴；8—裙架；9—油底壳；10—机油泵；11—机油泵链条；12—正时链条；13—水套隔板；14—正时罩；15—EGR 阀；16—EGR 冷却器；17—机油滤清器；18—机油冷却器；19—电子节温器；20—火花塞；21—进气歧管；22—燃油分配器；23—点火线圈。

图 2-7　比亚迪 472QA 汽油机总体构造

2.3.1　曲柄连杆机构

曲柄连杆机构是内燃机的主要运动机构，如图 2-8 所示。其功用是将活塞的往复直线运动转变为曲轴的旋转运动，同时将燃气作用在活塞顶上的力转化为曲轴的转矩，向工作机械输出机械能，实现车辆驱动。曲柄连杆机构主要由机体组、活塞组、连杆组和曲轴飞轮组

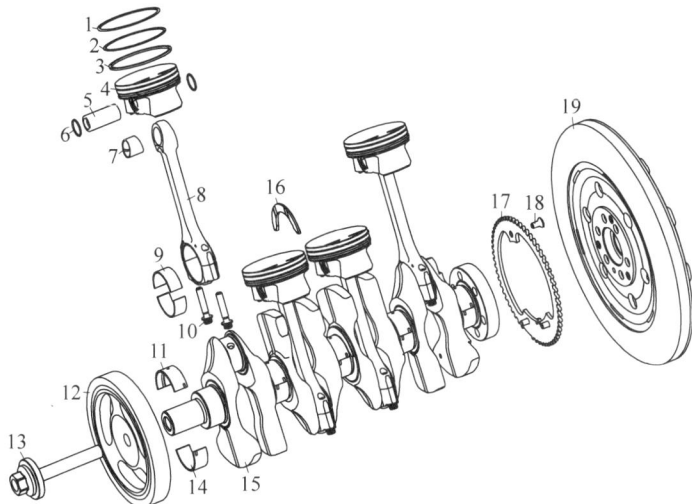

1—第一道气环；2—第二道气环；3—油环；4—活塞；5—活塞销；6—活塞挡圈；7—连杆衬套；8—连杆；9—连杆轴瓦；10—连杆螺栓；11—上主轴瓦；12—曲轴皮带轮；13—曲轴皮带轮螺栓；14—下主轴瓦；15—曲轴；16—止推片；17—曲轴信号盘；18—曲轴信号盘沉头螺钉；19—飞轮。

图 2-8　曲柄连杆机构组成

等部件构成。其中,内燃机的机体组虽然本身并不是曲柄连杆结构,但由于其与活塞组、连杆组及曲轴飞轮组紧密连接并相互作用,通常也将机体组划入曲柄连杆机构中。

1. 机体组

机体组是内燃机的骨架,是曲柄连杆机构、配气机构和内燃机各系统主要零部件的装配基体。其具体结构如图 2-9 所示,主要包括气缸盖、气缸衬垫、气缸体和油底壳等。

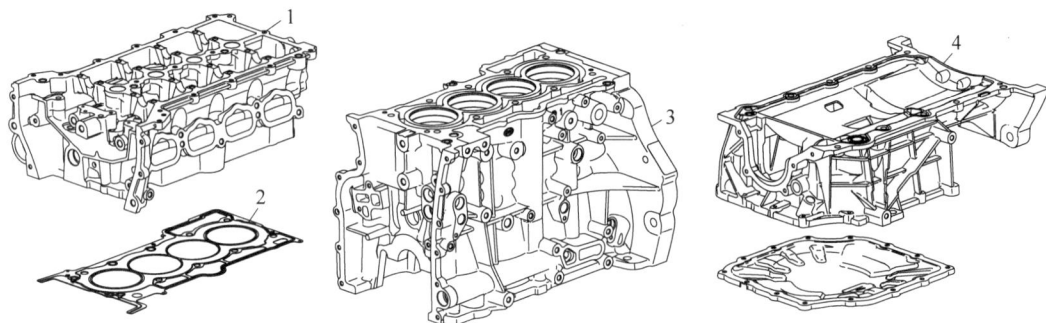

1—气缸盖;2—气缸衬垫;3—气缸体;4—油底壳。

图 2-9　机体组结构

气缸盖用来密封气缸上部,并与活塞顶部和气缸筒壁一起形成燃烧室。气缸盖上布置有进排气道、冷却水套、进排气门座孔、缸盖螺栓孔、喷油器孔或(和)火花塞孔、润滑油道、气缸盖罩螺栓孔及安装摇臂或配气机构凸轮轴座的螺栓孔等,是内燃机中结构最复杂的零件。

气缸衬垫是气缸盖底面与机体顶面之间的密封件,其作用是保证机体与气缸盖结合面之间有良好密封,使得不漏气、不漏冷却液和不漏机油。

气缸体是内燃机中最大和最重的零件。在内燃机工作时,机体承受拉、压、弯、扭等不同形式的机械负荷和热负荷。因此,机体应具有足够的强度和刚度,且耐磨损和耐腐蚀。此外,还应对气缸进行适当的冷却,以免机体热损坏和变形。机体在设计上要求结构紧凑、质量轻,以减小整机的尺寸和质量。因此,机体一般采用高强度灰铸铁或铝合金铸造。

多缸内燃机的气缸布置主要有三种形式。①直列式:内燃机的各个气缸排成一列,如图 2-10(a)所示,其结构简单、加工容易,但长度和高度较大。②V 型式:左右两列气缸中心线的夹角 γ 小于 180°的内燃机称为 V 型内燃机,如图 2-10(b)所示。该气缸布置形式缩短了内燃机的长度和高度,增加了气缸体的刚度;但结构相对复杂,加工较难,一般用于多缸大功率内燃机。③对置式:左右两列气缸中心线的夹角 γ 等于 180°的内燃机,如图 2-10(c)所示。对置式内燃机高度低、重心低,平衡性好。

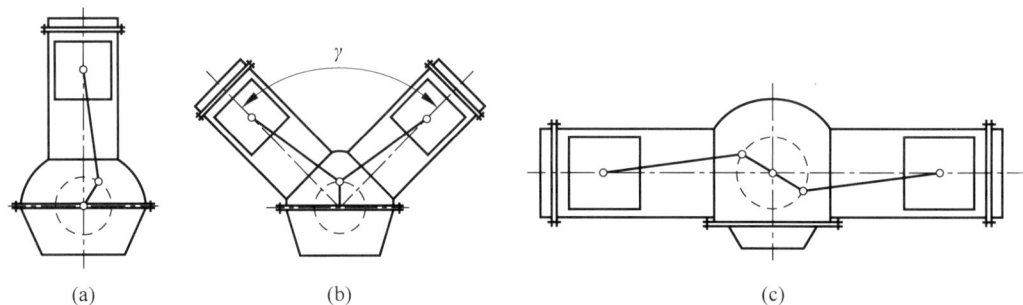

图 2-10　多缸内燃机排列形式

(a) 直列式;(b) V 型式;(c) 对置式

油底壳用于封闭机体和密封曲轴箱,并作为润滑油贮油槽的外壳,其表面积大,具有一定的散热能力,可对机油进行一定程度的冷却。图 2-9 所示的油底壳为混动专用内燃机高模态设计,与常规一体式油底壳不同。隔板与油底壳一体铸造,可以加强油底壳以及缸体装配状态模态,降低振动噪声。

2. 活塞组

活塞组由活塞、活塞环和活塞销组成,可以承受气缸中的气体压力,并将此力通过活塞销传给连杆。活塞工作在高温、高压、交变的拉伸、压缩和弯曲应力以及热应力共同作用的条件下。活塞结构分为顶部、头部和裙部三部分,如图 2-11 所示。汽油机活塞顶部的形状与燃烧室形状和压缩比大小有关,主要分为平顶活塞、凹顶活塞和凸顶活塞。活塞头部主要指活塞环带以上的部分,活塞头部以下的部分为活塞裙部,其设计需要保证活塞得到良好的导向,同时具有足够的承压面积并形成足够的润滑油膜。

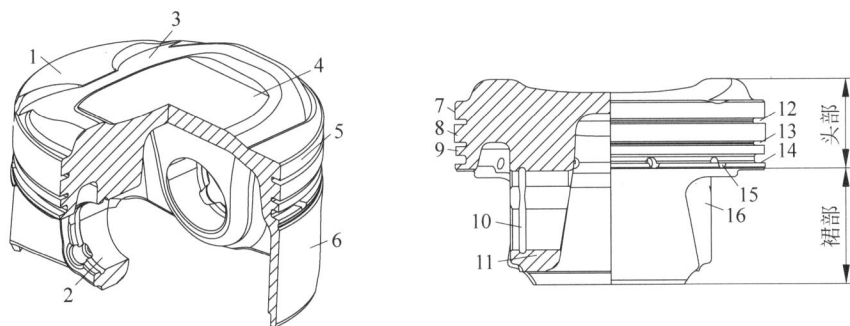

1—活塞顶部；2—活塞销孔；3—气门避让坑；4—燃烧室；5—活塞头部；6—活塞裙部；7—活塞第一环岸；8—活塞第二环岸；9—活塞第三环岸；10—挡圈槽；11—活塞销支座；12—第一道气环槽；13—第二道气环槽；14—油环槽；15—回油孔；16—加强筋。

图 2-11　活塞结构示意图

活塞环包括气环和油环两种。气环的主要功用是密封和传热,保证活塞与气缸壁之间的密封,防止气缸内的可燃混合气和高温燃气漏入曲轴箱。另一方面,气环将活塞顶部接受的热量传递给气缸壁,避免活塞过热。油环的主要功用是刮除气缸壁上多余的机油,从而防止机油窜入燃烧室,并在气缸壁上涂布一层均匀的油膜,实现对活塞、活塞环和气缸壁的润滑。活塞销连接活塞和连杆小头,将活塞承受的气体压力传给连杆。活塞销在高温条件下承受很大的周期性冲击负荷且润滑条件较差,因此必须有足够的刚度、强度和耐磨性。

现代汽油机常采用篷形燃烧室,形如帐篷,如图 2-12 所示。该结构易于进行四气门布置,使火花塞可以布置在燃烧室中央。篷形燃烧室的面容比小,火花点火后火焰传播距离短。由于四气门倾斜布置,其进排气口截面积大,充气系数高,一般不组织挤流,但可充分利用进气道流向和燃烧室匹配形成滚流。篷形燃烧室汽油机的动力性、燃油经济性

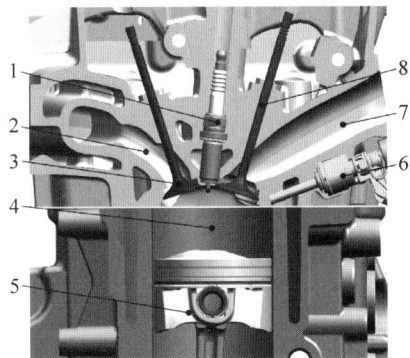

彩图 2-12

1—火花塞；2—排气道；3—排气门；4—气缸；5—活塞；6—喷油器；7—进气道；8—进气门。

图 2-12　先进的汽油机燃烧系统结构

以及高速适应性表现均优,因此广泛应用于现代轻型车。

3. 连杆组

连杆组的功用是将活塞承受的力传给曲轴,并将活塞的往复运动转变为曲轴的旋转运动。图 2-13 为连杆结构图,主要包括连杆衬套、连杆杆身、连杆轴承上轴瓦、连杆轴承下轴瓦、连杆盖和连杆螺栓。其中连杆小头与活塞销连接,同活塞一起做往复运动;连杆大头与曲柄销连接,同曲轴一起做旋转运动,因此在发动机工作时连杆做复杂的平面运动。连杆组主要受压缩、拉伸和弯曲等交变载荷,最大压缩载荷出现在做功冲程上止点附近,最大拉伸载荷出现在进气冲程上止点附近。在压缩载荷和连杆组做平面运动时产生的横向惯性力的共同作用下,连杆体可能发生弯曲而变形。

4. 曲轴飞轮组

曲轴飞轮组主要由曲轴、飞轮及其他零部件和附件组成,主要功用是将活塞的往复运动转变为曲轴的旋转运动并输出转矩,保证活塞在进、排气及压缩冲程的正常运动。曲轴主要由曲轴前端、主轴颈、曲柄臂、曲柄销、平衡重、曲轴后端组成,如图 2-14 所示。单元曲拐由主轴颈、曲柄臂、曲柄销三部分组成,曲拐数与气缸数、气缸排列方式有关。曲轴通常还安装有飞轮,飞轮与曲轴的位置关系如图 2-8 所示。飞轮是一个转动惯量很大的圆盘,其主要功用是储存做功冲程的部分能量,克服其他冲程中的阻力,并使曲轴能以较为均匀的速度旋转。

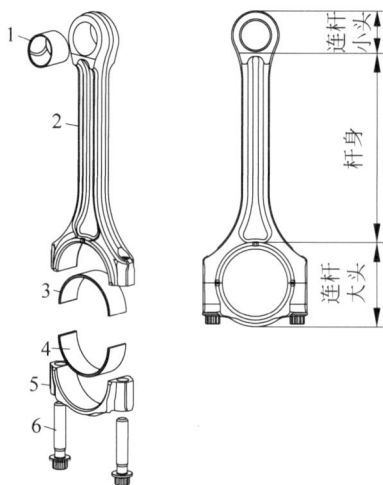

1—连杆衬套;2—连杆杆身;3—连杆轴承上轴瓦;
4—连杆轴承下轴瓦;5—连杆盖;6—连杆螺栓。

图 2-13   连杆结构图

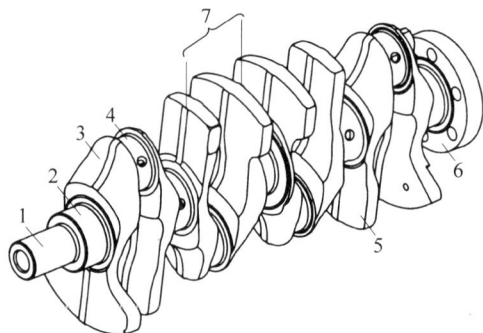

1—曲轴前端;2—主轴颈;3—曲柄臂;4—曲柄销;
5—平衡重;6—曲轴后端;7—单元曲拐。

图 2-14   曲轴结构图

2.3.2   配气机构

四冲程汽车发动机广泛采用气门式配气机构。其功用是按照发动机的工作顺序和工作循环的要求,定时开启和关闭进、排气门,向气缸供给可燃混合气或新鲜空气并及时排出废气,且保证气缸密封。进入气缸内的新鲜空气或可燃混合气量对发动机性能影响很大。进气量越多,可燃混合气燃烧时放出的热量越大,发动机输出的有效功率和转矩越大。因此,配气机构首先要保证进气充分,排气干净;其次,配气机构的运动件应该具有较小的质量和较大的刚度,以保证配气机构良好的动力特性。

现代汽车发动机多采用气门顶置机构,如图 2-15(a)所示。气门顶置式配气机构由气门组和气门传动组组成。气门组包括气门(2),气门导管(3),气门弹簧(5),气门弹簧座(6)、气门锁夹(9)等;气门传动组则由凸轮轴(7)、机械挺柱(8)和定时齿轮(图 2-15 中不可见)组成。发动机工作时,曲轴通过定时齿轮驱动凸轮轴旋转,当凸轮桃尖顶到机械挺柱时,气门弹簧被压缩,使气门离座,即气门开启。当凸轮桃尖离开挺柱后,气门便在气门弹簧力的作用下落座,即气门关闭。对于图 2-15(b)中所示的带有摇臂的气门顶置式配气机构,凸轮则通过摇臂(10)将力传递至气门杆端,使气门开启或关闭。

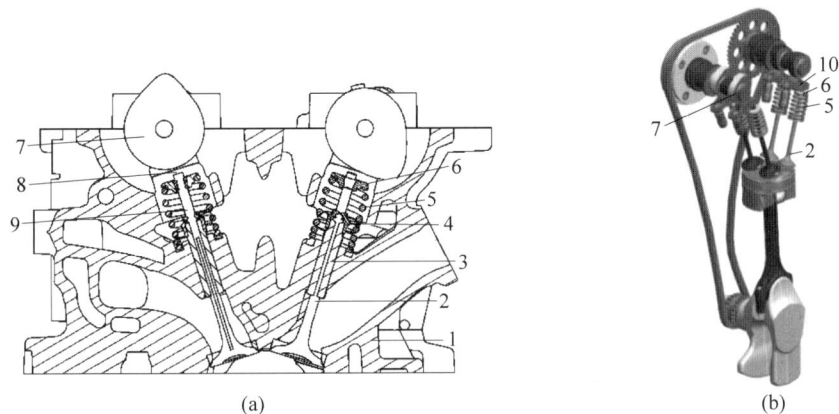

彩图 2-15

(a)　　　　　　　　　　　　　(b)

1—气缸盖;2—气门;3—气门导管;4—气门油封;5—气门弹簧;6—气门弹簧座;7—凸轮轴;
8—机械挺柱;9—气门锁夹;10—摇臂。

图 2-15　气门顶置式配气机构
(a) 气门顶置式配气机构;(b) 带摇臂的气门顶置式配气机构

四冲程发动机每完成一个工作循环,曲轴完成两周旋转,同时各缸的进、排气门对应开启一次,凸轮轴则只旋转一周。因此,曲轴与凸轮轴转速之比为 2:1。

配气定时是进、排气门的实际开闭时刻,通常用相对于上、下止点曲拐位置的曲轴转角的环形图来表示,即配气定时图,如图 2-16 所示。

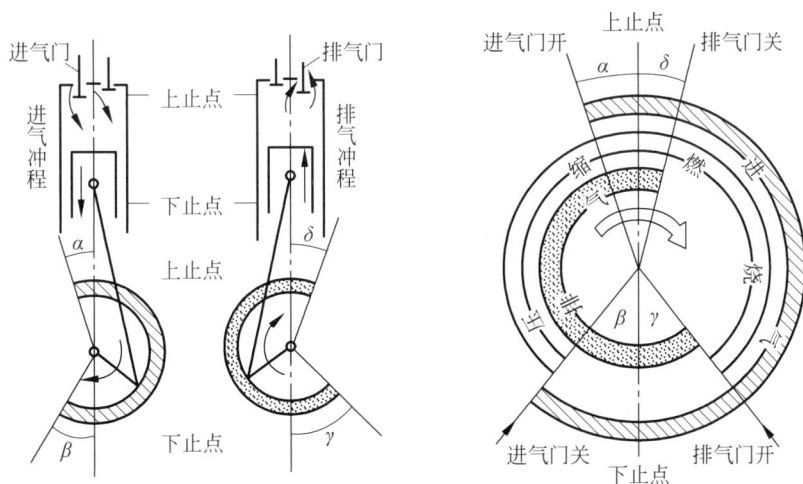

图 2-16　配气定时图

理论上四冲程发动机的进气门应在上止点时开启,在下止点时关闭;排气门则在下止点时开启,在上止点时关闭。进气时间和排气时间各占180°曲轴转角。但实际发动机的曲轴转速高,活塞每一冲程历时短,在上止点时开启或关闭气门往往会造成发动机充气不足或排气不净,导致发动机功率下降。因此,现代汽车发动机都通过延长进、排气持续期来改善进、排气状况,从而提高发动机的动力性。

如图2-16所示,在排气冲程接近结束,曲拐离上止点位置还差角度 α 时,进气门就开始开启,直至活塞经过下止点后再度上行,即曲拐转到超过下止点位置以后角度 β 时,进气门才关闭。这样,整个进气冲程持续时间是曲轴转角 $180°+\alpha+\beta$。进气门提前开启目的是在进气冲程开始时,进气门有较大的开度或较大的进气流通截面,减小进气阻力。进气门晚关是为了利用气流惯性,在进气迟后角内继续进气,增加进气量。

同样,做功冲程接近结束,活塞到达下止点前,排气门就开始开启,在经历整个排气冲程、活塞经过上止点后,排气门才关闭。排气提前开启,此时气缸内压力较高,废气高速自由排出,可减小排气阻力和排气消耗的功;排气门晚关是为了利用废气惯性,在排气迟后角内继续排气,减少残余废气。

从图2-16可见,由于进气门在上止点前开启,而排气门在上止点后关闭,这就出现了进气门和排气门在一段时间内同时开启的现象,即气门重叠现象。适当选择气门重叠角有利于换气,否则可能会造成发动机性能的下降。

为了使发动机在高速和低速运行时都能匹配到最佳的配气正时,汽车发动机常采用可变气门正时(variable valve timing,VVT)系统,如图2-17所示。根据运行情况,电机电子控制单元(electronic control unit,ECU)(简称电控单元)发出占空比的信号至机油控制阀(oil control valve,OCV),再由OCV对VVT的油压通路进行控制,使进气侧凸轮轴旋转至合适的角度,从而实现对进气侧凸轮轴的相位角进行控制;排气侧凸轮轴的相位角控制同理,以实现发动机低油耗、低排放和高功率的目标。

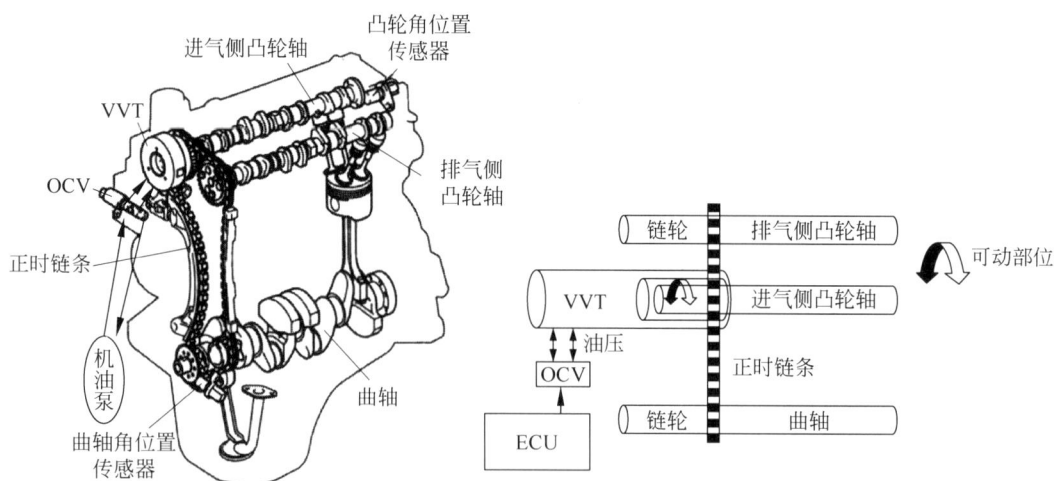

图2-17　可变气门正时(VVT)系统

2.3.3　燃料供给系统

燃料供给系统的功用是根据发动机运转工况的需要,向发动机供给一定量的雾化良好的燃料,与空气混合形成可燃混合气。同时,燃料供给系统还需要储存一定量的燃料,以保证汽车的续驶里程。

目前主流的汽油机燃料供给方式分为进气道喷射(PFI)和缸内直喷(GDI)。PFI 与 GDI 燃油供给系统分别如图 2-18(a)和(b)所示。两种喷射方式对应的供油系统基本相同,都包括油箱、燃油滤清器、油泵、燃油分配器(即油轨)和油管,油箱用以储存汽油,滤清器用以除去汽油中的水分和杂质,油泵的作用是将汽油从汽油箱吸出,经管路和滤清器送至喷油器,并提供合适的喷油压力。而 GDI 系统还需要一个高压燃油泵,此油泵由凸轮轴驱动,如图 2-18(b)所示。在进气道喷射发动机中,汽油经电动燃油泵从油箱中吸出,经过燃油滤清器过滤后由供油管路送至油轨,随后汽油在进气门关闭状态下从油轨经喷油器喷射到进气道中,此时进气门一般处于关闭状态,汽油在进气道中有充足的时间蒸发并与空气进行混合,在进气门打开后流入气缸,因此可以形成均质程度良好的混合气。而对于缸内直接喷射发动机,汽油经燃油泵从油箱吸出并经燃油滤清器过滤后,还需要经过高压油泵进行升压,随后经供油管到达油轨,通过喷油器直接喷射到气缸中。该种供油方式会使油气混合时间短,需要通过与缸内气流相互配合才能形成较为理想的混合气。

PFI 方式所需的喷射压力较低(约 0.5 MPa),采用低压喷油器。GDI 方式由于汽油直接喷射到气缸中,汽油与空气蒸发混合的时间较短,为了获得雾化良好的汽油蒸气,需要采用高喷射压力(一般 10~50 MPa)的高压喷油器。

以 GDI 喷油器为例,当电流经过线圈时,线圈产生磁场,使带有衔铁的喷嘴针阀克服弹簧的弹力升起,油轨压力和气缸压力间的压力差使得燃油经喷油孔压入气缸内,从而完成喷油过程。切断电流时,喷嘴针阀在弹簧力的作用下压入阀座,从而切断燃油流出。喷射的燃油量由共轨压力、气缸压力以及喷射阀开启时间共同决定。

典型 GDI 喷油器的内部结构如图 2-19 所示,上喷嘴主体的进油接头压装在共轨管出油孔内,通过 O 形密封圈径向密封。下喷嘴主体、上喷嘴主体与铁心焊接在一起,形成喷嘴主体;衔铁、定位套、阀杆、限位套、钢球通过焊接组装成针阀组件。在断电情况下,弹簧的预压缩力、喷油器内腔的液压力形成向下的合力,将钢球压在阀座的密封锥面上,保证喷油器的密封。通电后,喷油器线圈在铁心上产生电磁力,吸引衔铁向上运动,克服上述的下压合力,带动整个针阀组件向上运动,使针阀与阀座脱离,针阀部件向上运动的行程由铁心与衔铁之间的轴向间隙决定。高压燃油从钢球与阀座的缝隙进入阀座的细小喷孔,直接喷入气缸内,完成燃油喷射。

2.3.4　进排气系统

发动机进排气系统包括进气系统、排气系统、增压系统等,图 2-20 所示为其基本组成和循环过程。

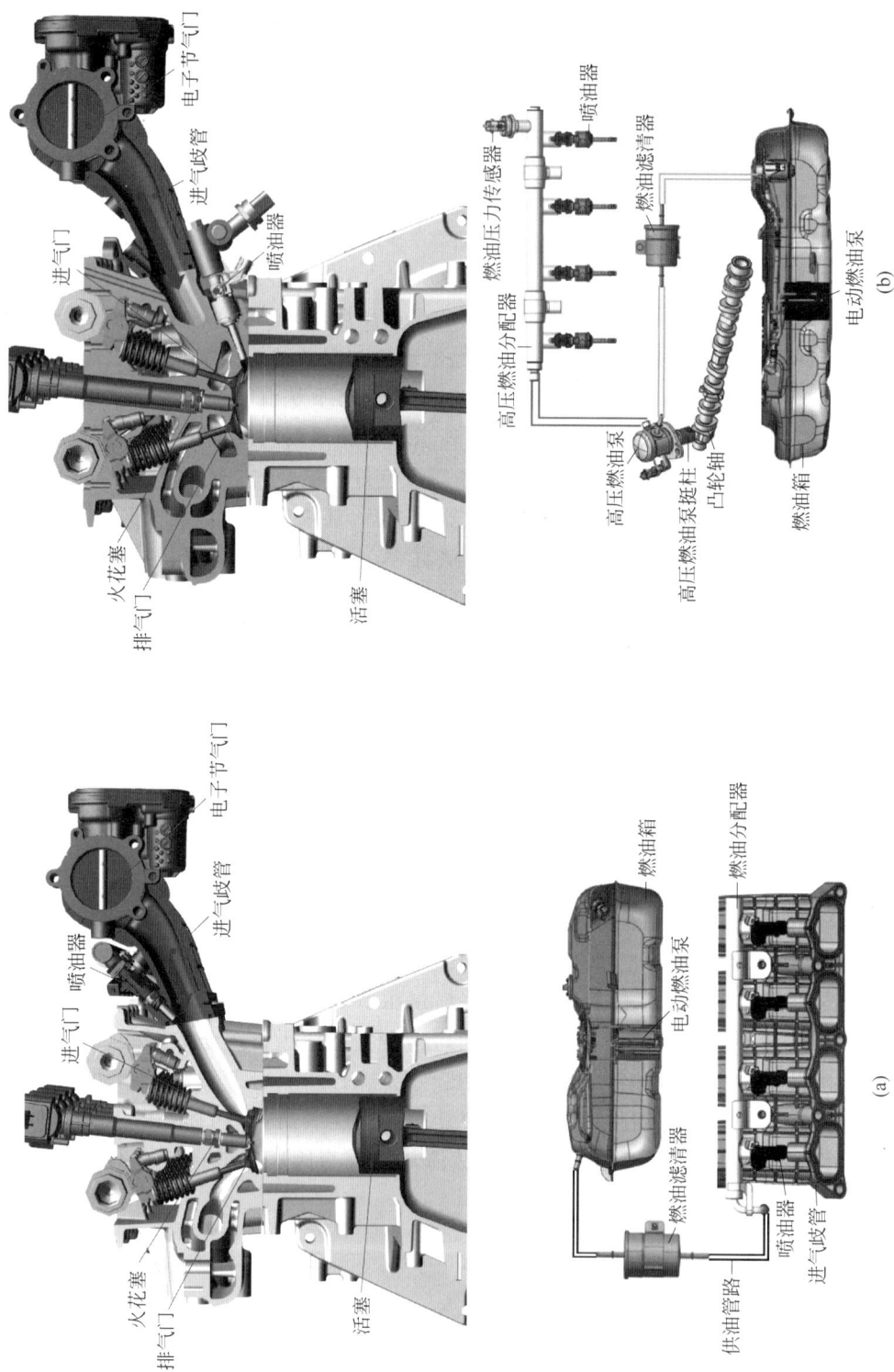

彩图 2-18

图 2-18　进气道喷射系统和缸内直接喷射系统

(a) 进气道喷射 (PFI) 系统；(b) 缸内直喷 (GDI) 系统

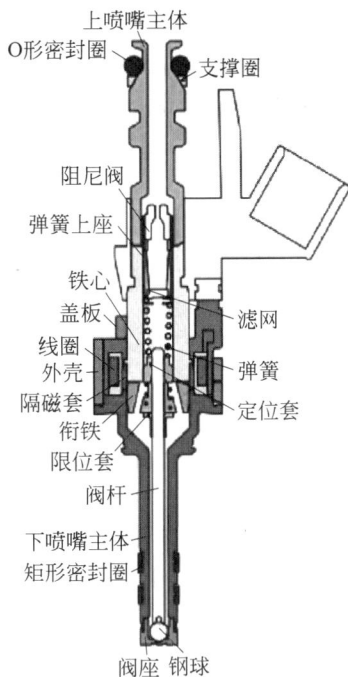

图 2-19　GDI 喷油器结构图

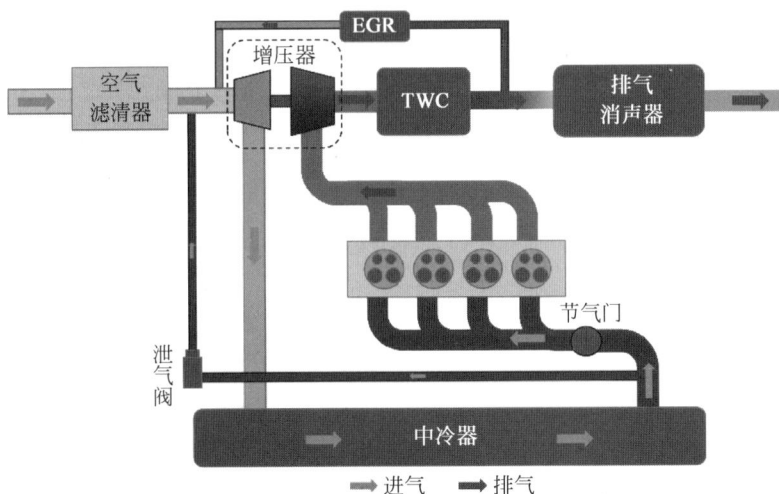

图 2-20　增压发动机进排气系统示意图

　　发动机进排气系统的主要功能是向气缸内供给新鲜空气或燃油空气的混合气,并尽可能减小阻力和噪声。

　　进气系统主要包括空气滤清器和进气管,以及进气流量和温度传感器等,如图 2-21 所示。

　　为了保证向气缸供给清洁的新鲜空气,进气系统中设置了空气滤清器。其主要作用是通过内置在空气滤清器中的滤芯滤除空气中的杂质或灰尘,让洁净的空气进入气缸。另外,空气滤清器也有降低进气噪声的作用。空气滤清器一般由进气导流管、空气滤清器盖、空气滤清器外壳和滤芯等组成。

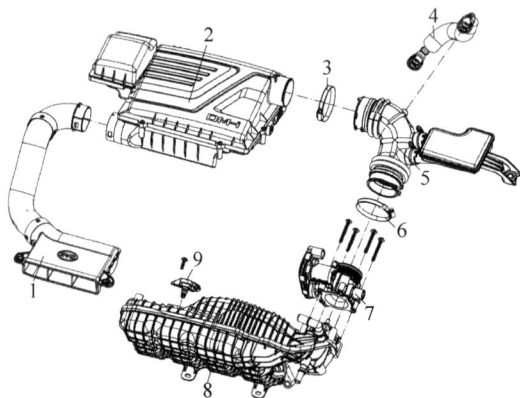

1—空气滤清器进气口；2—空气滤清器总成；3,6—卡箍；
4—PCV(曲轴箱强制通风)管；5—空气滤清器出气管；7—电
子节气门；8—进气歧管；9—进气温度压力传感器。

图 2-21　自然吸气进气系统示意图

　　进气管内壁面应尽量光滑,一般采用塑料注塑焊接成型或合金制造。对于多缸机,为了向各气缸均匀供气,进气系统包括进气总管和进气歧管,并尽可能使进气歧管长度一致。为了增强进气效果,尽可能向气缸多供气,有的进气系统还装有谐振进气管或增压装置。

　　排气系统主要包括排气总管、排气歧管和消声器、控制所需传感器以及污染物后处理装置,其中排气总管的组成如图 2-22 所示。气缸内燃烧后的废气经排气系统排出时,具有一定的压力脉动,不仅会造成排气系统的振动,同时会产生排气噪声。因此为了降低排气噪声一般车用发动机均采用排气消声器。为了适应越来越严格的节能与排放法规,减轻汽车尾气对大气环境的污染,在现代汽车排气系统中均装有后处理装置。汽油机一般采用三效催化转化器(TWC)装置。

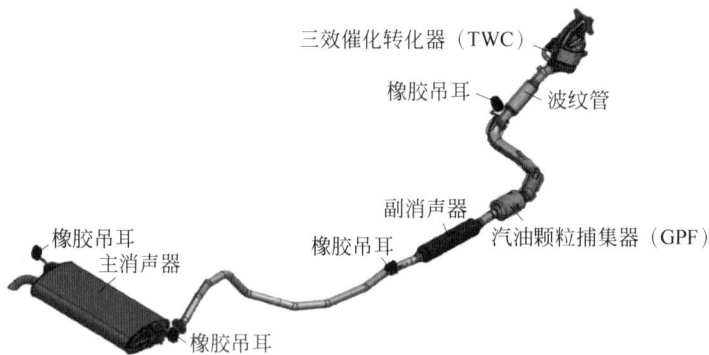

彩图 2-22

图 2-22　排气系统示意图

　　随着排放法规的日益严格,仅通过机内净化技术已经不能满足排放限值要求,采用三效催化转化器能够同时净化汽油机排气中的 CO、HC 与 NO_x,是应用最为广泛的后处理技术,其结构可见图 2-23。催化器内部的催化剂通常由铂(Pt)、钯(Pd)和铑(Rh)三种贵金属构成,其中 Pt 和 Pd 能够促进 CO 与 HC 的氧化反应,Rh 能够促进 NO_x 的还原反应;同时还有以铈(Ce)等稀土材料为代表的助催化剂,起到调节催化器内部氧气浓度的作用。贵金属材料以极细的颗粒状散布在催化剂涂层表面,涂层通常覆盖在蜂窝状陶瓷载体或金属载体上,如图 2-24 所示。

由于三效催化转化器对混合气浓度具有较高要求,因此实际应用过程中,需在三效催化转化器上游与下游布置氧传感器。其中前氧传感器用于检测排气中氧气浓度,起到汽油机空燃比闭环控制的作用,通常在实际工作中前氧传感器数值在一定范围内上下波动。后氧传感器用于检测催化器下游排气中氧气浓度,对于正常工作的三效催化转化器,下游排气中氧气浓度基本保持不变;当下游氧气浓度出现波动时,表明转化器氧气调节能力减弱。

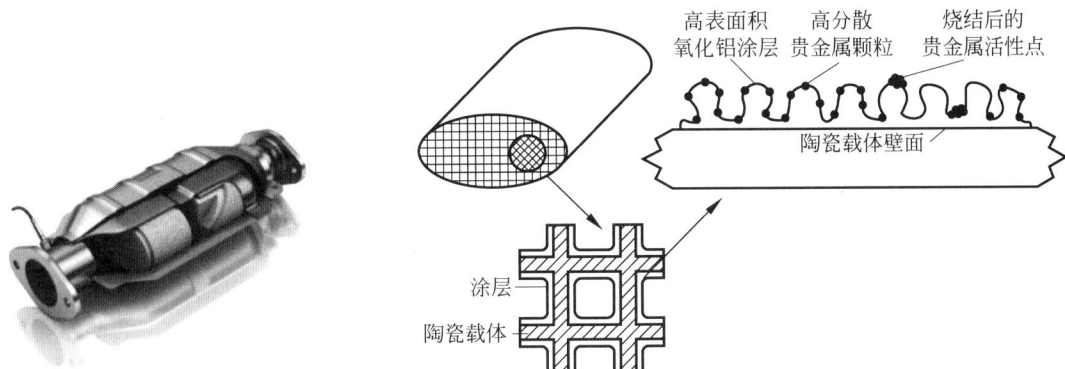

图 2-23　三效催化转化器　　　　　　　图 2-24　催化器涂层的细微构造

直列式内燃机在排气冲程期间,气缸中的废气经排气门进入排气歧管,再由排气歧管进入排气管、三效催化转化器和消声器,最后由排气尾管排到大气中。排气管要求耐高温、耐腐蚀、易成形、内壁光滑,一般采用铸铁或不锈钢制造。

增压系统的目的主要是提升动力性,即通过提高进气压力和密度,使发动机升功率增加,同时也可改善排放。汽油机通过增压还可实现小型化,以提高负荷率,改善经济性。增压汽油机目前在车用动力系统中已得到广泛应用。

增压方式分为机械增压和废气涡轮增压。机械增压是由曲轴直接驱动压气机,消耗一部分发动机功率;废气涡轮增压是利用废气能量驱动涡轮机,带动同轴安装的压气机进行增压。废气涡轮增压是车用发动机广泛采用的一种增压方式,主要由涡轮机、压气机、中间体及轴承、进排气旁通阀等组成,可以将发动机排出的废气引入涡轮机,利用废气能量推动涡轮旋转,由此驱动与涡轮同轴的压气机实现增压。图 2-25 所示为常用的废气涡轮增压器的内部结构。

2.3.5　点火系统

点火系统的基本功用是在发动机各种工况下,在气缸内适时、准确、可靠地产生电火花,点燃可燃混合气。目前汽车上使用的点火系统基本上全部为电控式。图 2-26 给出了一种典型的电子点火系统结构,主要由 ECU、蓄电池、点火线圈和火花塞等组成。ECU 通过收集各传感器信号,确定合适的点火时刻和点火能量,在特定的时刻向点火线圈发出一个脉冲点火信号。点火线圈实际相当于一个变压器,含有初级线圈和次级线圈,具体结构可见图 2-27(a)。图 2-27(b)是点火线圈的工作原理,其中 ECU 发出的点火信号控制初级线圈

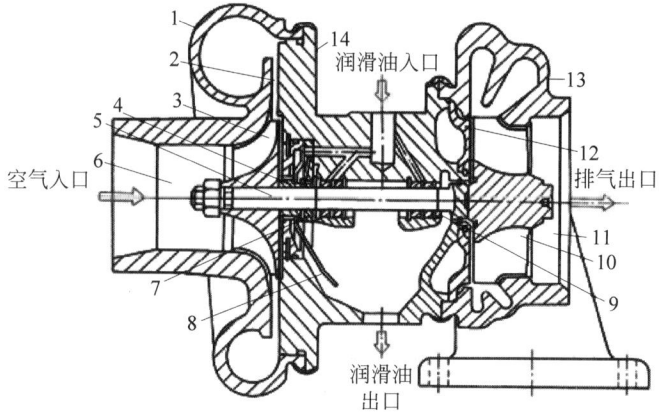

1—压气机蜗壳；2—无叶式扩压管；3—压气机叶轮；4—密封套；5—增压器轴；6—进气道；7—推力轴承；8—挡油板；9—浮动轴承；10—涡轮机叶轮；11—出气道；12—隔热板；13—涡轮机蜗壳；14—中间体。

图 2-25 废气涡轮增压器结构

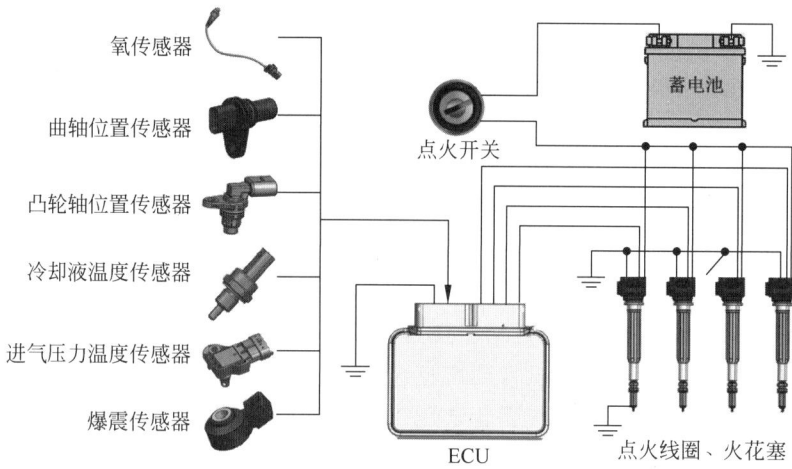

图 2-26 电子点火系统结构示意图

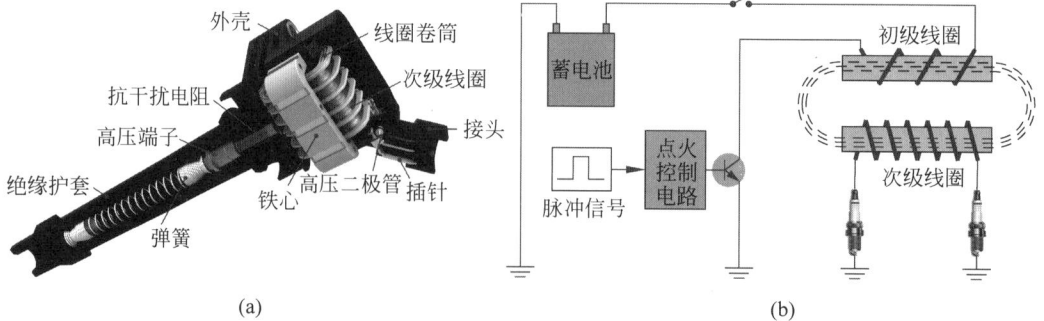

(a) (b)

图 2-27 点火线圈结构与工作原理示意图
(a) 点火线圈结构；(b) 点火线圈工作原理

与蓄电池导通,随初级线圈中电流的增长,其四周会产生一个强磁场。当脉冲信号结束时,初级线圈电路断开,其周围磁场迅速衰减,次级线圈将会产生感应电压作用于火花塞中心电极。感应电压的高低取决于次级线圈与初级线圈的匝数比。当感应电压高于火花塞中心电极和侧电极之间的击穿电压时,即会在两电极之间放电产生火花。在次级线圈与初级线圈的匝数比确定的前提下,点火能量取决于初级线圈的导通时间,即 ECU 产生的点火信号脉宽。

火花塞主要由接线螺母、接线螺杆、陶瓷绝缘体、电阻体、密封垫圈、中心电极、侧电极以及外壳等组成。普通火花塞的电极材料一般为镍合金,但镍合金的抗腐蚀性较差,难以长时间在高电压、高燃烧温度下使用。为提高火花塞寿命,可使用铂或铱等耐腐蚀贵金属作为电极材料。图 2-28 是一种典型的单侧电极火花塞,其中心电极的尖端部分以及侧电极上与中心电极对应部分的凸起是由贵金属制成。

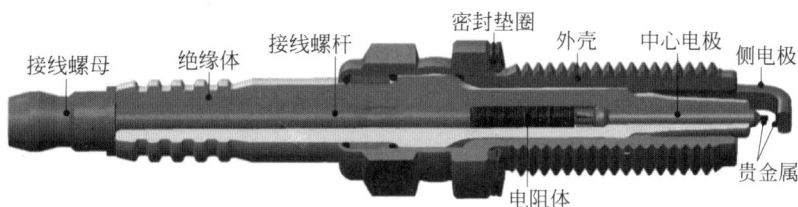

彩图 2-28

图 2-28 单侧电极火花塞结构示意图

2.3.6 润滑系统

润滑系统的主要作用是在发动机工作时将润滑油(机油)持续地输送到相对运动的零件表面,实现润滑,从而减小摩擦阻力、减轻机件磨损,同时对零件表面进行清洗和冷却。发动机内做大负荷相对运动的零件主要包括曲轴-主轴承、曲轴-连杆轴承、凸轮轴-凸轮轴轴承等,这些表面之间的润滑需要使用机油泵将机油通过油道以一定压力强制供入摩擦表面,如图 2-29 所示。这种润滑方式称为压力润滑。在压力和重力作用下,润滑油会回流到油底壳

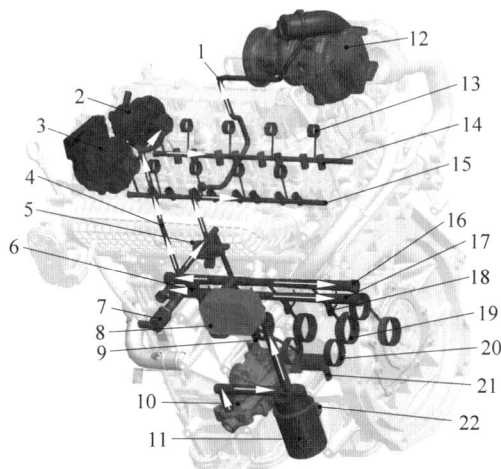

彩图 2-29

1—涡轮增压器进油管;2—排气 VVT;3—进气 VVT;4—缸体-缸油道;5—链条张紧器;6—机油压力传感器;7—活塞冷却喷嘴电磁阀;8—机油冷却器;9—机油泵反馈油道;10—变量机油泵;11—机油滤清器;12—涡轮增压器;13—凸轮轴轴承;14—液压挺柱;15—缸盖主油道;16—缸体主油道;17—活塞冷却喷嘴油道;18—活塞冷却喷嘴;19—主轴承;20—连杆轴承;21—变量机油泵电磁阀;22—机油集滤器。

图 2-29 汽车发动机润滑系统示意图

中。在回流过程中,部分机油被高速旋转的零部件打散,形成飞溅油雾附着在一些摩擦表面对运动零件进行润滑,这种润滑方式称为飞溅润滑。气缸壁面和配气机构的凸轮、气门杆等零件的工作表面即是通过飞溅润滑方式进行润滑的。

　　机油泵用于建立油压,一般由曲轴带动齿轮驱动。目前的发动机一般使用变排量机油泵,以在不同转速下输出不同压力、不同流量的机油,满足发动机在不同转速下的润滑需求。机油泵的排量和压力调节通过电磁阀开度进行控制。油道是在机体和缸盖上加工的机油流通孔,主要通向各个轴承位置和液压挺柱位置。机油油道也与配气系统 VVT 控制装置和链条张紧器连通,为 VVT 控制装置提供驱动压力,为链条张紧器提供张紧压力。另外,油道还可与涡轮增压器通过管路连接,为涡轮增压器的转子轴承提供润滑。

　　机油集滤器和机油滤清器用于过滤机油内的杂质。其中集滤器安装在油底壳内,是第一道粗滤装置,一般采用金属滤网式结构。机油滤清器可以安装在机油泵前或机油泵后,用于对机油进行精滤,以过滤掉更多杂质。机油换热器安装于机油滤清器之后,一般采用水冷式。机油换热器的作用是使润滑油保持适当的恒温状况,保持较佳的黏度,使发动机正常运转。冷机时用发动机小循环冷却液加热机油,使之温度快速升温;热机时用发动机大循环冷却液冷却机油,使之温度不宜过高。活塞冷却喷嘴安装于机体上,喷嘴位置对准活塞冷却喷嘴油道。发动机运行过程中活塞冷却喷嘴将机油喷入活塞冷却喷嘴油道,对活塞进行冷却。机油压力传感器安装于主油道,用于监测机油压力。

2.3.7　冷却系统

　　冷却系统的功用是使发动机在所有工况下都保持在适当的温度范围内。冷却系统既要防止工作过程中发动机过热,也要防止冬季发动机过冷。在发动机冷启动之后,冷却系统还要保证发动机迅速升温,尽快达到正常的工作温度。发动机的冷却系统有风冷与水冷之分,以空气为冷却介质的冷却系统称风冷系统;以冷却液为冷却介质的为水冷系统。汽车发动机尤其是轿车发动机大都采用水冷系统。

　　汽车发动机的水冷系统均为强制循环水冷系统,即利用水泵提高冷却液的压力,强制冷却液在发动机中循环流动。图 2-30 给出了比亚迪 472QA 发动机的冷却系统,该系统由电子水泵、散热器、膨胀箱、节温器、发动机机体水道及其他附属装置等组成。

　　冷却液经过电子水泵(3)增压后,经发动机补水管(4)进入发动机的机体水套。冷却液从水套壁周围流过并从水套壁吸热而升温,然后向上流入气缸盖水套。水温传感器(11)可以检测冷却液温度,并将信号传递至 ECU,根据发动机工况需求不同,控制电子节温器(14)调节大、小循环。从气缸盖水套壁吸热之后,冷却液经机械节温器(13)、电子节温器(14)以及散热器进水软管(2)流入散热器(1)。在散热器中冷却液向流过散热器周围的空气散热而降温,最后冷却液经散热器出水软管(15)返回水泵,如此循环。在汽车行驶或冷却风扇工作时,空气从散热器周围高速流过以增强对冷却液的冷却。

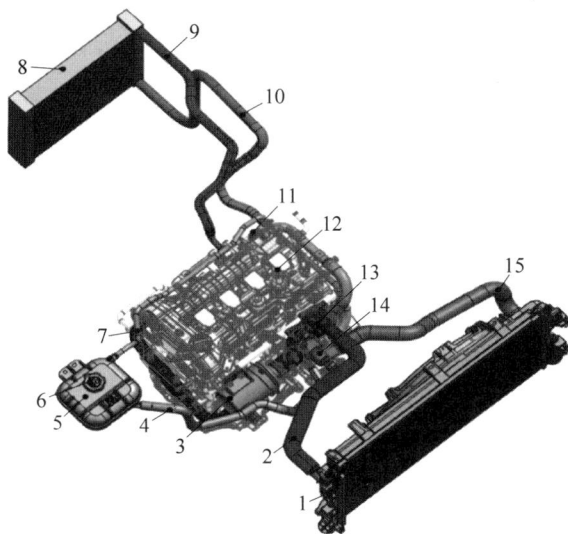

彩图 2-30

1—散热器和电子风扇总成；2—散热器进水软管；3—电子水泵；4—发动机补水管；5—膨
胀箱；6—膨胀箱盖；7—发动机除气管；8—暖风芯体；9—暖风进水软管；10—暖风出水
软管；11—水温传感器；12—发动机；13—机械节温器(缸体出水)；14—电子节温器(大循
环进水)；15—散热器出水软管。

图 2-30 冷却系统图

使用双节温器可以控制发动机冷却系统中冷却液温度，从而实现灵活热管理模式。以比亚迪 472QA 为例，分别为零流动、缸盖小循环、缸体和缸盖小循环、大循环，分别对应发动机的冷启动、暖机以及冷却液温度升高后正常工作的不同工作场景，在保证发动机的可靠性、经济性的前提下，也降低了发动机的排放。

零流动：当冷却液温度低时，为提高发动机内冷却液的升温速度，由电控控制的电子水泵转速为零，冷却液不强制流动散热。

缸盖小循环(图 2-31(a))：冷却液温度小于 70℃，缸体节温器(机械节温器)及主节温器(电子节温器)内部感应石蜡尚未熔化。节温器内弹簧弹力控制节温器阀门关闭，冷却液经过缸盖及机油换热器进行小循环流动，电子水泵转速较低，系统中冷却液流量也较低，发动机快速暖机。

缸体和缸盖小循环(图 2-31(b))：冷却液温度介于 70～85℃ 之间，此时缸体节温器开启，主节温器依旧关闭，冷却液经由缸体与缸盖-机油换热器小循环流动，电子水泵转速依然较低，系统中冷却液流量也较低，发动机快速暖机。

大循环(图 2-31(c))：此时冷却液温度大于 85℃，缸体节温器及主节温器皆处于开启状态，缸体及缸盖流出的冷却液经由散热器散热，与机油换热器冷却液混合后由电子水泵推动进入到发动机，此时可根据发动机出水温度的变化控制电子水泵的转速，使得发动机始终在最佳工作温度下进行工作。

完整的冷却循环如图 2-32 所示。

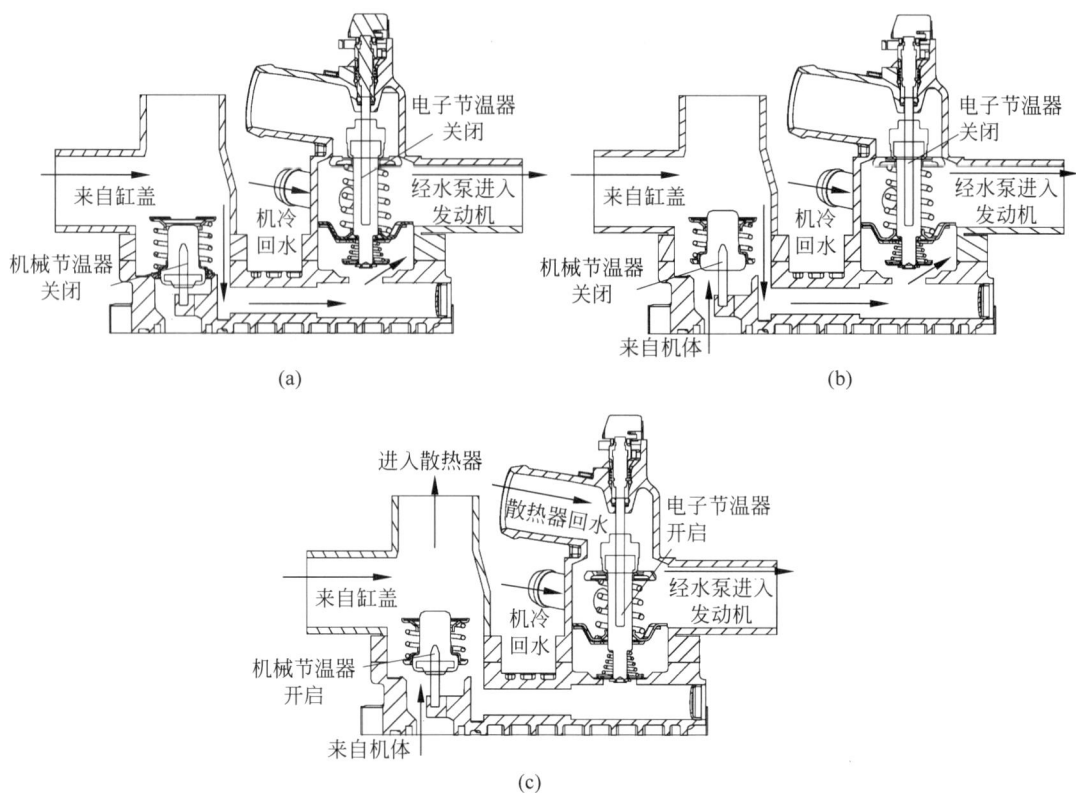

图 2-31　节温器结构及其工作原理

（a）缸盖小循环；（b）缸体和缸盖小循环；（c）大循环

彩图 2-32

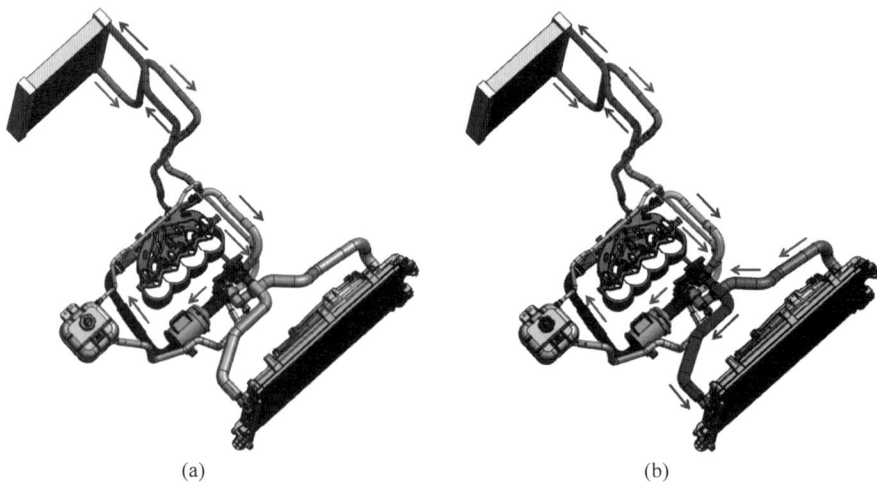

图 2-32　比亚迪 472QA 发动机冷却系统大、小循环示意图

（a）冷却系统工作在小循环；（b）冷却系统工作在大循环

2.4　柴油机的典型结构与组成

相比于汽油机,柴油机热效率高,适合大功率需求场景。柴油的理化特性决定了柴油机的工作和性能特点,也决定了其供给、混合与燃烧组织方式与汽油机的差异。柴油机与汽油机在结构上最主要的区别体现在喷油系统、燃烧系统、排放控制系统。

2.4.1　喷油系统

随着电子控制技术的发展,为满足严格油耗与排放法规要求,车用柴油机燃料供给系统技术路线已基本统一到电控高压共轨技术。喷油器从高压油轨中获得高压燃料,而非直接连接油泵。通过发动机电控单元(ECU)独立控制喷油泵和喷油器,使喷射压力控制与喷射时间控制完全解耦,即喷油泵只控制供油量和供油频率,由此控制油轨中的目标喷射压力,而喷射量、喷射次数、喷射时刻、喷射规律等由 ECU 通过喷油器直接控制,有效地提高了喷射系统的控制灵活度,也保证了各缸燃料喷射量、喷射定时以及雾化条件等的一致性,提高了各缸之间工作的均匀性。

图 2-33 为博世(BOSCH)高压共轨系统示意图。高压共轨系统主要由油箱、燃油管路、燃油滤清器、高压油泵、电磁阀、轨压传感器、共轨、电控喷油器、其他传感器以及电控单元等组成。高压油泵(图 2-34)把来自低压输油系统的燃油泵入一个公共油轨(共轨),通过设置于高压油泵上的电磁阀控制和调节共轨中的压力;然后通过精确控制安装于电控喷油器上的电磁阀的开闭,实现燃油的高压喷射。高压共轨系统的喷射压力目前可达 300 MPa,燃油雾化效果好,喷油系统压力波动小,安装方便,但是对燃油品质要求高、系统成本高、控制参数标定量多。

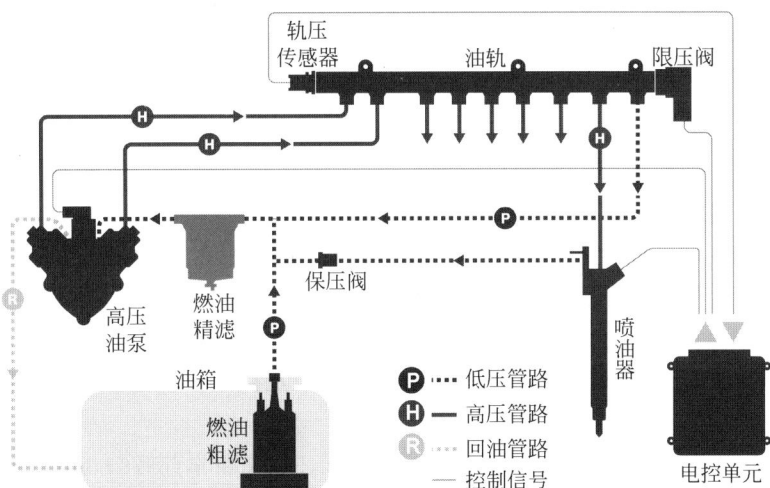

彩图 2-33

图 2-33　BOSCH 高压共轨系统示意图

图 2-35 给出了一种典型的电控喷油器结构。柴油机共轨喷油器的针阀开启主要依靠油压,这与汽油机喷油器不同。电磁阀未通电触发时,球阀关闭。控制室内压力、针阀前端压力室压力均与共轨内压力相同,控制室内燃油对阀杆的压紧力与针阀弹簧力之和大于针

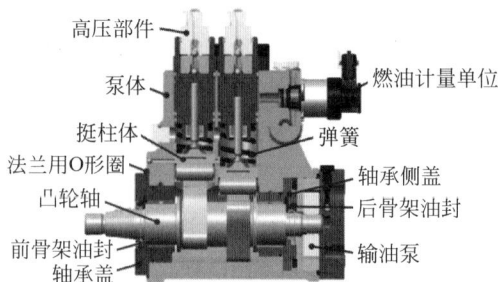

图 2-34   一种典型的高压油泵结构图

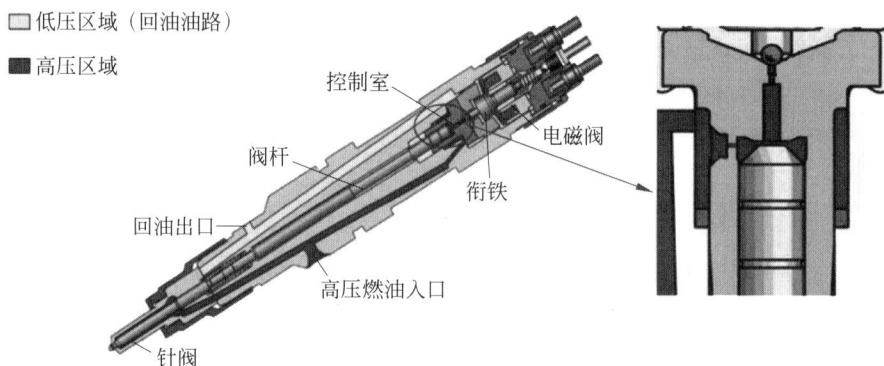

图 2-35   一种典型的电控喷油器结构图

阀在前端压力室内的锥面受力,针阀处于关闭状态。电磁阀通电触发时,球阀开启,控制室内燃油通过泄油孔流出,控制室内压力降低,控制室内燃油对阀杆的压紧力与针阀弹簧力之和小于针阀在前端压力室内的锥面受力,针阀开启,燃油喷射。

2.4.2   燃烧系统

柴油机的基本工作模式为,柴油在压缩上止点附近通过喷油器被喷入气缸后,与高温高压空气混合并自发着火燃烧。柴油机燃油喷射、气流运动和燃烧室形状对柴油机的混合气形成与燃烧有关键影响。

柴油的蒸发性和流动性都比汽油差,因此柴油机需采用高压喷射强制雾化的方法在气缸内形成可燃混合气。与汽油机相比,柴油机的混合气形成时间极短,一般只有 $15°\sim35°$ 曲轴转角。虽然柴油机的总体混合气浓度偏小,但是缸内喷射形成的混合气浓度分布不均匀,既存在局部混合气过浓导致燃烧不完全的情况,同时也存在局部混合气过稀导致部分空气不能充分利用的情况。

柴油机的燃烧室一般可分为直喷(direct injection,DI)式和非直喷(indirect injection,IDI)式两大类。直喷式燃烧室将燃油直接喷入燃烧室中进行混合燃烧。典型的直喷式燃烧室如图 2-36 所示,按照活塞顶部凹坑形状分为浅盘形燃烧室(a)、深坑形燃烧室(b)和球形燃烧室(c)(现已不常用);非直喷式燃烧室一般具有主副两个燃烧室,燃油首先喷入副燃烧室进行一次混合燃烧,然后冲入主燃烧室进行二次混合燃烧。

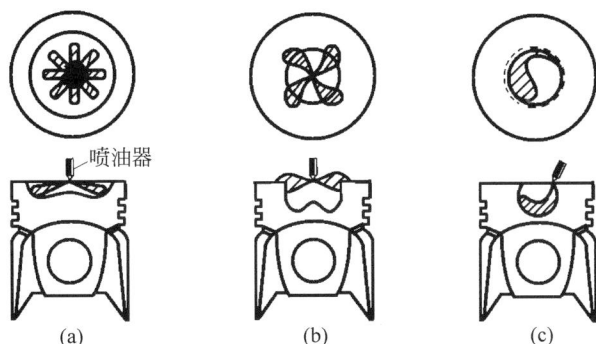

图 2-36 典型的直喷式柴油机燃烧室形状

(a) 浅盘形；(b) 深坑形；(c) 球形

柴油机燃烧室的设计需要兼顾喷油方式和气流运动方式，从而对"油-气-室"三者进行合理匹配。图 2-37 为车用柴油机中常用的直喷式燃烧系统，该系统采用深坑形燃烧室，压缩比 16～18，喷油器和进排气门均垂直中置，通过喷嘴头部高压多孔辐射状喷雾配合缸内涡流，促进柴油空间雾化形成可燃混合气，在燃烧室中扩散燃烧。

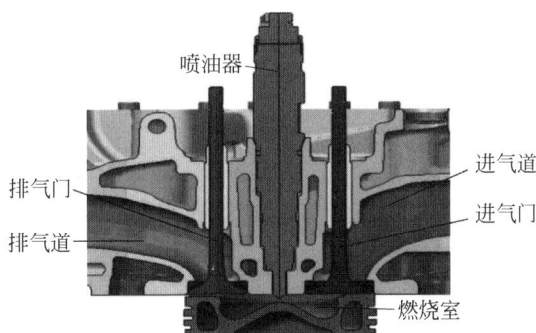

彩图 2-37

图 2-37 车用柴油机中常用的燃烧系统结构图

2.4.3 排放控制系统

与汽油机相比，柴油机排放控制技术相对复杂，主要包括柴油氧化催化（diesel oxidation catalyst，DOC）、柴油颗粒过滤器（diesel particulate filter，DPF）、选择性催化还原（selective catalytic reduction，SCR）与氨逃逸催化剂（ammonia slip catalyst，ASC）等。

1. 柴油氧化催化（DOC）

DOC 能够氧化排气中的 CO、HC 与颗粒物中的可溶性有机物部分（soluble organic fraction，SOF），同时能够将排气中的 NO 氧化为 NO_2。通常将 DOC 催化器布置在柴油机后处理系统的上游，其内部催化剂由氧化性较好的贵金属 Pt 和 Pd 组成，贵金属材料涂覆在涂层表面并覆盖在载体上，结构如图 2-38 所示。

2. 柴油颗粒过滤器（DPF）

DPF 通过物理过滤的方法捕集排气中的微粒与灰分。目前广泛采用蜂窝状陶瓷载体（如堇青石、碳化硅等）作为 DPF 的过滤材料，其结构如图 2-39 所示。排气进入入口开放而出口封闭的孔道，经多孔壁面过滤后由入口封闭而出口开放的相邻孔道排出，采用这种结构

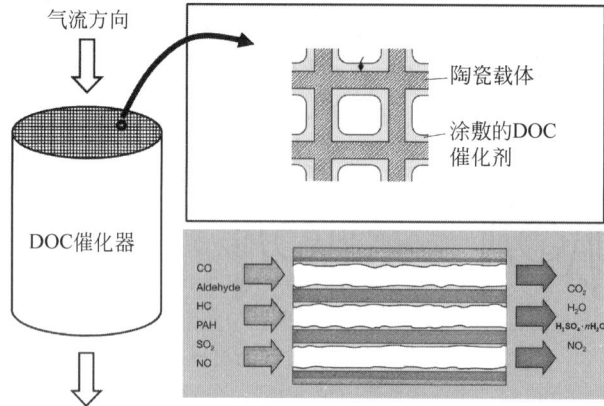

图 2-38　DOC 催化器结构示意图

的 DPF 对颗粒物质量的过滤效率可达 90% 以上。随着过滤捕捉在孔道表面的颗粒物质量增多,排气背压随之升高,发动机的动力性和燃油经济性逐渐下降,因此必须及时除去 DPF 中的微粒,这一过程叫作 DPF 的再生。

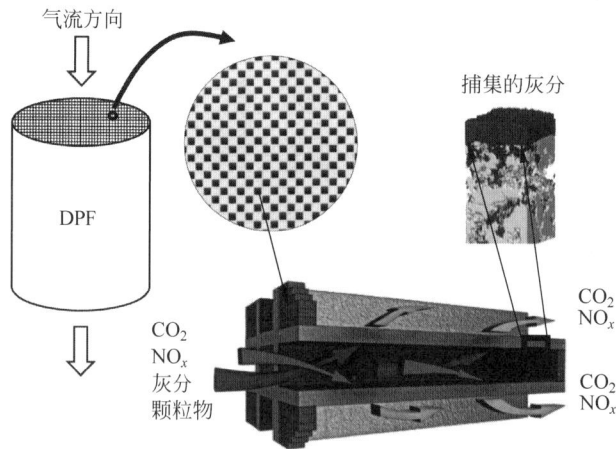

图 2-39　DPF 过滤载体截面图

3. 选择性催化还原(SCR)

柴油机稀燃的特性使得排气具有很高的氧化氛围,因此需要借助还原剂来实现 NO_x 的净化。目前,以尿素为还原剂的 SCR 催化器是应用最广泛的柴油机 NO_x 净化技术。尿素水溶液在排气中能够分解为氨气(NH_3),氨气作为一种高效还原剂能够在催化剂表面与 NO_x 发生还原反应生成无污染的 N_2。

SCR 催化剂以金属氧化物催化剂和分子筛催化剂为主,如图 2-40 所示。金属氧化物催化剂中最为常用的是钒基催化剂,分子式为 V_2O_5,涂层材料为 TiO_2。钒基催化剂具有耐硫性好、成本低等优点,但其涂层 TiO_2 在温度高于 600℃ 时稳定性下降,对 NO_x 的转化效率大幅降低。常用的分子筛催化剂为 Cu、Fe 氧化物,催化剂载体为 $\gamma\text{-}Al_2O_3$。分子筛催化剂具有温度范围广、转化效率高等优点,但容易与排气中的 SO_2 发生反应造成催化剂的严重失活。随着车用柴油硫含量的逐步降低,分子筛催化剂得到了广泛应用。

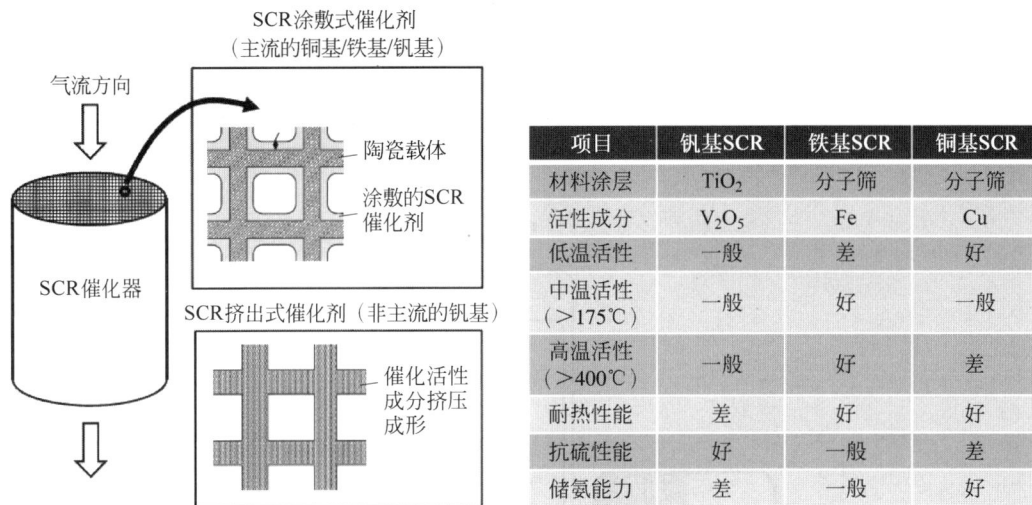

图 2-40　SCR 催化器结构图

项目	钒基SCR	铁基SCR	铜基SCR
材料涂层	TiO_2	分子筛	分子筛
活性成分	V_2O_5	Fe	Cu
低温活性	一般	差	好
中温活性（>175℃）	一般	好	一般
高温活性（>400℃）	一般	好	差
耐热性能	差	好	好
抗硫性能	好	一般	差
储氨能力	差	一般	好

4. 氨逃逸催化剂（ASC）

ASC 催化器一般安装在 SCR 系统的下游,用于氧化从 SCR 催化器中逃逸的 NH_3。ASC 通常采用 Pt 等贵金属并散布在以 $\gamma\text{-}Al_2O_3$ 为主的载体涂层表面。NH_3 的氧化反应除生成 N_2 外,也会生成 NO、NO_2 等副产物。因此,目前使用的 ASC 催化器通常采用双层结构,下层为附着贵金属的催化剂涂层,用于氧化排气中的 NH_3,上层为附着分子筛催化剂的 SCR 反应层,通过 SCR 反应将氨氧化生成的副产物 NO_x 还原为 N_2,其结构如图 2-41 所示。

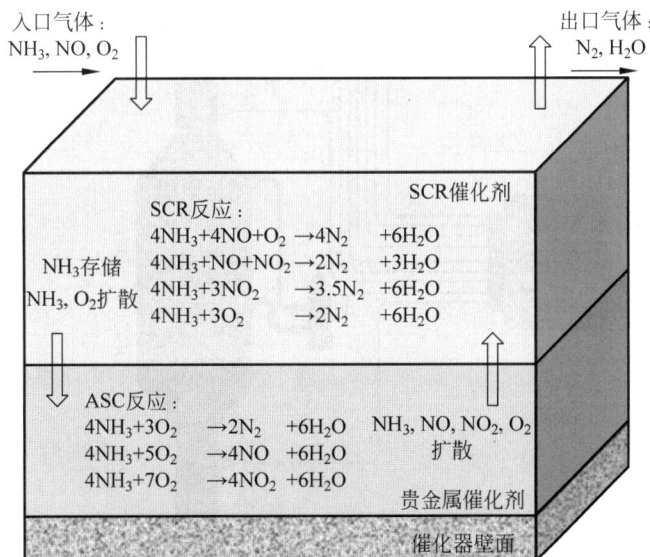

图 2-41　双层 ASC 催化器结构

为满足《重型柴油车污染物排放限值及测量方法(中国第六阶段)》(GB 17691—2018)这一标准的要求,柴油机的排放后处理系统一般采用 DOC＋DPF＋SCR＋ASC 技术,采用 2 个 NO_x 传感器、4 个温度传感器及 1 个压差传感器,典型后处理系统结构如图 2-42 所示。

彩图 2-42

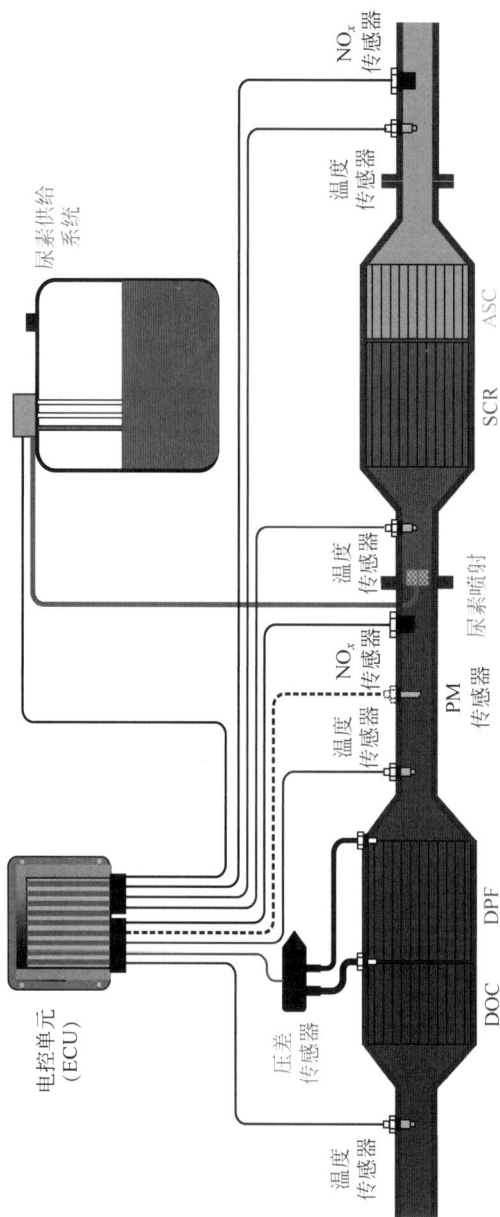

图 2-42　柴油机后处理系统

其中上游 NO_x 传感器与下游 NO_x 传感器用于计算系统的 NO_x 转化效率;温度传感器用于测量排气温度,控制 SCR 系统上游尿素喷射;压差传感器用于判断 DPF 过滤颗粒物质量,控制 DPF 的再生过程。

2.5 内燃机的基本性能参数

内燃机的主要性能指标包括动力性能指标(有效转矩、有效功率等),经济性指标(有效热效率、有效燃料消耗率等),排放性能指标(CO、HC、NO_x、颗粒物质量和颗粒物数量等有害物排放指标),以及运转性能指标(噪声)等。

2.5.1 动力性能指标

有效转矩 T_{tq}:发动机通过飞轮对外输出的转矩称为发动机的有效转矩。

有效功率 P_e:发动机通过飞轮对外输出的功率称为发动机的有效功率。

$$P_e = \frac{\pi n T_{tq}}{30} \times 10^{-3} \tag{2-1}$$

式中:P_e 为有效功率,kW;n 为转速,r/min;T_{tq} 为转矩,N·m。

2.5.2 经济性指标

有效热效率 η_{et}:燃料的化学能转换为曲轴输出功 W_e 的能量转换效率。

$$\eta_{et} = \frac{W_e}{g_b H_u} \tag{2-2}$$

式中:g_b 为输出功对应的燃料消耗量,kg;H_u 为燃料低热值,kJ/kg。

有效燃料消耗率 b_e:单位功率在单位时间内所消耗的燃料量定义为燃料消耗率。它是不同内燃机以及同一内燃机不同工况燃料经济性的可比指标。燃料消耗率越低,燃料经济性越好。

$$b_e = \frac{B}{P_e} \times 10^3 \tag{2-3}$$

式中:b_e 为有效燃料消耗率,g/(kW·h);B 为整机燃料消耗率,kg/h;P_e 为有效功率,kW。

2.5.3 排放性能指标

内燃机排放过去只关注 HC、CO、NO_x 和碳烟,现在还关注多种有害气体排放和颗粒物排放[颗粒物质量(PM)和颗粒物数量(PN)]。近年来,汽油机后处理技术路线由满足欧五/国五法规的 TWC,发展到满足欧六/国六法规的 TWC 与汽油颗粒捕集器(GPF)集成的主流技术路线;柴油机后处理技术路线由满足欧五/国五法规的 DOC+SCR 技术路线,发展到满足欧六/国六法规的 DOC+DPF+SCR+ASC 集成的主流技术路线。常见轻型车排放限值见表 2-1;重型压燃式发动机标准循环排放限值见表 2-2。

表 2-1　最大设计总质量不超过 2500 kg 的六座及以下轻型车排放限值

测试循环	CO/(mg/km)	THC[②]/(mg/km)	NMHC[③]/(mg/km)	NO_x/[mg/(kW·h)]	N_2O/[mg/(kW·h)]	PM[④]/[mg/(kW·h)]	PN[⑤]/[个/(kW·h)]
WLTC[①]	500	50	35	35	20	3.0	$6.0×10^{11}$

① WLTC：world light vehicle test cycle，世界轻型车辆测试循环。

② THC：total hydrocarbon，总碳氢。

③ NMHC：non-methane hydrocarbon，非甲烷碳氢化合物。

④ PM：particulate matter，颗粒物质量。

⑤ PN：particulate number，颗粒物数量。

表 2-2　重型压燃式发动机标准循环排放限值

测试循环	CO/[mg/(kW·h)]	THC/[mg/(kW·h)]	NO_x/[mg/(kW·h)]	NH_3/ppm	PM/[mg/(kW·h)]	PN/[个/(kW·h)]
WHSC[①]	1500	130	400	10	10	$8.0×10^{11}$
WHTC[②]	4000	160	460	10	10	$6.0×10^{11}$

① WHSC：world harmonized steady state cycle，世界统一稳态测试循环。

② WHTC：world harmonized transient cycle，世界统一瞬态测试循环。

2.5.4　运转性能指标

内燃机噪声也是一种对环境的污染。内燃机噪声是指燃烧室内部可燃混合气燃烧时产生的压力冲击噪声以及活塞往复运动产生的振动激励作用于缸体和曲轴系统产生的噪声。内燃机是燃油汽车的主要噪声来源，根据《汽车加速行驶车外噪声限值及测量方法》(GB 1495—2002)，N3 类重型货车在加速行驶的时候，其车外最大噪声声级不应超过 84dB(A)，M1 类轿车在加速行驶的时候，其车外最大噪声声级不应超过 74dB(A)。

2.6　内燃机未来的发展趋势

内燃机经过了上百年的发展，日趋成熟。在热效率方面，汽油机和柴油机的热效率分别在向 50% 和 60% 发展。在功率密度方面，乘用车汽油机升功率已超过 100 kW/L。在燃料方面，除汽油、柴油和天然气燃料外，使用可再生能源的内燃机也得到了发展，目前已经在应用的可再生燃料包括生物柴油、生物乙醇等。

根据《内燃机产业高质量发展规划（2021—2035）》，内燃机发展趋势将呈现为整机高效化、系统电气化、燃料低碳化和数字智能化。

2.6.1　高效化

持续提高热效率仍是未来发动机研发的核心内容之一。柴油机由于采用稀燃、压燃和质调节模式，工质绝热指数较高，泵气损失较小，而且它的压缩比较高，一般在 16～18，因此具有较高的热效率。目前车用量产柴油机峰值有效热效率已达 50%。车用汽油机由于采用化学计量比混合气点燃和量调节模式，部分负荷泵气损失较大，而且受爆震限制，压缩比处于 8～13 范围，因此其热效率较柴油机低（目前量产燃油车汽油机峰值有效热效率在

40%左右)。车用汽油机还有较大的热效率提升空间,尤其是混合动力专用汽油机。由于有电机助力,混合动力对汽油机的动力性要求降低,这样混合动力专用汽油机就可以采用高压缩比[15 左右,可匹配高辛烷值(RON≥98)汽油]、超膨胀比循环(如阿特金斯循环或米勒循环)、强冷却废气再循环(EGR)、低温燃烧、长冲程等节能技术提升热效率。目前奇瑞、吉利、比亚迪、广汽、东风等企业都开发出了峰值有效热效率超过 41%的混合动力专用汽油机,正在朝更高热效率迈进。高效汽油机主要采用了以下技术。

(1) 高效的燃烧系统:结构上采用提高压缩比,提高冲程缸径比;燃烧组织上设计高滚流的气流运动;采用稀释燃烧(EGR 稀释或者稀燃)技术;采用米勒循环或阿特金斯循环。

(2) 先进的燃烧模式:控制爆震,实现稳定可靠的燃烧过程。主要有点燃-压燃燃烧模式、射流点火燃烧模式、汽油直喷压燃模式。

(3) 高性能的进气管理:废气涡轮增压器(waste gate turbocharger,WGT)、双涡管增压器、可变截面涡轮增压器(variable geometry turbocharger,VGT)、可变气门正时(VVT)、可变气门升程(variable valve lift,VVL)、电控气门升程、电控 EGR。

(4) 先进燃料喷射系统:高压喷射技术、双燃料喷射技术。

(5) 降摩擦技术:缸筒珩磨工艺、活塞环轴瓦涂层、低黏度机油应用。

2.6.2　电气化

未来内燃机研发的重要路径是与电气化融合。内燃机与电气化融合能够进一步扬长避短,更有效发挥先进动力装置的作用。内燃机实现电气化的路径主要体现在以下三方面:

(1) 发动机零部件系统的电气化。可变排量电子水泵、电子油泵、怠速启停系统(start-stop)、电动增压器、电动气门正时系统等零部件系统加速应用。

(2) 动力系统的电气化。发动机与单、多电机配合形成混合动力系统。随着电驱动功率的提高,动力系统逐渐从纯内燃机汽车(internal combustion engine vehicle,ICEV)向混合动力汽车(hybrid electric vehicle,HEV)、插电式混合动力汽车(plug-in hybrid electric vehicle,PHEV)、增程式电动汽车(range extended electric vehicle,REEV)、纯电动汽车(battery electric vehicle,BEV)演变,使得发动机的运行范围从全域工况到区域工况,再到点工况转变。工况区域的聚焦,促进了动力系统以更高效的方式运行。

(3) 电控系统的高度集成化。发动机控制器与控制逻辑将逐步融入整车控制器中,芯片在线处理能力持续增强,可支持负载功率持续提高,为实现复杂控制策略与多目标协同优化提供软硬件基础。

2.6.3　低碳化

燃料低碳化是指内燃机采用低碳燃料替代高碳燃料,如重型卡车采用低碳的压缩/液化天然气(compressed/liquified natural gas,CNG/LNG)发动机或汽油压燃(gasoline compression ignition,GCI)发动机替代高碳的柴油机,或者在高碳燃料中添加低碳或零碳燃料,如在柴油中添加生物柴油(甲酯)、在汽油中添加乙醇等,从源头上降低内燃机的碳排放。表 2-3 和表 2-4 给出了内燃机中常用以及有潜力的液体和气体燃料的理化特性。在未来碳中和要求下,以下几种燃料具有发展优势。

表2-3　常用液体和气体燃料的成分与特性参数

燃料名		汽油	轻柴油	天然气(NG)	液化石油气(LPG)	甲醇	乙醇	氢	二甲醚(DME)	生物柴油
分子式		C_nH_m	C_nH_n	CH_4	C_3H_8	CH_3OH	C_2H_5OH	H_2	CH_3OCH_3	$RCOOCH_3$
质量成分	g_C/kg	0.855	0.874	0.750	0.818	0.375	0.522		0.522	0.766
	g_H/kg	0.145	0.126	0.250	0.182	0.125	0.130	1.000	0.130	0.124
	g_O/kg					0.500	0.348		0.348	0.111
相对分子量		95~120	180~200	16	44	32	46	2	46	280
液态密度/(kg/L)		0.700~0.750	0.800~0.860	0.420	0.540	0.795	0.790	0.071	0.668	0.860~0.900
沸点/℃		25~215	180~360	-162	-42	65	78	-253	-24.9	182~338
汽化潜热/(kJ/kg)		310~320	251~270	510	426	1100	862	450	467	
理论空气量	l_0/(kg/kg)	14.8	14.3	17.4	15.8	6.5	9.0	34.5	9.0	12.6
	L_0/(kmol/kg)	0.515	0.500	0.595	0.541	0.223	0.310	1.193		0.435
自燃温度/℃		300~400	250	650	365~470	500	420		235	
闪点/℃		-45	45~65	-162以下	-73.3	10~11	9~32			168~178
燃料低热值/(kJ/kg)		44000	42500	50050	46390	20260	27000	120000	28800	40000
标准状态下$\varphi=1$的可燃混合气热值/(kJ/m³)		3750	3750	3230	3490	3557	3660	2899		3730
辛烷值	RON	90~106		130	96~111	110	106			
	MON	81~89		120~130	89~96	92	89			
十六烷值			45~55						55~60	50~60
运动黏度(20℃)/(mm²/s)		0.65~0.85	1.8~8.0						0.12~0.15 (40℃)	6.4~7.1

表 2-4　氨与氢、汽油、柴油等燃料理化特性对比

燃料	氢含量（质量百分比）/%	沸点/℃	质量热值/(MJ/kg)	混合气热值（298 K，0.1 MPa，$\varphi=1$）/(MJ/m³)	层流火焰速度（298 K，0.1 MPa，$\varphi=1$）/(m/s)	最小点火能量/mJ	可燃极限（体积百分比）/%	研究法辛烷值（RON）
氨	17.7	−33.4	18.6	2.82	0.07	680	14.8～33.5	≥130
氢	100	−253.0	120	2.90	2.06	0.011	4～75	≥130
柴油	13～14.5	180～360	42.5～44	3.35	0.37①	20	0.6～7.5	40～55
汽油	13～15	20～215	43～44	3.42	0.34②	0.8	1.4～7.6	90～106
甲醇	12.5	64.7	19.9	3.20	0.42	0.14	6.7～36.0	114
乙醇	13.0	78.0	26.7	3.27	0.40	0.28	3.2～18.8	108

① 柴油的层流火焰速度以正庚烷代替。

② 汽油的层流火焰速度以异辛烷代替。

1. 氢

氢气在常温常压下是一种易燃气体，是无色透明、无臭无味且难溶于水的零碳燃料。典型的氢内燃机样机有马自达公司氢气转子发动机和宝马公司汽油版氢发动机（汽油/氢气双燃料供应，氢气进气道喷射，峰值热效率 42%，最高有效平均压力 0.8 MPa）。2020 年以来，康明斯公司开发的柴油版氢内燃机样机（M15H，排量 14.5 L，采用氢气缸内直喷，压缩比 12）的最高有效平均压力超过 2 MPa。联电和博世联合研究的 2.0 L 氢内燃机在使用进气涡轮增压、氢气缸内直喷和稀薄燃烧（过量空气系数 1.8）的条件下，峰值有效热效率达到 39%，最高有效平均压力达到 2.2 MPa。近年来国内一汽、东风等企业相继推出了氢内燃机样机，采用稀燃、增压，可实现 40% 以上的峰值热效率。在大负荷区域，早燃和爆震的问题限制了氢内燃机外特性的拓展。另外，氢内燃机目前还面临 NO_x 排放问题，而且在使用过程中还需要解决氢气喷射系统、专用润滑油、氢脆等安全性和可靠性问题。

2. 氨

氨是氢能的良好载体，常温下氨气的液化压力约 0.8 MPa，便于运输；同样体积下，氨的载氢能力是液氢的 1.5 倍，具有很高的载氢密度；氨的制备、存储、运输工艺成熟；另外，氨产业链与基础设施均已成熟，目前全球氨气年产量超过 2 亿 t，可直接作为车用燃料或氢源使用。因此氨气被认为是具有前景的零碳燃料。

氨内燃机的应用可追溯到 20 世纪 30 年代。第二次世界大战期间，由于石油短缺，氨燃料火花点火内燃机开始用于军事用途；进入 21 世纪后，随着温室效应加剧，氨内燃机的研究又重新得以展开，但点火难与燃烧慢的问题大大增加了氨内燃机的开发难度。为了解决氨燃烧难问题，氨在内燃机上的应用多采取高活性燃料引燃的方式，常见的高活性燃料包括柴油、二甲醚等。另外，氨往往需要与其他高活性燃料混合，才能获得优良的燃烧和排放性能。高质量混合气的形成和高效清洁燃烧过程的组织是未来氨发动机要解决的关键技术问题。与氢内燃机相同，氨内燃机除了 NO_x 排放，还面临 NH_3 和 N_2O 排放问题；此外，在使用过程中还需要解决氨燃料喷射系统、零部件防腐蚀和泄漏等问题。

3. 生物燃料

目前,全球应用最广泛的生物质燃料是乙醇和生物柴油,生物质燃料产业正处于从1代(以粮食和甘蔗为原料)和1.5代(以木薯、甜高粱等非粮作物和木本油料植物为原料)为主,向2代(以农林废弃物和木质纤维素为原料)乃至3代(含油微藻为原料生产的加氢柴油等)升级转换时期。生物乙醇可以用含淀粉(玉米、小麦、薯类等)、纤维素(秸秆、林木等)或糖质(甘蔗、糖蜜等)等原料经发酵蒸馏制成。燃料乙醇是通过对乙醇进一步脱水,使其含量达99.6%以上,再加上适量变性剂制成。生物柴油是一种长链脂肪酸的单烷基酯,是由植物油(如菜籽油、大豆油、花生油、玉米油、棉籽油等)、动物油(如鱼油、猪油、牛油、羊油等)、废弃油脂或微生物油脂等与甲醇或乙醇经酯转化而形成的脂肪酸甲酯或乙酯。生物质燃料可以一定比例与汽油(醇类)或柴油(生物柴油)掺混应用于内燃机,是有效取代传统石化燃料的可再生燃料,且具有减少温室气体排放的优势。

4. 电制燃料

电制燃料(e-fuel)是指利用绿电制氢,再将绿氢和CO_2化合形成的液体燃料。在成本能够得到有效控制的条件下,内燃机可以直接使用e-fuel,比如合成甲醇、甲醇制汽油(MTG)、费托(Fischer-Tropsch)合成柴油等,此方案无须对现有内燃机生产及燃料存储输运设施进行更新,是内燃机实现碳中和的理想路径和选择。未来当电解水技术进入大规模使用阶段时,e-fuel的减碳优势会更加突出,有可能会在对使用成本不敏感的高端内燃动力装置中得到应用。

2.6.4　智能化

近年来,人工智能的高速发展为内燃机及动力总成层面的控制和优化提供了有效的工具,在从研发到应用的各个阶段里,人工智能都正在发挥越来越大的作用。

(1)在系统设计层面,由于内燃机工作原理的复杂性,其工程问题通常都涉及众多参数的条件和制约下的多目标优化。在设计阶段,人工智能可以用来进行喷雾、燃烧图像和缸内压力信号的处理,对发动机工作过程的零部件和整机系统设计的参数进行优化。

(2)在动态控制层面,人工智能可用来建立基于数据驱动的发动机系统模型,进行燃烧过程和后处理系统的精确控制,实现发动机产品自动化智能标定、发动机故障的智能诊断分析和溯源等。

(3)在动力总成层面,混合动力能量管理的智能化可以实现内燃机与电驱转矩合理分配,通过优化发动机运行工况点,实现车辆能量效率的最优化;同时,基于车联网信息的能效优化控制技术也在迅速发展。

(4)在整车热管理层面,人工智能在发动机、电池、电机及座舱的集成式热管理优化控制上已经开始应用。

思　考　题

1. 四冲程汽油机和柴油机在结构上主要有哪些区别?

2. 曲柄连杆机构的作用是什么?由哪些零部件组成?

3. 活塞环分为哪几种类型?各自的作用是什么?

4. 内燃机配气机构的作用是什么？由哪些零部件组成？

5. 内燃机进气门早开晚关的目的是什么？

6. 柴油机高压共轨系统和汽油机缸内直喷系统在结构和工作原理上有何异同？试简要概述。

7. 内燃机增压有哪些实现方式？各自有哪些优缺点？

8. 为何要设置节温器？节温器的工作原理是什么？

9. 润滑油在内燃机中起到哪些作用？润滑油有哪些性能要求？

10. 内燃机的基本性能参数有哪些？

11. 人工智能在内燃机及动力总成的控制和优化方面可以起到哪些作用？

12. 内燃机未来的发展趋势是什么？

参 考 文 献

［1］ 陈家瑞. 汽车构造(上册)［M］. 3 版. 北京：机械工业出版社,2009.

［2］ 史文库,姚为民. 汽车构造(上册)［M］. 6 版. 北京：人民交通出版社,2013.

［3］ 刘圣华,周龙保. 内燃机学［M］. 4 版. 北京：机械工业出版社,2017.

［4］ 帅石金,王志. 汽车动力系统原理［M］. 北京：清华大学出版社,2021.

［5］ VAN B R,SCHÄFER F. Internal combustion engine handbook：basics,components,systems,and perspectives［M］. 2nd ed. Warrendale：SAE International,2004.

［6］ HEYWOOD J B. Internal combustion engine fundamentals ［M］. 2nd ed. New York：McGraw Hill Education,2018.

［7］ CUMMINS L. Internal fire,the internal combustion engine 1673—1900［M］. 2nd ed. Austin：Octane Press,2021.

［8］ 帅石金,王志,马骁,等. 碳中和背景下内燃机低碳和零碳技术路径及关键技术［J］. 汽车安全与节能学报,2021,12(4)：417-439.

第 3 章　动力电池系统

由电池驱动的车辆在行驶过程中不会直接排放二氧化碳等温室气体,具有环境友好的特点。21 世纪初,车用动力电池技术的突破让汽车的动力系统逐渐走上了电动化的潮流。本章将从电池发展简史与动力电池兴起、锂离子电池单体、锂离子电池的成组和系统、动力电池发展趋势四个部分对动力电池系统进行介绍。

3.1　电池发展简史与动力电池兴起

电池是储存化学能并将其转换成电能的装置。换句话说,电池是一种小型化学反应器,反应物通常储存在反应器内,反应的产物之一是可驱动外部负载的电子。在电池被发明之前,科学家们只能利用摩擦产生的静电来探索电的特性。这种静电产生的电压很高,但电流小,放电时间短。电池的发明,使人类第一次获得了能够连续、稳定产生电流的装置,极大地推动了技术的发展、改善了人类的生活。2019 年的化学诺贝尔奖颁发给了来自三个国度的三位科学家,以表彰他们在发明锂离子电池不同时期的突出贡献。该奖也彰显了电池对人类的生产、生活及可持续性发展的重要意义。

3.1.1　电池发展简史

1800 年,意大利科学家 Volta 发明了伏打电堆(Volta's pile),标志着电池的诞生。伏打电堆是由铜板、含浸盐水或稀硫酸的纸板、锌板作为一个单元,多个单元自下而上堆叠起来所构成的。伏打电堆的发明是当时欧洲科学界乃至欧洲社会的轰动性事件。尽管伏打电堆还存在电流不够稳定、持续时间不足 1h 等缺点,但这个划时代的发明很快就催生了新的物理、化学分支以及一系列意义深远的科学发现、技术发明。同年,英国科学家 Nicholson 和 Carlisle 就用伏打电堆进行了水电解实验。法拉第通过电解实验于 1833 年发现了电解定律。直到 19 世纪 70 年代发电机被发明之前,整个与电相关的研究和用电产品都是依靠电池来供电。

人们一直在寻找改进伏打电堆的方法。特别在法拉第电解定律发现之后,不断有新的电池被发明。1836 年,英国科学家 Daniel 通过使用双电解质,成功解决了正极析氢带来的极化问题,产生的电流更加稳定,持续时间更长。Daniel 电池是第一款实用型电池,很快就被应用于电报、电话等新兴产业。1859 年,法国科学家 Plante 发明了铅酸电池,这是世界上第一款二次电池,即电池可以再被充电,反复利用。1868 年,法国工程师 Leclanche 发明了以锌为负极,二氧化锰为正极,氯化铵为电解质的电池。该种电池比当时更常见的铅酸电池更轻、安全性更强。1885 年日本的发明家屋井(Yai),1888 年德国的物理学家 Gassner 将电解液与石膏粉混合制成糊糊状,发明了干电池,并获得了各自国家的专利。干电池的安装不再受角度、方向的限制,且不需要维护,电池的便利性大大增加,因而成为第一款大众型电池。1899 年,瑞典的 Junger 发明了镍镉二次电池,这是首款碱性电解液电池,电池的寿命大为提高。1901 年,美国发明家爱迪生(Edison)发明了镍铁电池,数年内在电动汽车上得到应用。

20 世纪 90 年代,便携式电子产品对小型、轻量电池的迫切需求,促使电池迎来了第二个黄金时代。1990 年,日本的三洋公司将美国发明家 Ovshinsky 于 1986 年发明的镍氢电池成功地商业化,支撑了照相机、随身听等便携式电子产品的普及与应用。1991 年日本的索尼公司商业化生产锂离子电池,支撑了笔记本电脑、手机等信息电子产品的应用。

3.1.2　车用电池与车用动力电池

在 19 世纪末汽车发明的早期,使用铅酸电池的电动汽车作为新兴技术,对蒸汽机汽车、内燃机汽车曾经具有很明显的优势。20 世纪初,内燃机汽车性能的逐步提高对电动汽车造成较大压力。为了解决铅酸电池笨重的缺点,爱迪生着手开发镍铁电池,并于 1903 年投产使用。由于设计上的缺欠而停产,7 年后爱迪生终于又推出了性能更加优越的镍铁电池,但为时已晚。Ford 发明的流水线生产方式、得克萨斯州发现油田(汽油价格下降)、加油站的建设与普及等,使内燃机汽车的技术经济性远胜电动汽车,电动汽车几乎销声匿迹。而改良了的铅酸电池则广泛被应用于迅猛发展的内燃机汽车中,为起动、照明、点火提供电能。

到了 20 世纪下半叶,内燃机汽车尾气污染的环境问题、二氧化碳排放的气候问题,让电动汽车再次受到关注,上演了多次电动汽车、车用动力电池研发的浪潮。70 年代示范用的电动汽车采用铅酸电池,因能量密度低而被淘汰。1997 年,丰田汽车公司成功推出 Prius 混合动力汽车,该车使用了镍氢电池协助内燃机工作,在加速时提供辅助功率,在减速时回收制动能量,车辆的效率成倍提高,减排效果也非常明显。进入 21 世纪,锂离子电池作为驱动用电池,获得了飞速发展。

锂离子电池使用石墨负极、过渡金属氧化物正极、有机物电解质,单体电压超过 3 V,是以往水溶液体系电池的数倍。锂离子电池一经问世,就展现出了丰富的多样性与强大的生命力,能量密度持续提高(18650 电池从 1991 年的 200 W·h/L 提高到 2016 年的 700 W·h/L,增加了 3.5 倍),而单位能量的成本持续降低(从 1992 年的 \$6035/kW·h 降低到 2016 年的 \$244/kW·h,降低 96%)。应用领域从最开始的消费电子产品,自 2010 年以后扩展到电动汽车领域,又在近年进入吸纳可再生能源涨落、进行功率调节的储能领域。

电池发展的简史(图 3-1)表明,一方面电池的发明与技术进步催生了诸多新技术、新产品,另一方面,这些新技术、新产品对电池的更高要求也反过来促进了电池技术不间断地革新。电动汽车的少排放,长行程,高功率,更加安全、耐久等要求,促进了动力电池技术革新。新型、先进锂离子电池,新一代电池等多种技术不断涌现。

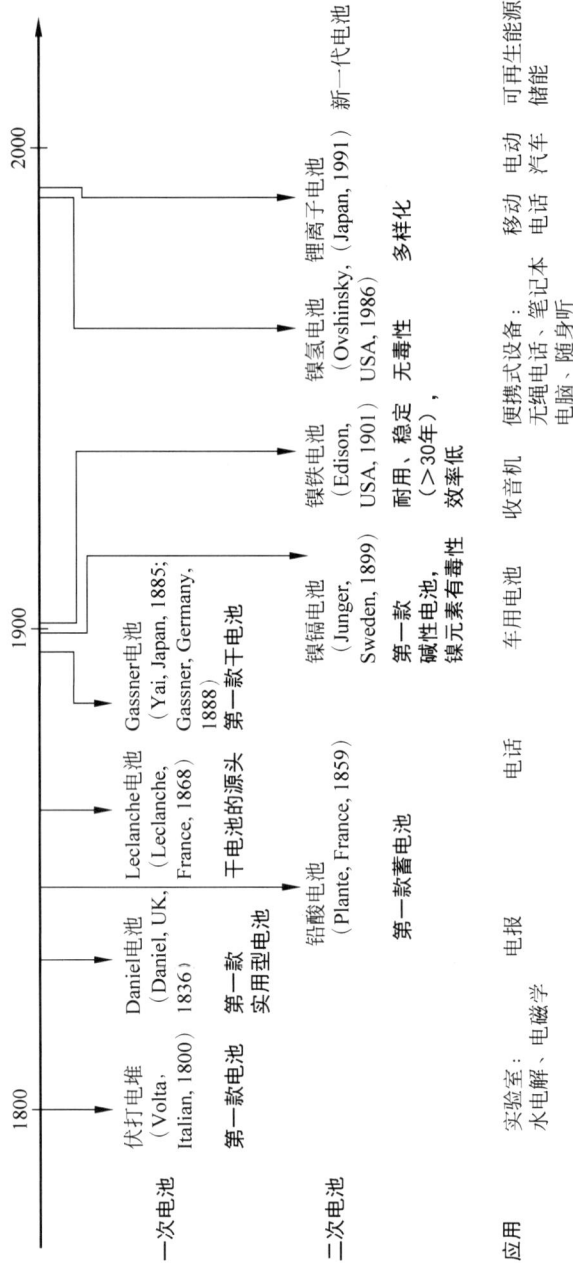

图 3-1 电池发展简史

3.2　锂离子电池单体

锂离子电池单体是动力电池系统中能量存储的最小单元,本节将从锂离子电池的基本电化学反应与过程、锂离子电池的主要材料与部件、锂离子电池单体及其结构等方面进行介绍。

3.2.1　锂离子电池的基本电化学反应与过程

锂离子电池的基本电化学反应过程如图 3-2 所示,锂离子(Li^+)在正极和负极之间反复脱出嵌入,充电时锂离子从正极材料中脱出,经过充盈在材料孔隙中的电解液、穿过隔膜并嵌入负极材料,放电时则相反,因此锂离子电池也被形象地称为"摇椅电池"。在充电和放电过程中,锂离子电池正极和负极发生的电化学反应如下(以钴酸锂正极、石墨负极的锂离子电池为例):

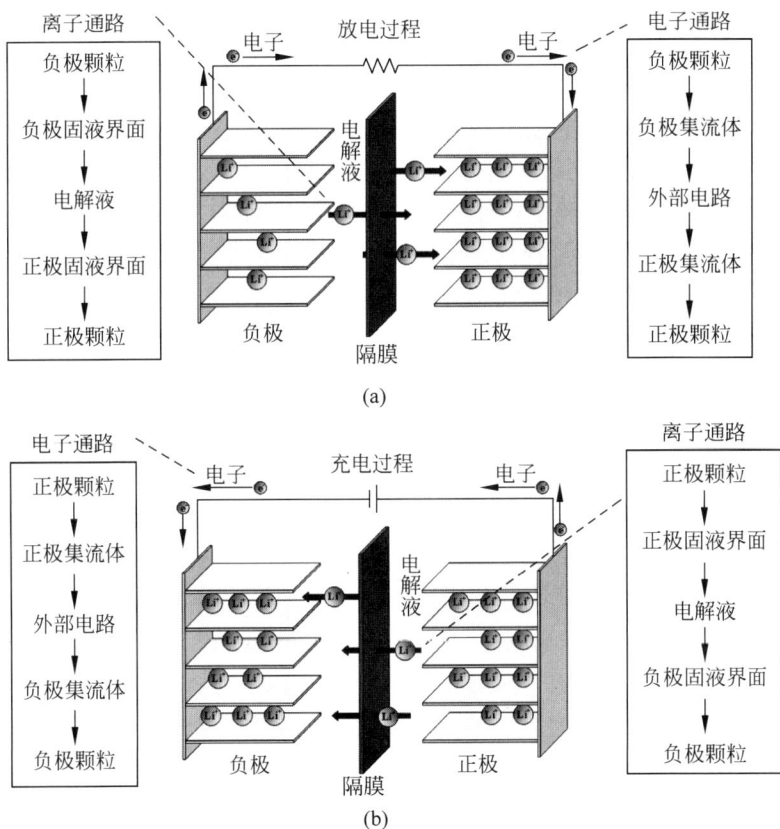

$$LiCoO_2 \Longrightarrow Li_{1-x}CoO_2 + xLi^+ + xe^- \tag{3-1}$$

$$6C + xLi^+ + xe^- \Longrightarrow Li_xC_6 \tag{3-2}$$

图 3-2　锂离子电池基本电化学反应过程与两类载流子的通路
(a) 放电过程；(b) 充电过程

上述锂离子电池的电化学反应过程具有如下特点:
(1) 化学过程是氧化还原反应,存在元素的化学价变化和电子得失。
(2) 正常工作条件下,锂离子在正、负极反复脱嵌的过程中始终保持 +1 价态。对于目前常用的锂离子电池正极材料,除锂以外的其他金属元素可能存在价态变化。如钴酸锂材料中的钴元素可在 $+3$ 价、$+4$ 价之间变化,磷酸铁锂中的铁元素可能在 $+2$ 价、$+3$ 价之间变化,锰酸锂中的锰元素可能具有 $+2$ 价、$+3$ 价、$+4$ 价等甚至更多价态。在充电过程中,负极得电子被还原,根据 Li_xC_6 这一负极材料的 x(嵌锂系数)的不同,碳始终处于不同的相态变化,在 Li_xC_6 和 C_6 之间发生着化学价的改变。

(3) 正、负极材料的主要结构不发生改变,如最常用的石墨负极仅发生少量的体积胀缩,这一特征保证了电池具有较高的循环寿命,现有的车用锂离子电池产品在乘用车上的寿命已可达 5～8 年或更长,理想的电池寿命应进一步增长、与车辆报废周期近似(如 10～15 年)。

锂离子电池中的载流子为锂离子和电子,两类载流子的传输是形成可持续电化学反应的必要条件,以放电过程为例,两类载流子的通路如图 3-2(a)所示。

(1) 离子通路。

锂离子主要穿越负极材料、电解液、隔膜、正极材料。以放电过程为例,锂离子从负极材料脱出,进入充盈在材料孔隙中的电解液,经过电解液的输运,穿越隔膜到达正极活性材料并嵌入其中。

(2) 电子通路。

电子主要途经电极材料中掺混的电子电导率较高的导电剂(如炭黑)、集流体(如铝箔或铜箔),进而达到金属极耳并流经外电路。以放电过程为例,电子产生于负极固液相界面处,优先经过电子电导率更大的导电剂网络并到达电极金属箔材基底即集流体上,进而经由极耳、外电路到达正极,再通过正极集流体以及导电剂的帮助,到达正极的固液相界面处参与电化学反应。

锂离子电池的电化学反应过程满足物质可逆(即正极和负极材料通过反复充放电可基本恢复原状态),同时其化学能和电能相互转换的效率非常高(一般在 98% 以上),因此锂离子电池是一种较为理想的可逆电池。

3.2.2　锂离子电池的主要材料与部件

锂离子电池的主要材料与部件有:正极活性材料、负极活性材料、导电剂与黏结剂、电解液、隔膜、集流体与极耳、外包装材料等。

1. 正极活性材料

锂电池内部常用的正极材料有很多,如有层状结构的钴酸锂($LiCoO_2$),尖晶石结构的锰酸锂($LiMn_2O_4$),橄榄石结构的磷酸铁锂($LiFePO_4$),新型的三元复合氧化物镍钴锰酸锂($LiNi_xCo_yMn_zO_2$)等,后者又根据 x、y、z 的比例,进一步称之为333(指代 $x:y:z=1:1:1$,下同)、622、811 等三元电池。几种常见的锂离子电池正极活性材料晶体结构如图 3-3 所示。

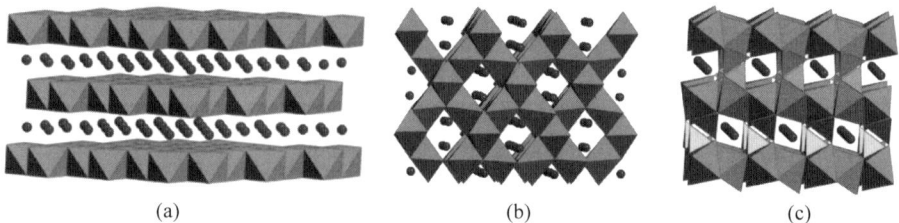

彩图 3-3

图 3-3　常见锂离子电池正极活性材料晶体结构
(a) 层状结构($LiCoO_2$);(b) 尖晶石结构($LiMn_2O_4$);(c) 橄榄石结构($LiFePO_4$)

　　大部分的锂离子正极活性材料是晶体,它们具有不同的晶格结构,在一个晶格内不同的原子具有不同的排列规律。因为晶格结构类型的不一样,锂离子在晶格内部传输时有不同的路径,传输路径的差别会造成不同正极材料具有不同的锂离子传输效率。

　　不同的正极活性材料还具有不同的性能特征和成本特征,如钴酸锂($LiCoO_2$)作为商用锂离子电池最早采用的正极材料之一,具有能量密度高的特性,但 Co 元素有环境毒性且成本高昂,导致其不再是研究热点。目前对层状氧化物的研究已转向采用储量丰富、环境友好的 Ni、Mn、Al 元素部分替代 $LiCoO_2$ 中的过渡金属元素 Co。现有动力锂离子电池产品中广泛应用的新一代锂嵌入式正极材料为三元正极材料 NCM。$LiNi_{1/3}Co_{1/3}Mn_{1/3}O_2$ 三元材料是镍钴锰酸锂三元正极材料 NCM 的始祖,目前已陆续开发出从最初的 333 成分(Ni：Co：Mn =1：1：1)到目前的 433、523、622 和 811 等各类三元电池正极材料,随着其中镍含量的递增,电池能量密度也相应得到了提高。为了进一步提高材料理论克容量(mA·h/g),科学家还在现有正极材料基础上探索一系列富锂的层状氧化物,即 1 mol 正极材料参与电化学反应可产生大于 1 mol 或更多的 Li^+。综上所述,低 Co 高 Ni 富 Li 是近年来正极材料的发展趋势。

2. 负极活性材料

　　目前在大规模商用的锂离子电池负极使用的是石墨材料。石墨具有规整的基本结构:同层的每一个碳原子以三个共价键与周围的三个碳原子相连。六个碳原子成环,并伸展成一个片层状结构,层与层之间依靠范德华力进一步结合,其微观结构图如图 3-4(a)和(b)所示。石墨材料导电性和导热性好,且耐电解液腐蚀,同时石墨具有较低的电位,因此容易构成高电压体系。另外,石墨材料的成本比较低,便于大规模应用。如图 3-4(c)所示,石墨的外观是灰黑色粉体,在电镜下有着不同的微观形态,如圆球形、椭球形、鳞片状等。除了石墨

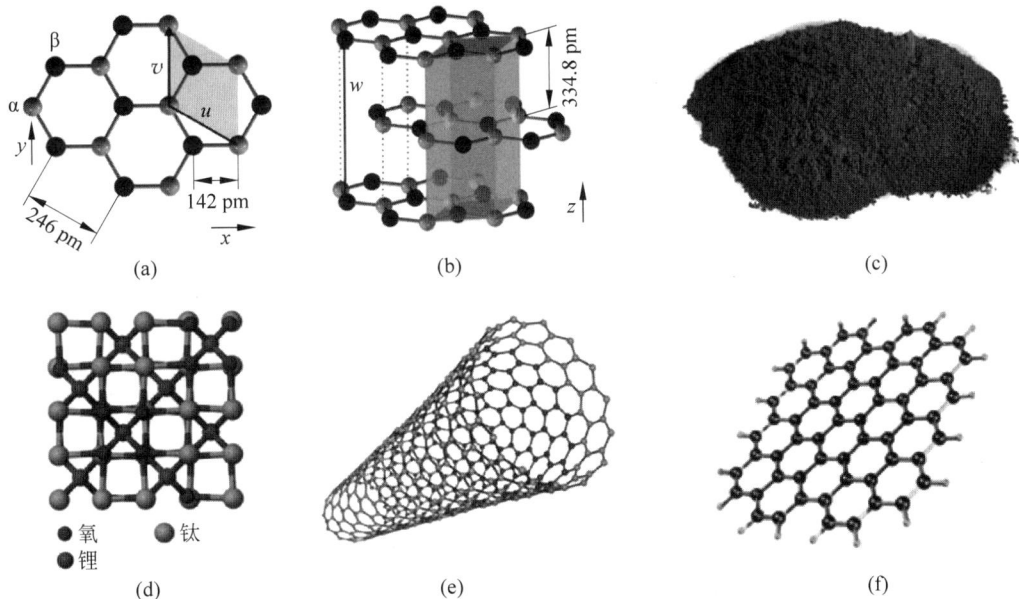

彩图 3-4

图 3-4　石墨微观结构、外观以及新型负极活性材料

(a) 单层石墨微观结构;(b) 多层石墨微观结构;(c) 石墨外观;(d) 钛酸锂(LTO);
(e) 碳纳米管(CNT);(f) 石墨烯(graphene)

之外,还有一些常见的负极材料,比如硅碳材料(SiC)、钛酸锂(LTO)、碳纳米管(CNT)、石墨烯(graphene)。其中硅碳材料已经批量应用于电动汽车中,碳纳米管、石墨烯等新型的碳材料,目前还处在实验室研究的阶段。

3. 导电剂与黏结剂

电池正、负极涂层中的物质不仅有电化学活性材料,还至少包括导电剂、黏结剂等功能性材料。以正极涂层为例,除各类正极活性材料外,还包括黏结剂如聚偏氟乙烯(PVDF)、导电剂如炭黑(CB)或石墨。其中,黏结剂对于保持材料涂层的完整性、保障电池寿命具有重要作用;而导电剂的存在改善了正极活性材料电子电导率不足的问题,导电剂的质量分数、分布均匀性、长短程导电能力(与导电剂种类有关)等特性对于电池的倍率能力具有关键影响。由于各类高电导碳材料具有不同的尺寸和形状,多类导电剂联合使用可同时增强电子的短程、长程传输能力,如同时使用小颗粒状炭黑、条状 CNT 等。

4. 电解液

常用的电解液由高纯度有机溶剂、锂盐以及具有特定功能的电解液添加剂组成。常用的有机溶剂有碳酸乙烯酯(EC)、碳酸二甲酯(DMC)、碳酸二乙酯(DEC)等。锂盐在有机溶剂中多呈现高度电离,常用锂盐如 $LiPF_6$ 等,常用浓度为 1 mol/L 左右,锂盐浓度对于电解液的离子电导率具有重要影响,过高或过低的浓度都将造成电池性能下降。各类新型电解液添加剂如碳酸亚乙烯酯(VC)、磷酸三甲酯(TMP)等具有提高固体电解质界面(SEI)膜成膜质量、降低电解液可燃性等功能,也是锂电材料科学研究的热点。电解液大部分情况下是无色和透明的液体,具有挥发性和毒性,使用接触时要在通风处和手套箱中进行,同时注意做好吸入防护。另外电解液高度可燃,在使用过程中注意远离火源。

5. 隔膜

锂离子电池的隔膜起到隔绝正负极,防止短路的作用。除此之外,隔膜中还存在大量的孔,便于离子传输,因此隔膜是一种非常重要的功能材料。常用的隔膜材料是聚丙烯(PP)、聚乙烯(PE)以及其他的一些新型材料,比如三氧化二铝的涂层等。隔膜往往是单层或多层的结构,PP、PE 形成单层膜,PP/PE/PP 形成三层的复合膜结构(图 3-5)。隔膜的孔对于传输离子非常重要,对应的参数有孔隙率、孔的形状、孔形的曲折性、孔径的大小等。隔膜的性能对于温度非常敏感,在高度受热的条件下隔膜上的微孔会闭合,从而阻止离子通过,如果温度继续升高,整个隔膜结构会熔融,进而被完全破坏,会造成正、负极大面积的短接,因此隔膜的材料及其温度特性对于调制隔膜的功能非常重要,不仅如此,还要求隔膜在平面和垂直两个方向上都具有一定的强度。

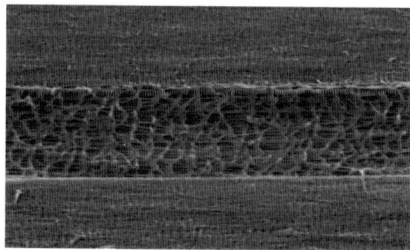

图 3-5 三层复合膜 SEM(扫描电子显微镜)图

6. 集流体与极耳 (图 3-6)

常用的集流体材料是高电子电导的金属材料,正极常采用铝箔材料,负极常采用铜箔材料。近年来,为了减少非活性材料质量、提高电池比能量,集流体箔材厚度不断降低,从 16 μm 逐渐下降到 10 μm 甚至 8 μm,负极箔材的极限厚度已经突破 6 μm。电子通路上的极耳对内连接集流体(凸缘),对外连接外电路,通常正极极耳材料为高纯度铝,负极极耳材料为镀镍铜,金属部分厚度约 0.2 mm。

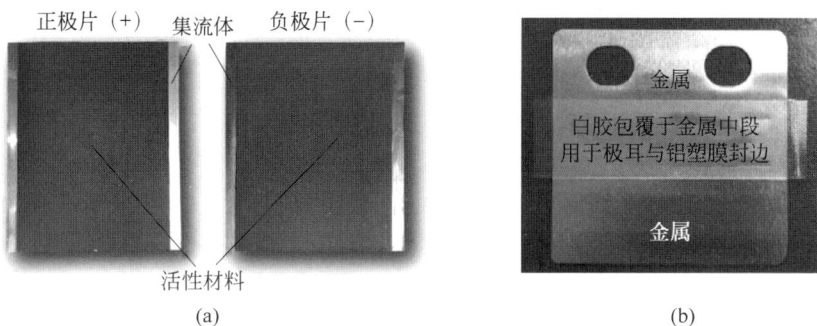

图 3-6 集流体与极耳

(a) 涂有正极或负极活性材料的集流体；(b) 极耳

7. 外包装材料

除了离子通路和电子通路上的以上材料和部件以外，锂离子电池还需要辅助部件[如绝缘层(包裹电芯)、外壳、外膜]进行外包装以完成限位、保护与液体含蓄。对于硬壳电池，常见的外包装材料包括不锈钢、铝(合金)以及非金属的高硬度塑料材料。对于软包电池，多采用具有三层或更多层复合结构的铝塑膜，铝塑膜材料具有极高的水汽阻隔性、良好的冲压成形特性、耐穿刺性及耐高温性，是软包电池的关键材料，也是目前国产化率最低的电池材料之一。铝塑膜自身结构的复杂性、铝塑膜冲坑与封装等工艺的复杂性已成为制约软包电池结构大规模发展的主要问题。

3.2.3 锂离子电池单体及其结构

锂离子电池单体俗称电芯，其形状与结构通常从内部极片的排列方式和外观形状与外壳材质两个维度进行分类。根据电池内部极片的排列方式，可分为卷绕和层叠两大类；根据电池的外观形状与外壳材质，可分为圆柱形(金属材质外壳为主)、方形软包(铝塑膜材质外壳为主)以及方形硬壳(金属材质外壳为主)。除此之外，还有一种体型较小的电池，即纽扣电池，其直径通常在 $10\sim30$ mm，厚度通常在 $1.2\sim7.7$ mm，容量也较小，通常在 $25\sim950$ mA·h。由于其体型小、容量小，因此被广泛应用于各类微型电子产品，但是一般不用于汽车中。

车用锂离子电池单体，多采用双面涂布方式对正极和负极进行活性物质涂布，双面涂布是指在集流体两面均涂布正、负活性物质，以"活性物质-集流体-活性物质"的顺序构成极片，如图 3-7 所示。双面涂布可以增加电池单体活性物质的体积分数，从而提高单体能量密度。

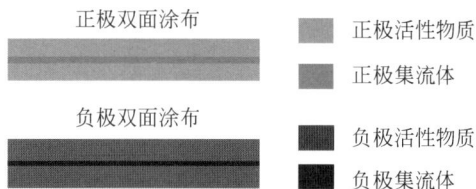

图 3-7 双层涂布示意图

几种常见的车用锂离子电池单体结构如下。

1. 圆柱形锂离子电池

最早的圆柱形锂离子电池是由日本索尼公司于 1992 年发明的 18650 锂电池，历史悠久，多年的研究也使其拥有成熟的生产工艺和一系列统一的标准规格。圆柱电池容量通常在 $0.5\sim50$ A·h，生产成本相对较低、良品率高，具有非常高的市场占有率。

圆柱形锂离子电池内部,极片以卷绕方式进行排列。首先,将极耳焊接到集流体上,然后将正、负极极片和隔膜按照顺序"负极极片—隔膜—正极极片—隔膜"进行排列,再通过卷绕组装成圆柱形电芯,如图 3-8 所示。

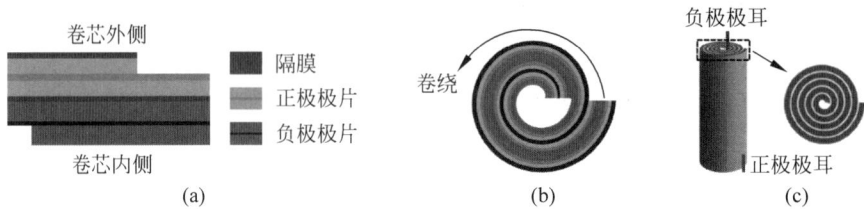

图 3-8   圆柱形锂离子电池电芯构成方式
(a) 内部极片的排列方式;(b) 卷绕过程示意图;(c) 圆柱形卷绕电芯示意图

圆柱形锂离子电池由中心针、电芯、垫片、安全阀、外壳等结构构成,如图 3-9(a)所示,中心针置于电芯内部,用于支撑外围的卷芯,防止卷芯向内塌陷变形;垫片起密封和过流保护的作用;安全阀是保障电池安全的重要部件,在电池内部压力过大时,安全阀可以断开电路并释放内部压力,避免电池爆炸;圆柱形锂离子电池外壳以不锈钢壳为主,不锈钢成本低、防腐蚀性能好且外表面光亮美观,而圆柱形外壳有利于力的分散,在受到外部冲击时,具有更好的安全性。

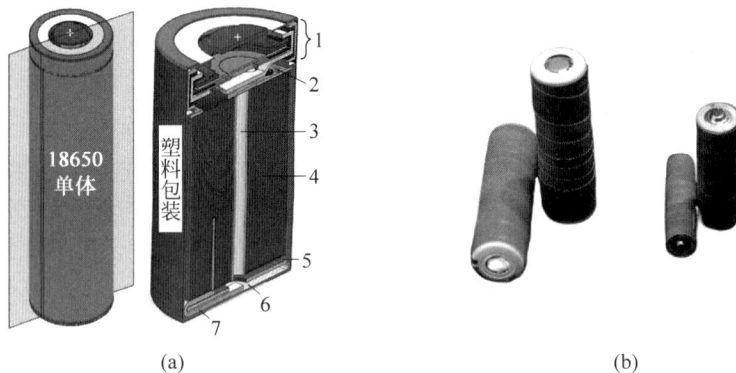

1—端盖、安全阀和正极极耳;2—绝缘环;3—中心针;4—电极和隔膜;
5—绝缘环;6—电池外壳;7—负极极耳。

图 3-9   圆柱形锂离子电池
(a) 结构示意图;(b) 实物图

2. 方形软包锂离子电池

方形软包锂离子电池是指采用铝塑膜为外包装的电池,在发生安全问题时,软包电池一般会鼓气裂开,不易发生爆炸,具有更好的安全性。软包电池的形状可根据用户的需求定制,设计上更加灵活,容量通常在 $0.1 \sim 100 \text{ A·h}$。

方形软包锂离子电池内部,极片主要以层叠方式形成电芯。层叠方式通常将正、负极极片和隔膜按照"负极极片—隔膜—正极极片—隔膜"顺序,逐层叠合在一起形成叠片电芯,如图 3-10 所示。层叠方式可以根据是否将隔膜切断分为两类,一类是将隔膜切断进行直接叠片的层叠式(图 3-10(b)),另一种是将隔膜不切断进行 Z 字形叠片的折叠式(图 3-10(c))。层叠式电芯的每个极片都有极耳,叠片完成后通过超声焊接的方式焊接在一起(图 3-10(d)),因此其内阻相对较小。根据极耳的引出位置不同,方形软包电池可分为同侧出极耳(图 3-10(e))和对侧出极耳(图 3-10(f))两种结构。对侧出极耳的内阻略小于同侧出极耳,同时极耳焊接和电池组装时正、负极短路风险小,但这两种结构的选择主要依托于产品,并没有明显的优劣差别。

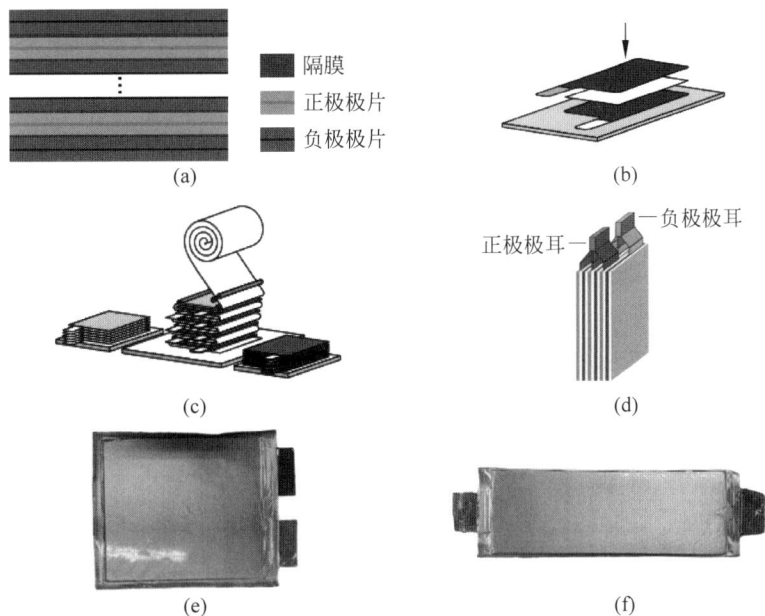

图 3-10 方形软包锂离子电池
(a) 内部极片排列方式;(b) 层叠式叠片方法;(c) 折叠式叠片方法;(d) 层叠式电芯极耳示意图;
(e) 同侧出极耳的方形软包电池;(f) 对侧出极耳的方形软包电池

方形软包锂离子电池主要包含层叠式电芯和铝塑膜外壳两个结构,铝塑膜外壳的功能结构一般分为 3 层,层与层之间通过黏结剂黏结:外部尼龙层用于提高电池耐磨性;中间铝金属层主要用于防止水汽侵入;内部 PP 或改性 PP 层可耐电解液腐蚀,同时具有热压自封功能以方便铝塑膜封边。为了容纳具有一定厚度的电芯,生产过程中要对铝塑膜进行冲坑,并要求冲坑成形后铝塑膜的边角在电池的使用寿命内不破裂、无漏点。正、负极极耳与电池本体的封装是软包电池生产工艺中的重要问题,极耳除金属部分外,其两侧还常附有各类不同颜色的固态胶,如动力电池常用的"白胶"等,通过热压完成与铝塑膜内面的胶粘封装。使用铝塑膜作为外包装使其比同等容量的方形硬壳电池和圆柱电池更轻,但也导致其机械稳定性较差,因此在成组时往往需要一些额外部件来增强机械稳定性。

3. 方形硬壳锂离子电池

方形硬壳锂离子电池具有封装可靠性高,系统能量效率高的优点,通常需要根据产品的尺寸进行定制化生产,这也导致方形电池型号差异大,工艺难统一,其容量通常在 $1 \sim 300$ A·h,现有的大容量电池多为方形电池。

方形硬壳锂离子电池根据内部极片的排列方式可分为卷绕式和层叠式两种。

卷绕极片的方形硬壳锂离子电池内部,极片以卷绕方式进行排列,卷绕方法与圆柱形卷绕方式类似,如图 3-11(a)所示,但是常用片式卷针进行卷绕。极耳以同侧出极耳为主,如图 3-11(b)所示。

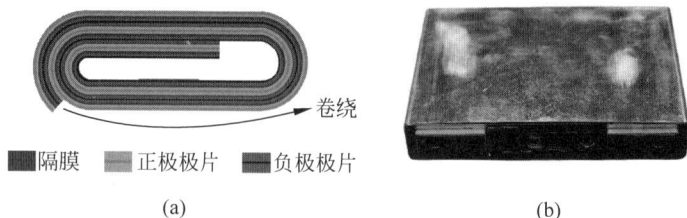

图 3-11 卷绕极片的方形硬壳锂离子电池
(a) 内部极片排列方式;(b) 实物图

层叠极片的方形硬壳锂离子电池内部,极片以层叠方式形成电芯,层叠方式与软包电池叠片方式类似,即将正、负极极片和隔膜按照"负极极片—隔膜—正极极片—隔膜"顺序,逐层叠合在一起形成叠片电芯,如图 3-10(a)所示。极耳以对侧出极耳为主,最典型的层叠极片的方形硬壳锂离子电池是比亚迪的刀片电池,其结构示意图如图 3-12 所示。

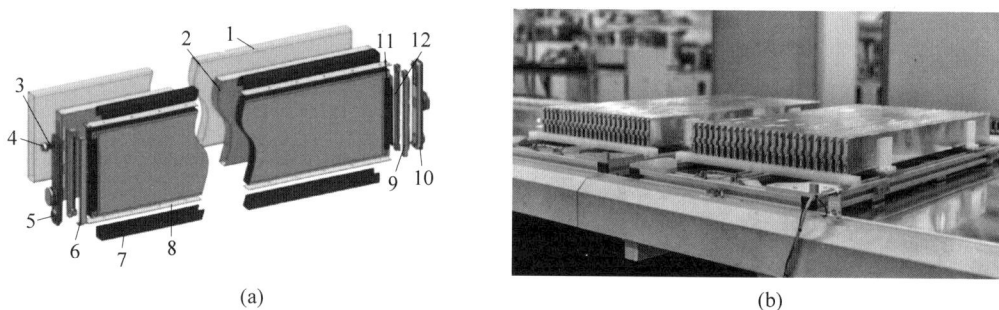

1—铝壳;2—内绝缘膜;3—橡胶钉;4—注液孔密封盖;5—正极铝盖板组件;6—正极隔圈;7,11—胶带;8—侧板;9—负极隔圈;10—负极铝盖板组件;12—TK 胶。

图 3-12 层叠极片的方形硬壳锂离子电池
(a)比亚迪刀片电池结构示意图;(b)比亚迪刀片电池实物图

方形硬壳锂离子电池通常使用铝壳或钢壳作为外壳,方形铝壳电池封装时将正极极耳和铝壳盖板焊接作为正极端子,而方形钢壳电池封装时则将负极极耳与钢壳盖板焊接作为负极端子,与铝壳电池正好相反。注液口和安全阀是方形硬壳锂离子电池的重要组成部分,盖板与壳体密封焊接后,需要从注液口进行注液,预化成后采用钢珠封口,安全阀给电池提供了泄压口,防止电池内部高压聚集导致爆炸。金属外壳在增加质量的同时也增加了电池的稳定性,与此同时,方形电池的单体可拓展性使得该类电池既适用于消费电子产品,也适用于电动汽车产品。

总的来说,卷绕式电芯和层叠式电芯各有优劣,卷绕式电芯制作工艺较为简单,自动化程度高,生产质量稳定。但是卷绕式电芯常采用单个极耳,导致其内阻较高。层叠式电芯每个极片均有极耳,最后焊接在一起,多极耳并联使得电池内阻相对较小,适合大电流充放电,但是叠片工艺更为繁琐,设备效率低,同时多个极耳需要焊接到同一个焊点,不仅对工艺要求高,而且容易虚焊。

对于方形硬壳锂离子电池,卷绕式电芯和层叠式电芯除了具有以上区别外,卷绕式电芯的圆角使得方形硬壳电池中有一部分空间难以被使用,空间利用率低,因此层叠极片的方形硬壳电池的能量密度相对较高。

软包电池和硬壳电池相比,区别主要来源于外壳材料的不同。由于铝塑膜可塑性强,因此软包电池具有设计灵活、安全性好的特点,在发生安全隐患时一般会鼓气裂开,不易发生爆炸,同时其质量也比同等容量的硬壳电池轻。但是软包电池在多次充放电循环后容易产气膨胀,影响电池性能,此外,软包电池的关键部件铝塑膜尚未实现国产化,因此制造成本偏高。金属外壳的物理稳定性好,抗压能力强,因此硬壳电池在结构稳定性上表现较优,此外制作成本低也是其一大优势;但是在发生安全隐患时,如果内部压力过大,硬壳电池可能会发生爆炸,而内部富液设计也使得其破坏力变得更大。

不同形状结构的电池各有各的优点和缺点,不能简单评判其好坏,需要根据使用场合来进行选择。近年来,各大电池厂商也不满足于现有的电池单体结构技术,各种新技术、新构想、新理念层出不穷,电池单体结构技术正处在飞速发展阶段(图 3-13)。

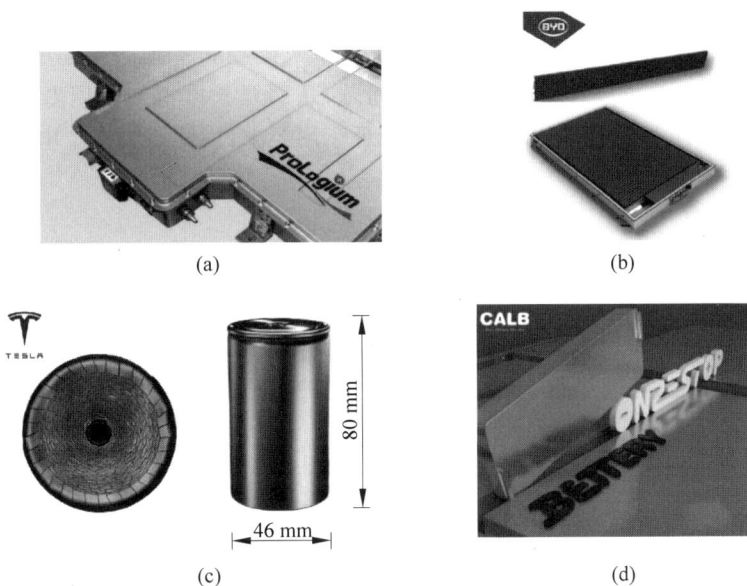

图 3-13　单体结构技术创新
(a) 辉能科技 BiPolar$^+$;(b) 比亚迪刀片电池;(c) 特斯拉 4680 圆柱形电池;
(d) 中航锂电 One-Stop 技术

2018 年,辉能科技展出其固态电池技术上的新亮点,全球唯一可串并同体的 BiPolar$^+$ 技术,BiPolar$^+$ 技术不同于传统的外部串联,是一种可在电芯内部直接进行串联,使单个电芯的额定电压可从 7.8 V(2 个电芯串联),最高达到 60 V(15 个电芯串联)的新技术。该电池利用双极技术实现最紧凑的设计,从而降低包装成本,达到更高的装配效率。

2020 年 3 月,比亚迪发布的刀片电池通过突破传统电池框架的限制,采用长条形电芯构成电池单体,表面积大且薄,具有卓越的散热性能。同时其安全性也较好,在针刺实验中,刀片电池不会产生明火,表面温度仅停留在 30~60℃。

2020 年 9 月,特斯拉发布了 4680 圆柱形电池,该电池直径为 46 mm,高为 80 mm,其核心技术为全极耳技术,全极耳大大增加了电流通路,降低了电池内阻,使得电池能量密度得到提高。

2021年9月,中航锂电面向TW·h时代推出全新电池设计技术——One-Stop技术,包含了超薄壳壁、多维壳体成形、多功能复合封装等技术,使结构质量降低了40%,零部件数量减少了25%,生产效率提升了100%。

单体结构新技术与电池系统结构创新密不可分,大部分单体结构新技术是为下一代电池系统结构创新做铺垫。比如,BYD刀片电池单体的长极片特征可以在构成电池系统时为提高系统体积利用率进行助力,从而换来更高的系统能量密度;而特斯拉的4680电池具有更高的结构强度,使得其对于未来CTC(Cell to Chassis,电池到底盘)技术有着天然的优势。

3.3　锂离子电池的成组和系统

锂离子电池成组技术是指将单个锂离子电池通过串联、并联或串并联的方式组合成一个电池模组或电池包,以满足特定应用的电压和容量需求。成组后的电池系统能够提供稳定的电力输出,并且可以通过电池管理系统(BMS)来监控和管理各电池的状态,确保电池在最佳状态下运行,防止过充、过放、过热等问题,从而延长电池的使用寿命并保障使用安全。单个电池的电压和功率都比较小,无法满足车用要求,因此需要多个电池成组并集成为一个系统。

3.3.1　电池系统设计要求

电池系统设计是一项综合且复杂的系统工程,涉及电气系统集成设计、电池管理系统集成设计、机械系统集成设计及热管理系统集成设计四大方面(图3-14)。需要融合机械工程、传热学、控制工程、电气工程、电力电子等多学科专业知识去综合考虑。

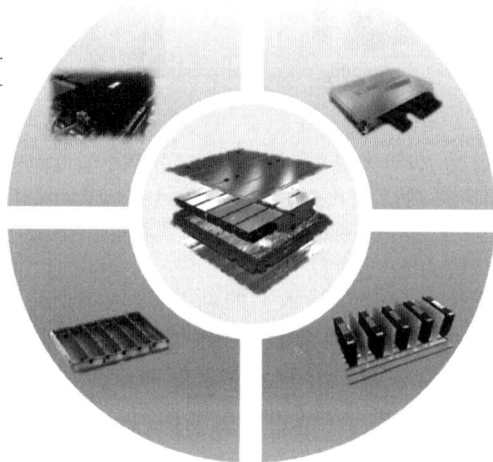

01 电气系统集成设计
·串并联和成组构型设计
·电气系统拓扑结构设计
·安全设计

02 电池管理系统集成设计
·传感器与信号传输设计
·控制器及其拓扑结构设计
·执行器设计

03 机械系统集成设计
·总体布置方案设计
·电池箱体结构设计
·电池模组结构设计
·……

04 热管理系统集成设计
·冷却系统设计
·加热系统设计
·保温系统设计
·……

图3-14　电池系统设计要求

其中,电气系统集成设计是为了通过合理的电池选型、串并联设计和成组设计,使电池系统满足整车对于能量、功率等的综合需求,并通过拓扑结构设计保证电池系统在充放电和搁置情况下的电气安全。

机械系统集成设计主要是为了保证电池系统具有良好的机械性能且各部件在有限的空间内能够进行合理布置,互相融合匹配,主要包括总体布置方案设计、电池箱体结构设计及电池模组结构设计等。具体各部分的功能以及设计方案将在后面章节中详细介绍。

电池管理系统属于电池的低压电气系统,其核心设计目的在于根据使用环境对电池的充放电过程进行检测及控制,从而在保证电池安全的前提下最大限度地利用电池存储的能量。需要从传感器、控制器和执行器三个角度,与高压电气系统共同考虑,进行综合设计。

热管理系统集成设计则是为了保证电池系统能够一直在合适的温度范围内进行工作,从而维持各电池单体之间良好的性能一致性,主要包含冷却系统设计、加热系统设计以及保温系统设计等。其中,冷却系统设计是为了保证电池系统在较高温度时,能够通过一定的冷却方式进行及时散热降温;加热系统设计则是为了保障在低温环境下,能够快速地将电池系统中所有电池单体的温度加热到特定的温度,从而能够快速进入最优工作状态;保温系统设计则是为了提高电池系统的冷却和加热效率,减少热管理系统的能量损耗。具体的热管理系统设计方案以及原理将在后面章节中详细介绍。

3.3.2 电池系统电气结构

动力电池系统中的电气系统主要包括高压电气系统、低压电气系统和控制器局域总线通信网络等。本节主要围绕高压电气系统展开。

1. 电池系统内部串并联和成组结构

作为电动汽车动力源,电池系统的高压部分由电池单体通过串联和并联组成。单体串联可以提高系统总电压,单体并联可以提高系统电流输出能力。而为了便于布置与管理,电池系统常被分为多个模组,每个模组由多节单体串/并连接而成。图 3-15 为宝马 i3 电池系统的电气连接图,可见其由八个模组串联而成,每个模组又由十二节单体串联而成。因此,该模组被称为十二串一并的构型,整个电池系统被称为九十六串一并的八模组构型。

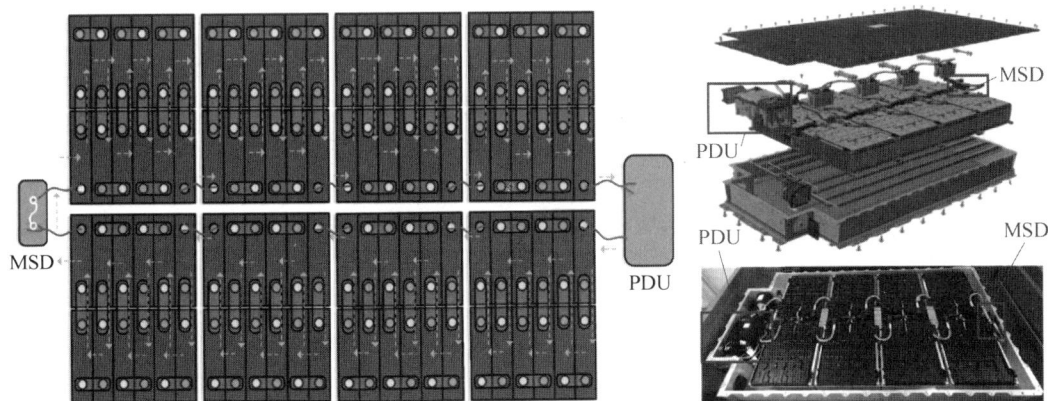

彩图 3-15

MSD—手动服务开关;PDU—电池功率分配单元。

图 3-15 宝马 i3 电池系统与电气连接图

在电连接方面,如图 3-16 所示:电池单体之间一般通过焊接汇流排来连接,汇流排常用材质包括铝、铜、镍;电池模组之间通过硬铜排或拔插线缆连接,宝马 i3 使用的即为拔插线缆；电池包与整车高压配电箱之间通过高压连接器连接。由图 3-15 可见，宝马 i3 电池系统的模组并未裸露在外，而是设计了安全防护罩。

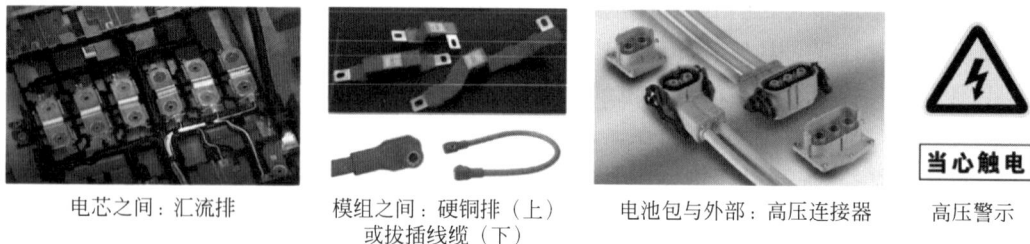

彩图 3-16

电芯之间：汇流排　　模组之间：硬铜排（上）或拔插线缆（下）　　电池包与外部：高压连接器　　高压警示

图 3-16　电池高压系统电连接方式

电池系统的高压电路需采用安全色设计(GB 2893—2008《安全色》,GB/T 6995.2—2008《电线电缆识别标志方法　第 2 部分：标准颜色》)，采用电动车用屏蔽线缆(橙色)，在适当的地方标注正、负极符号(＋/－)，在高压处须有高压警示标志(GB 2894—2008《安全标志及其使用导则》)。

2. 电池系统高压电气拓扑结构(高压附件系统)

电池单体串并联构成了电池高压电气系统的主体，而高压附件系统则承担着控制高压电池回路、保障其安全性的功能。图 3-17 所示为动力电池电气系统构架图，其中橙色背景部分为高压电气系统，蓝色背景部分为低压电气系统。

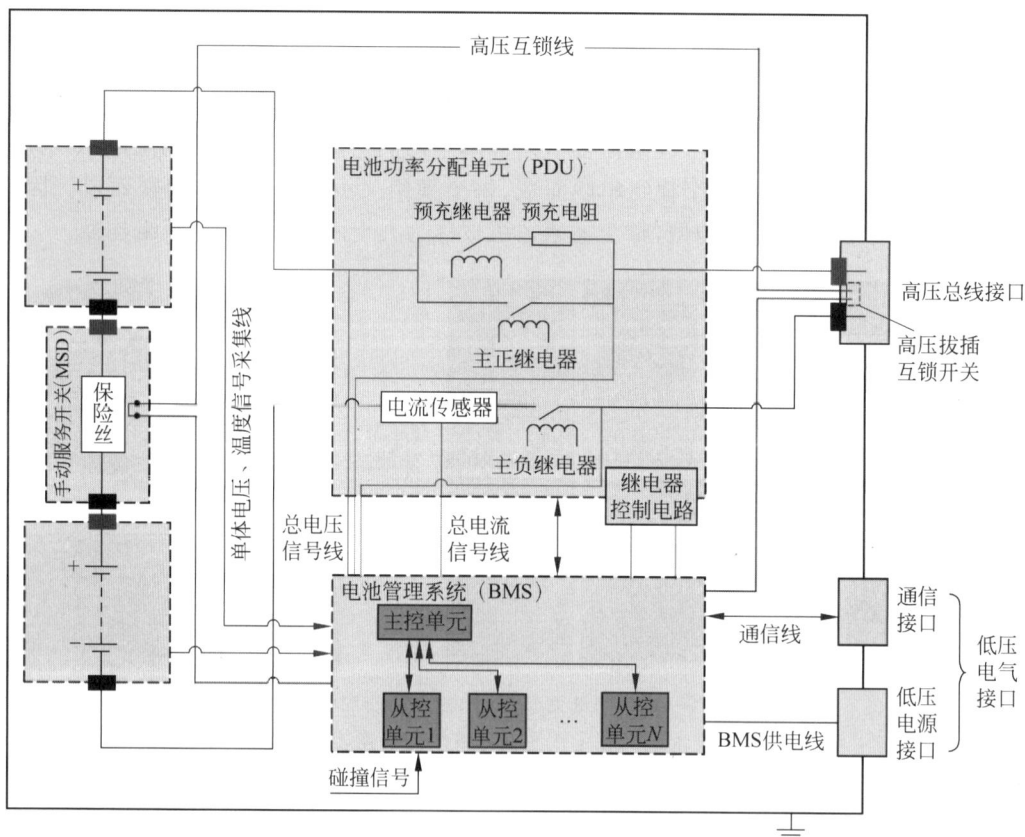

彩图 3-17

图 3-17　动力电池电气系统构架图

1）电池功率分配单元（power distribution unit，PDU）

PDU 常被集成置于一个高压配电盒中，位于电池系统与外部的高压总线接口和电池组之间。其作用是控制充放电系统平稳地运行，主要包括电流传感器、主正和主负继电器、预充继电器和预充电阻等器件（图 3-18）。其中，继电器可用接触器替代，接触器可承受更大的电流载荷，这是两者的本质区别。

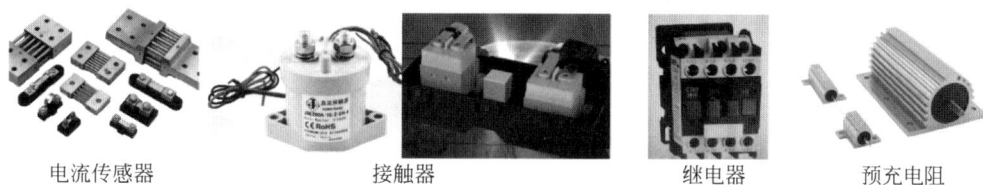

电流传感器　　　　　接触器　　　　　　继电器　　　　　预充电阻

图 3-18　PDU 中的各元件

2）高压互锁回路（hazardous voltage interlock loop，HVIL）

互锁是电池系统电气安全的主要保障措施之一，包括高压互锁、低压互锁和碰撞机械互锁，如图 3-19 所示。其中高压互锁属于高压电气系统，其工作原理在于，当高压总线接口的接插件未插上或不牢固，或手动服务开关松动时，高压互锁开关处于断开状态，此时继电器的控制回路断路，导致继电器无法闭合，因此高压回路断开。

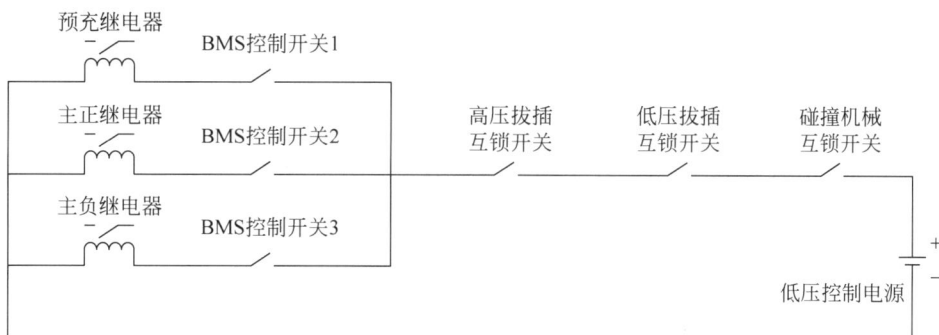

图 3-19　电池系统的互锁回路

其他的互锁结构和功能类似。只有当互锁回路形成一个完整的闭环时，车辆的高压电气系统才被认为是正常的，此时方可接通高压回路。

3）手动服务开关（manual service disconnect，MSD）

手动服务开关是电池系统中的另一主要安全保障措施，可以保证不需要任何工具即可手动断开，因此是电池系统中非常重要的部件，如图 3-20 所示。MSD 必须安装在车内，可以实现乘客发现安全隐患时，在车内即可快速切断高压回路。其被设计在电池模组的中间位置，例如宝马 i3 电池系统的 MSD 设计在前后各有四个模组的位置，这是为了保证其断开时将总电压切成几段较低的电压，起到降低总电压的功能，降低潜在的安全风险。另外，高压保险丝一般集成置于 MSD 内部，当系统内电流过大（例如发生短路）时发生熔断以切断回路。

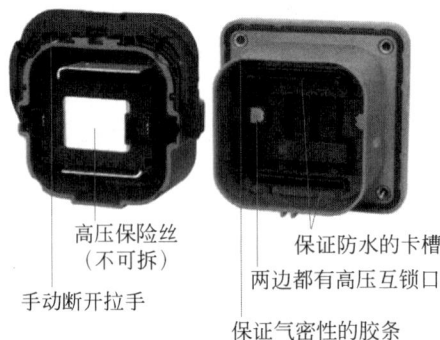

高压保险丝
（不可拆）

手动断开拉手

保证防水的卡槽

两边都有高压互锁口

保证气密性的胶条

图 3-20   MSD 元件

3.3.3   电池系统机械结构

动力电池系统的机械结构包含许多零部件（图 3-21），根据其功能的不同，大致可以分为如下五大部分：

（1）电池模组，包括电池单体、模组结构件、电池参数监测传感器等；

（2）电池箱体结构，包括电池包上盖、电池包舱体、电池包下托盘；

（3）电子电气件，包括电池管理系统、继电器、低压和高压线束、电源连接器等；

（4）热管理系统组件，包括液冷板、冷却水管、电阻丝、加热膜等；

（5）其他辅件，包括平衡阀、密封圈、密封胶、卡扣等。

其中，电池箱体结构主要是为电池系统提供结构支撑、具备一定的抗振动冲击性能；电池模组作为电池系统的动力系统，为车辆的长续航提供动力保障；电子电气件，为管理和维护电池系统的正常工作状态进行支撑；热管理系统组件，则为电池系统的工作提供最适宜的工作温度。

电池包上盖

电池模组

电池包舱体

电池包下托盘

低压和高压线束

电源连接器

电池管理系统

模组端盖

液冷板

图 3-21   电池系统机械结构

图 3-22 所示为动力电池系统机械结构设计思路,主要涵盖了模组结构设计、箱体结构设计、高压箱结构设计、轻量化结构设计以及 IP 防护设计等方面。每个方面又需要考虑更多的关于机械尺寸、机械材料、安全设计等多方面的因素。

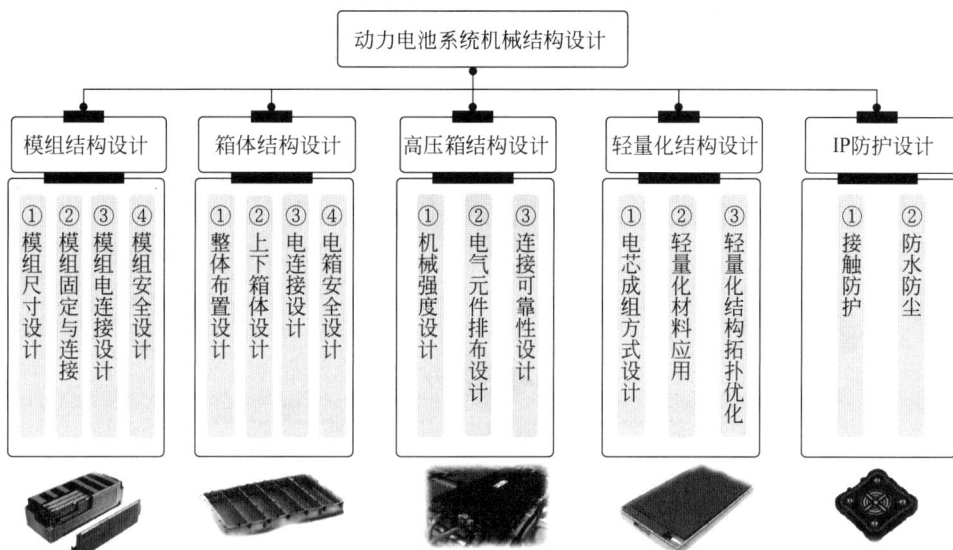

图 3-22　动力电池系统机械结构设计

不难看出,电池系统的组成不仅仅是由上述零部件通过简单的机械连接,以及电连接所构成,还需要考虑电池系统在工作时的力学承载性能、热管理性能、成组效率等,只有将上述所有因素进行充分、合理地衡量考虑后,才能有效保证电池系统在上述零部件的协同作用下正常运转。

3.3.4　电池热管理系统结构

电池热管理系统的主要功能是保证电池动力系统在适宜的温度范围内(如 20～55℃)进行工作。保证电池系统在温度过高时能够实现良好的散热;在温度过低时能够实现良好的保温并进行适当的加热。

如表 3-1 所示,电池系统的热管理主要包括:以空气为工质的风冷;以液体为工质的液冷;直冷;基于热管的热管理;以及基于相变材料的热管理。各种热管理方式均具有各自的特点和优势,目前国内动力电池系统以液冷为主。下面以液冷为例,对热管理系统进行详细介绍。

表 3-1　主流动力电池系统热管理技术

性能及 经济指标	风冷	液冷	直冷	热管	相变
散热能力	★★	★★★★	★★★★★	★★★★★	★★★★
温度均匀性	★★★	★★★★	★★	★★★★	★★★★★
成本优势	★★★★★	★★★★	★★★	★	★★
量产应用	★★★★	★★★★★	★★	★	★

　　如图 3-23 所示,整车电池包液冷系统包含电池系统内部的液冷系统和电池系统外部的液冷系统。整车的电池包所产生的热量被液冷工质吸收,并在蒸发器处由于液冷工质被蒸发,于是这部分热量就以气体的形式被带出电池系统,进入到电池系统外部的液冷回路中,随后,流经压缩机的这些高压高温气体,在冷凝器的作用下液化散热,最终将电池包产生的热量得以传递到环境空气中。

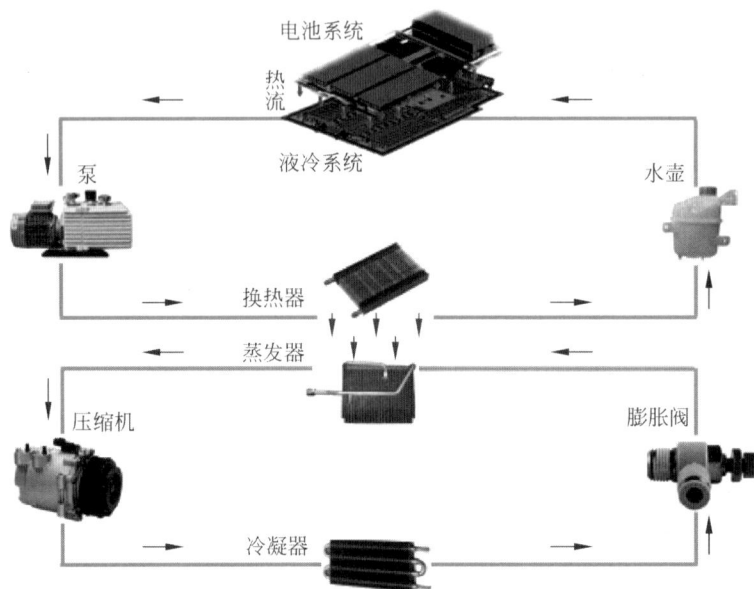

图 3-23　整车电池包液冷系统原理图

3.3.5　电池控制系统结构

　　电池管理系统(battery management system,BMS)的核心功能是根据使用环境对电池的充放电过程进行检测及控制,从而在保证电池安全的前提下最大限度地利用电池存储的能量。

　　BMS 的硬件结构包括传感器、控制器和执行器。本节主要介绍传感器及信号采集线束、控制器及通信线束,而执行器主要是各种开关和继电器,在 3.3.2 节已有介绍。

1. 传感器及信号采集线束

　　汽车 BMS 主要采集所有单体电压信号、部分单体温度信号以及总电流信号。电流传感器本质上是一个电阻,通过测量其端电压来判断电流大小,常安装于 PDU 中。每节单体的正、负极极耳都设置有电压采集点,如图 3-24(a)所示。通常使用红色细线作为电压采集线,将电压信号传输到 BMS 电路板中。温度传感器通常使用热敏电阻,焊接或由螺栓连接在采样单体的极耳处。为节约成本,一般会在模组中均匀选择部分单体作为温度采样单体。如图 3-24(a)所示,宝马 i3 电池系统的温度采集线为白色细线。电压、温度采集线由各单体极耳处引出后,形成线束,沿模组间缝隙规整地连接到 BMS 电路板上。

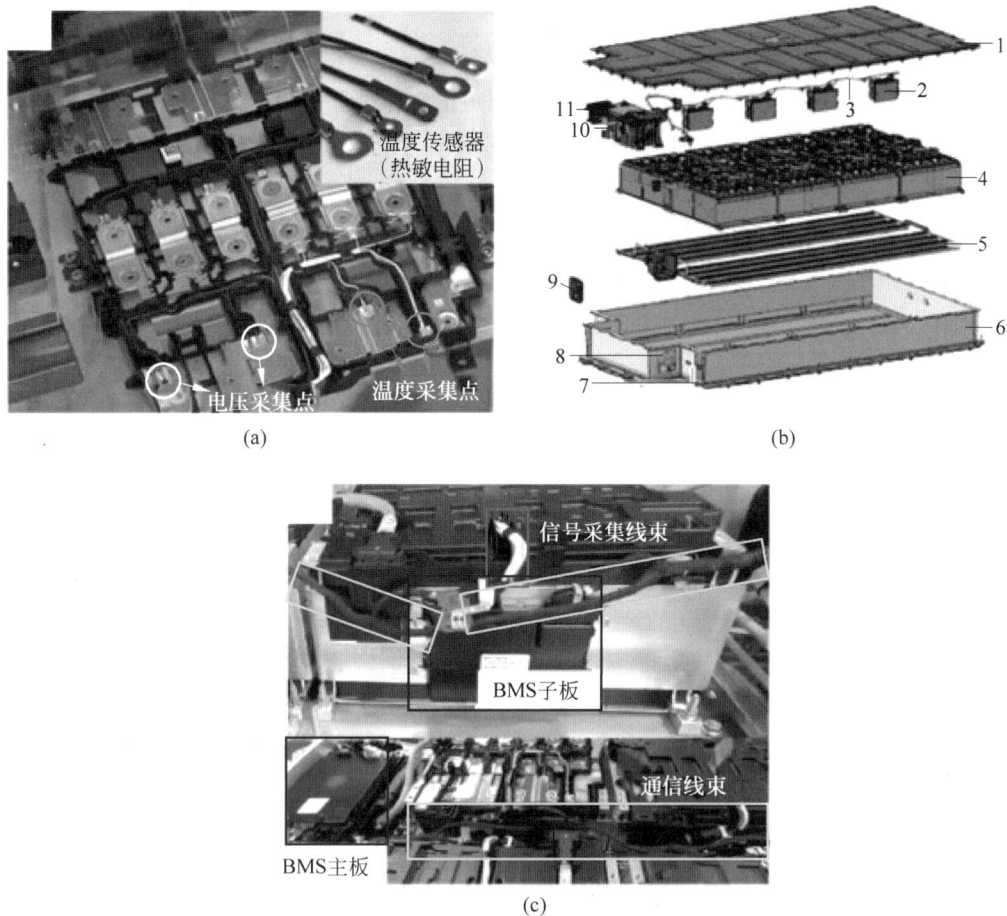

温度传感器
（热敏电阻）

电压采集点　　温度采集点

(a)

11
10

1
2
3
4
5
9
8
6
7

(b)

彩图 3-24

信号采集线束

BMS子板

通信线束

BMS主板

(c)

1—箱体上盖；2—BMS子板；3—低压通信线束；4—电池模组；5—液冷板；6—下箱体；7—低压电气接口；8—液冷系统接口；9—平衡防爆阀；10—PDU；11—BMS主板。

图 3-24　宝马 i3 电池管理系统图
（a）电压、温度采集和信号传输线束；（b）总体结构图；（c）控制器及通信线束

2. 控制器及通信线束

　　BMS 的拓扑架构主要分为分主从和集中式两类，如图 3-25 所示。分布式电池管理系统由多个 BMS 从控单元（又称子板）和一个 BMS 主控单元（又称主板）构成，每个子板负责一个模组的监测和控制，并由子板和主板间进行通信，实现对整个电池的监测、状态估计和控制以及对外通信。对于目前主流的动力电池系统，由于单体数量众多，最常采用主从式架构。而集中式电池管理系统是将从控单元和主控单元进行一体化设计，实现多种功能一体化，可缩小产品体积，通常用于小型电池系统的应用场景。

　　宝马 i3 的电池管理系统是分布式架构，如图 3-24(c)所示，在电池系统中轴线一侧，每个模组的侧壁上布置一个 BMS 子板，负责对该模组的各单体进行监控；各子板通过通信线连接到 BMS 主板，进行整个电池系统的监控。BMS 主板位于 PDU 上方；各子板引出的通信线被集成为一束，由热缩管包裹，布置于整个电池系统的中轴线上，终端即为 BMS 主板。

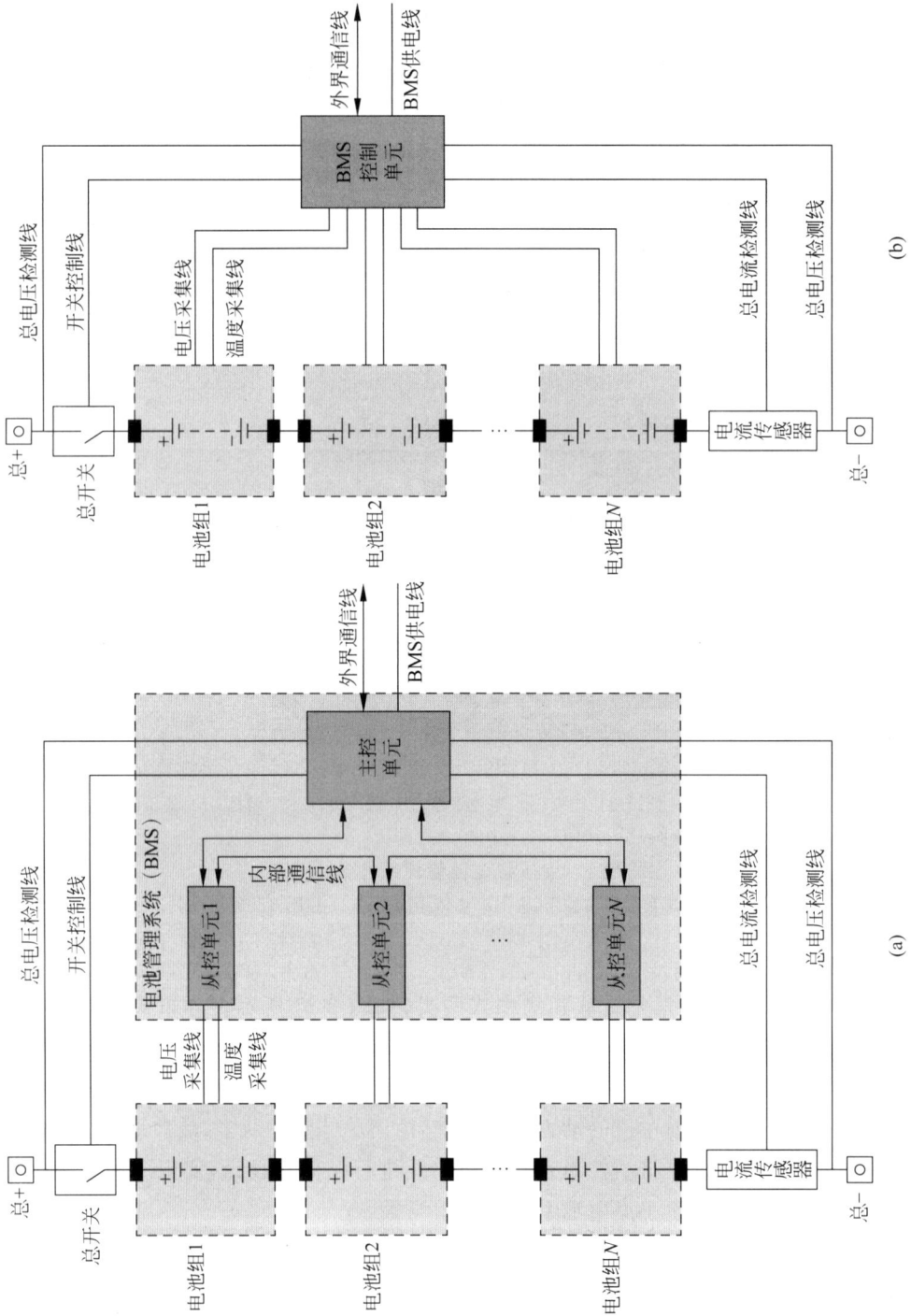

图 3-25　电池 BMS 拓扑架构图
(a) 主从式；(b) 集中式

3.4　动力电池发展趋势

新能源汽车大规模产业化带动了动力电池技术的高质量发展,新一代电池技术在不断取得突破。本节将面向未来,从整车需求的发展趋势、动力电池材料及单体的发展趋势以及动力电池系统的发展趋势三方面展开介绍。

3.4.1　整车需求的发展趋势

全球汽车电动化正在加速发展。2020 年国务院发布《新能源汽车产业发展规划(2021—2035 年)》:从技术创新、制度设计、基础设施建设等领域支持新能源汽车产业,加快发展步伐。规划明确到 2025 年,中国新能源汽车销量占比达到 20% 左右,2035 年核心技术达到国际先进水平。2021 年,在《国家发展改革委　国家能源局关于加快推动新型储能发展的指导意见》这一文件中指出:2025 年,实现新型储能从商业化初期向规模化发展转变。新型储能技术创新能力显著提高,核心技术装备自主可控水平大幅提升,在高安全、低成本、高可靠、长寿命等方面取得长足进步。

低价、长续航、快充电、长寿命、高安全,是市场对于电动汽车整车不变的要求。

3.4.2　动力电池材料及单体的发展趋势

随着用户对动力电池的能量密度、续航里程、充电速度等方面提出更高的要求,电池本身将从自身结构上发生较大的变化。

从内部结构上来看,动力电池主要由正负极活性材料、集流体、隔膜、电解质组成。其中,正极材料将向高镍三元以及富锂锰基的方向发展,负极活性材料将由石墨向硅碳、纯硅、最终是锂金属的方向前进,集流体将由传统的金属铜箔和铝箔向以聚合物为基底的复合集流体开拓,隔膜将向高安全多功能隔膜方向改进,而电解质则会由传统的液态电解液最终逐步过渡到安全性能更好的固态电解质。

如图 3-26 所示,从外部构型上来看,动力电池电芯的尺寸以及结构也将发生较大的变化。可以看到,方壳电芯将逐步由以前的常规方壳逐步向长条形方壳发展;圆柱电芯,以特斯拉为代表,将逐步向大直径、无极耳方向发展;软包电芯,总体来说结构上没有太大的变化,主要是随着极片尺寸的增加,软包电芯尺寸也将逐渐增大。总体来看,电池单体外部结构上的发展趋势主要是:由小到大(软包电芯),由短到长(方壳电芯),由细到粗(圆柱电芯)。

3.4.3　动力电池系统的发展趋势

为了满足市场对于整车续驶里程进一步提高、售价进一步降低、空间进一步增加等的综合需求,近年来,动力电池系统呈现出模块化、集成化的趋势,结构创新层出不穷。从小模组到大模组再到无模组设计,动力电池系统的非电池结构件数量逐渐减少,换取了更多的电池布置空间,从而降低了成本、提升了系统体积和质量能量密度。典型的代表包括宁德时代CTP(cell to pack,电芯到电池包)技术、比亚迪刀片电池技术、特斯拉 CTV(cell to vehicle,电池到车辆结构)技术等,如图 3-27 所示。

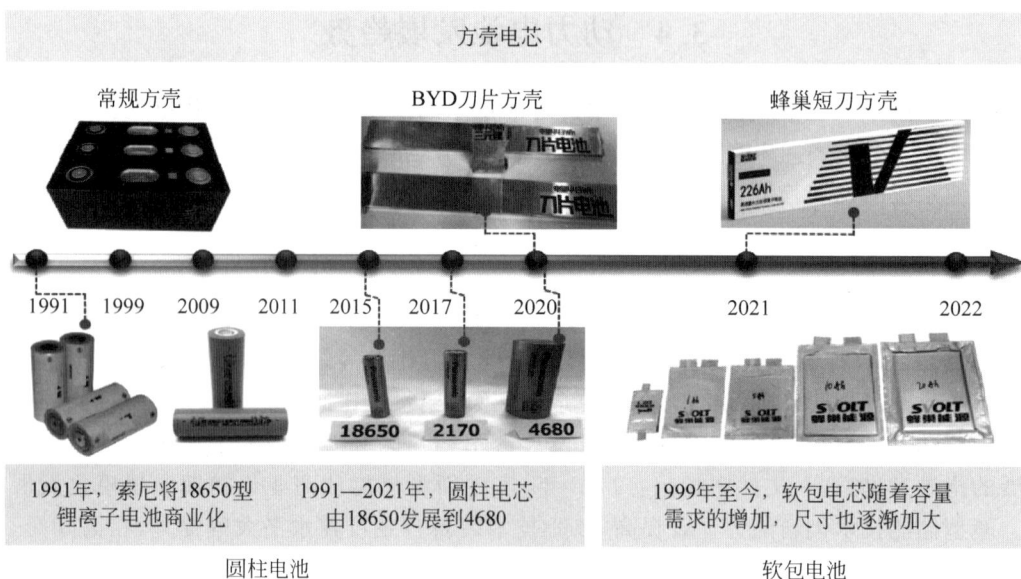

图 3-26 动力电池单体结构发展趋势

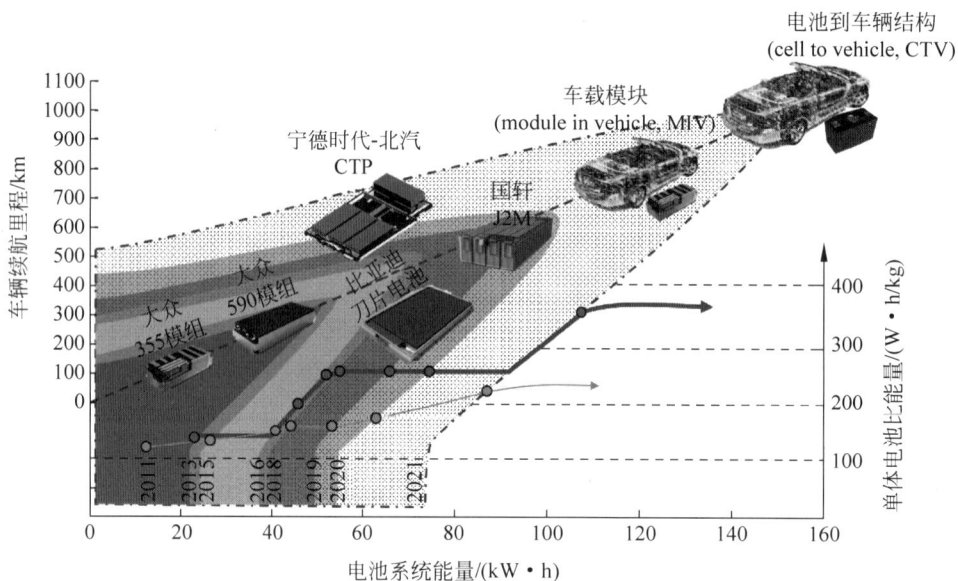

图 3-27 动力电池系统结构发展趋势

此外,为满足应用中对电池充放电、老化和安全性能更精准监测和控制的需求,动力电池结构逐渐迈向智能化,成为集传感器、控制器和执行器于一体的机电系统,如图 3-28 所示。

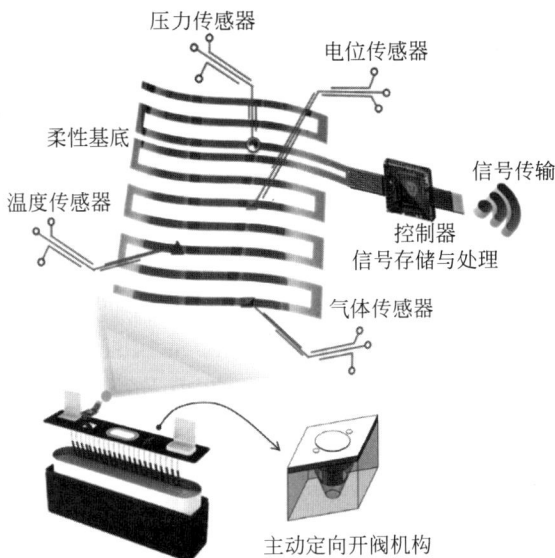

图 3-28　智能电池结构图

彩图 3-28

思　考　题

1. 什么是锂离子电池?

2. 以钴酸锂电池($LiCoO_2$)为例,写出电池充电过程中正、负极反应方程式(其中 Li^+ 嵌入石墨中用 Li_xC_6 表示),并分别说明在充电与放电过程中正、负极的得失电子情况。

3. 简述锂离子电池单体中的主要部件。

4. 常见的锂离子电池单体,内部极片的排列方式有哪些类型? 各有什么特点?

5. 常见的锂离子电池单体,外观形状与外壳材质有哪些类型? 各有什么特点?

6. 如果你是一个电池型号研发人员,你会把电池单体的结构(包含内部极片的排列方式)设计成什么类型? 为什么?

7. 随着电池事故的增多,人们逐渐了解到很多与电池安全和电池消防有关的注意事项。简单列举两个例子。

8. 电池系统主要由哪几大部分组成? 各自的基本功能是什么?

9. 电池系统的机械结构主要由哪几个部分组成? 在结构设计中需要考虑哪些因素?

10. 电池系统中电气系统主要包括哪几部分?

11. 互锁是电池系统电气安全的主要保障措施之一。互锁的方式有哪些?

12. 典型的电池热管理系统有哪些? 各自的优缺点是什么?

13. 电池管理系统的功能是什么?

14. 电池管理系统的硬件由哪些部分组成?

15. 电池管理系统的拓扑架构有哪些?

16. 新型电池单体结构有哪些? 各自的关键优势性能指标是什么?

17. 你认为未来怎样实现电池的智能化? 未来新能源汽车会是什么样的结构设计?

参 考 文 献

[1] 王芳,夏军.电动汽车动力电池系统设计与制造技术[M].北京：科学出版社,2017.

[2] 吴怡芳,白利锋,王鹏飞,等.锂离子电池正极材料研究[J].电源技术,2019,43(9)：1547-1550.

[3] CHAWLA N,BHARTI N,SINGH S. Recent advances in non-flammable electrolytes for safer lithium-ion batteries[J]. Batteries,2019,5(1)：19.

[4] MILLER P. State of the art and future developments in lithium-ion battery packs for passenger car applications[J]. Johnson Matthey Technol. Rev,2015,59：4-13.

[5] XU B,QIAN D N,WANG Z Y,et al. Recent progress in cathode materials research for advanced lithiumion batteries[J]. Materials Science and Engineering：R：Reports,2012,73(5)：51-65.

[6] HEMBACHER S,GIESSIBL F J,MANNHART J,et al. Revealing the hidden atom in graphite by low-temperature atomic force microscopy[J]. Proceedings of the National Academy of Sciences,2003, 100(22)：12539-12542.

[7] VIJAYAKUMAR M,KERISIT S,ROSSO K M,et al. Lithium diffusion in $Li_4Ti_5O_{12}$ at high temperatures[J]. Journal of Power Sources,2011,196(4)：2211-2220.

[8] NEGRI V,PACHECO-TORRES J,CALLE D,et al. Carbon nanotubes in biomedicine[J]. Topics in Current Chemistry,2020,378(1)：15.

[9] GUO M,WHITE R E. Mathematical model for a spirally-wound lithium-ion cell[J]. Journal of Power Sources,2014,250：220-235.

[10] JUAREZ-ROBLES D,JEEVARAJAN J A,MUKHERJEE P P. Degradation-safety analytics in lithium-ion cells: part I. aging under charge/discharge cycling[J]. Journal of the Electrochemical Society,2020,167(16)：160510.

[11] KWADE A,HASELRIEDER W,LEITHOFF R,et al. Current status and challenges for automotive battery production technologies [J]. Nature Energy,2018,3(4)：290-300.

第4章　车用驱动电机系统

4.1　车用驱动电机系统发展简史

4.1.1　车用驱动电机系统的构成

车用驱动电机系统可以视为驱动车辆行驶的驱动电机、驱动电机控制器及相关辅助装置的组合。

驱动电机是指基于磁场相互作用或磁路磁阻变化实现电能与机械能之间转换,并可为车辆提供驱动力和制动力的电气装置。若电机的不同部分之间可以实现相对旋转运动,则这种电机称为旋转电机。旋转电机中静止不动的部分称为定子,可以旋转的部分称为转子。电动汽车的驱动电机皆为旋转电机。

多数电动汽车的驱动电机既可以工作在电动状态来驱动车辆,也可以工作在发电状态来回馈制动能量。图4-1为典型驱动电机的外形与内部结构图。图中,驱动电机的高压电气接口,又称动力电气接口,用于通过高压线束和驱动电机控制器进行高压电气连接,从而实现电能的传输;驱动电机的低压电气接口,又称信号电气接口,用于通过低压线束和驱动电机控制器进行低压电气连接,为驱动电机控制器提供电机内部温度、转子位置、电机转速等信息;冷却接口,即冷却液管路接口,用于连接整车散热系统,驱动电机普遍采用液冷(如水冷或油冷)的冷却方式;机械输出轴与整车传动系统连接,用于传递驱动转矩或制动转矩;安装接口用于固定或安装驱动电机。驱动电机内部主要包含定子铁心、转子铁心、定子绕组、永磁体以及机械输出轴等,驱动电机壳体中通常具有用于驱动电机散热的冷却液流道。

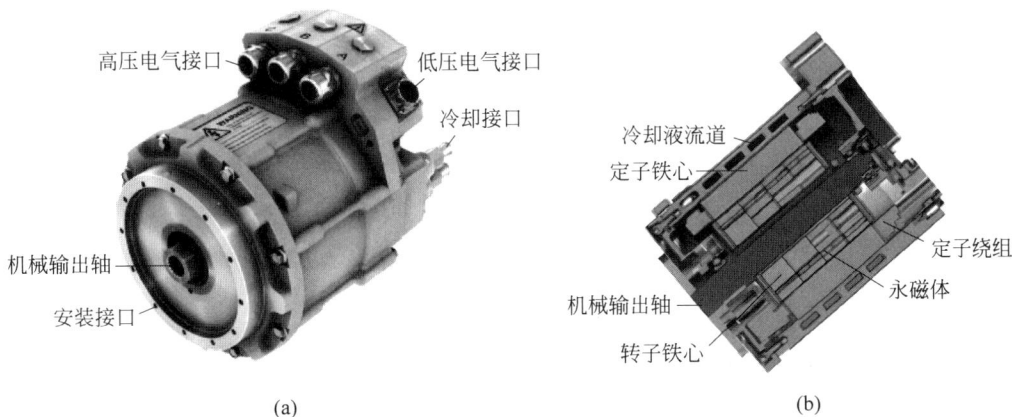

(a)　　　　　　　　　　　　　　　　　(b)

图 4-1　典型驱动电机外形与内部结构图

(a) 外形;(b) 内部结构

驱动电机控制器是指将车载电源(如蓄电池、超级电容、燃料电池等)输出的电能转换为驱动电机所需电能的电力电子装置。驱动电机控制器可以基于上层控制器(如动力系统控制器或整车控制器)的指令控制驱动电机的转速或转矩。

图 4-2 为典型驱动电机控制器的外形与内部结构图。驱动电机控制器的高压输入电气接口通过高压线束与车载电源进行电气连接,高压输出电气接口通过高压线束与驱动电机进行电气连接;驱动电机控制器的低压电气接口通过低压线束与驱动电机、整车通信网络、整车低压电气系统以及车辆其他部件进行低压电气连接;冷却接口用于连接整车散热系统;安装接口用于固定或安装驱动电机控制器。同驱动电机类似,驱动电机控制器通常采用液冷(如水冷或油冷)的冷却方式。驱动电机控制器内部主要包括电力电子器件、直流侧电容器、控制电路板、驱动电路板及连接铜排等。

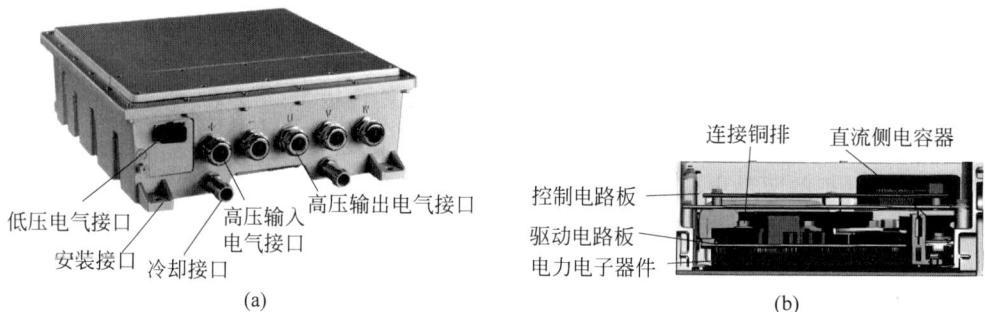

图 4-2 驱动电机控制器外形与内部结构图
(a)外形;(b)内部结构

相关辅助装置是指保证驱动电机和驱动电机控制器正常工作的附件,如电气开关、冷却装置、高压线束或线缆及连接器、低压线束及连接器、保护用的熔断器、用于状态监测或信息反馈的各类传感器等。这些相关辅助装置具有质量和体积小、易于安装和维护、使用寿命长、成本低等特点。

4.1.2 车用驱动电机的主要类型

车用驱动电机转矩的产生机理有两种。第一种是由于两个磁场相互作用而产生转矩。磁场可以由永磁材料产生或流过电流的导体产生,但两个磁场中至少有一个磁场应由载流导体产生,两个磁场相互作用也可以看作是磁场对电流产生安培力的结果,因此这种转矩又称为电磁转矩。电磁转矩的方向是使两个磁场趋于同向。第二种是当电机定子铁心和转子铁心所在磁路的磁阻不断变化时,由于磁场的分布遵循磁阻最小原理,即磁通总是沿着磁阻最小的路径闭合而产生的转矩,这种转矩称为磁阻转矩。

依据电机转矩的产生机理可以对电动汽车驱动电机进行分类,具体如图 4-3 所示。

电动汽车的驱动电机主要有:直流电机、无刷直流电机、永磁同步电机、交流感应电机、开关磁阻电机等。由于无刷直流电机的结构和控制方法与有刷直流电机相差较大,多数文献并不将其归于直流电机。

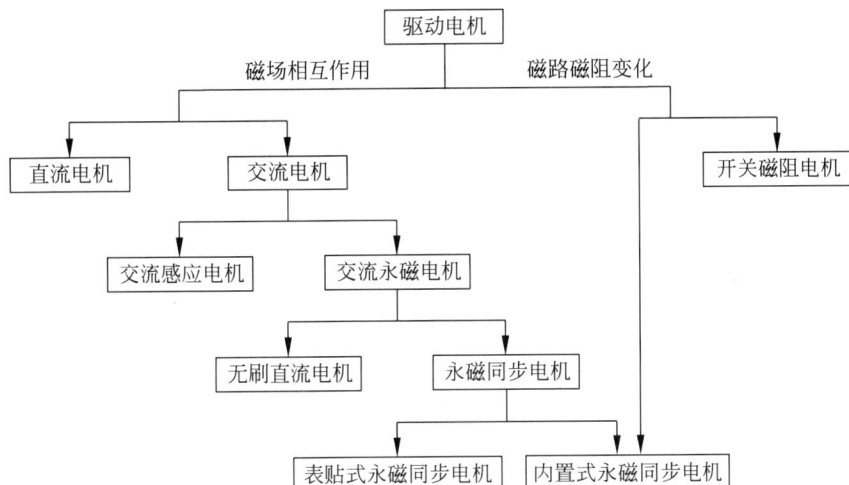

图 4-3　驱动电机的主要类型

4.1.3　车用驱动电机系统的发展历程

　　促使汽车驱动电机系统的发展有内、外两方面因素。外因是随着电动汽车的发展、推广与应用,驱动电机系统需要持续不断升级自身的品质以满足不断提高的整车需求;内因是电机设计与制造技术以及电机控制技术的进步,促使汽车驱动电机系统相关技术不断提高和发展。汽车驱动电机系统的发展历程如图 4-4 所示。

　　19 世纪 20 至 30 年代,电机一经出现,人们就想到将它应用于交通工具,用于改善人们的出行条件。因此,电动汽车的出现与电机的发明密不可分。

　　19 世纪 30 年代后期至 80 年代,随着各类电机的涌现,电动汽车进入了快速发展的第一个黄金时期。人们不断尝试制造较大功率的电机来驱动车辆,车辆的性能不断改进。这个黄金时期在一定程度上促进了许多车辆技术的启蒙和发展。电动汽车的发展也伴随着第二次工业革命的开始。

　　进入到 20 世纪后,随着内燃机汽车的兴起,电动汽车发展进入低潮期。但与此同时,电机设计、制造与控制技术却取得了较大进步,大功率发电机、工业电气传动系统等与电机及其控制技术密切相关的产品的出现,使人类迈进了电气时代,这也是第二次工业革命的重要标志和最为显著的成果。

　　20 世纪 90 年代开始,电动汽车复兴并进入了第二个黄金时期。促进这一变化的直接原因是人们认识到解决环境和能源问题的紧迫性和重要性。同时,在此前 10～15 年期间,电机及其控制技术所取得的突破性进展也为电动汽车的复兴奠定了基础。这些突破性进展主要体现在三个方面:一是 20 世纪 80 年代初,高性能永磁材料钕铁硼(NdFeB)的出现,使驱动电机的功率密度和转矩密度大幅提高,而驱动电机优异的机械特性可以简化车辆传动系统结构;二是 20 世纪 70 年代中后期到 80 年代中后期,功率金属-氧化物-半导体场效应晶体管(功率 MOSFET)、绝缘栅双极型晶体管(IGBT)等电力电子器件的出现,使制造高效大功率汽车驱动电机控制器成为可能;三是一些先进电机控制技术(如交流电机的磁场定向控制、直接转矩控制及一些智能化控制技术)的出现及工业领域的经验积累,可以实现驱

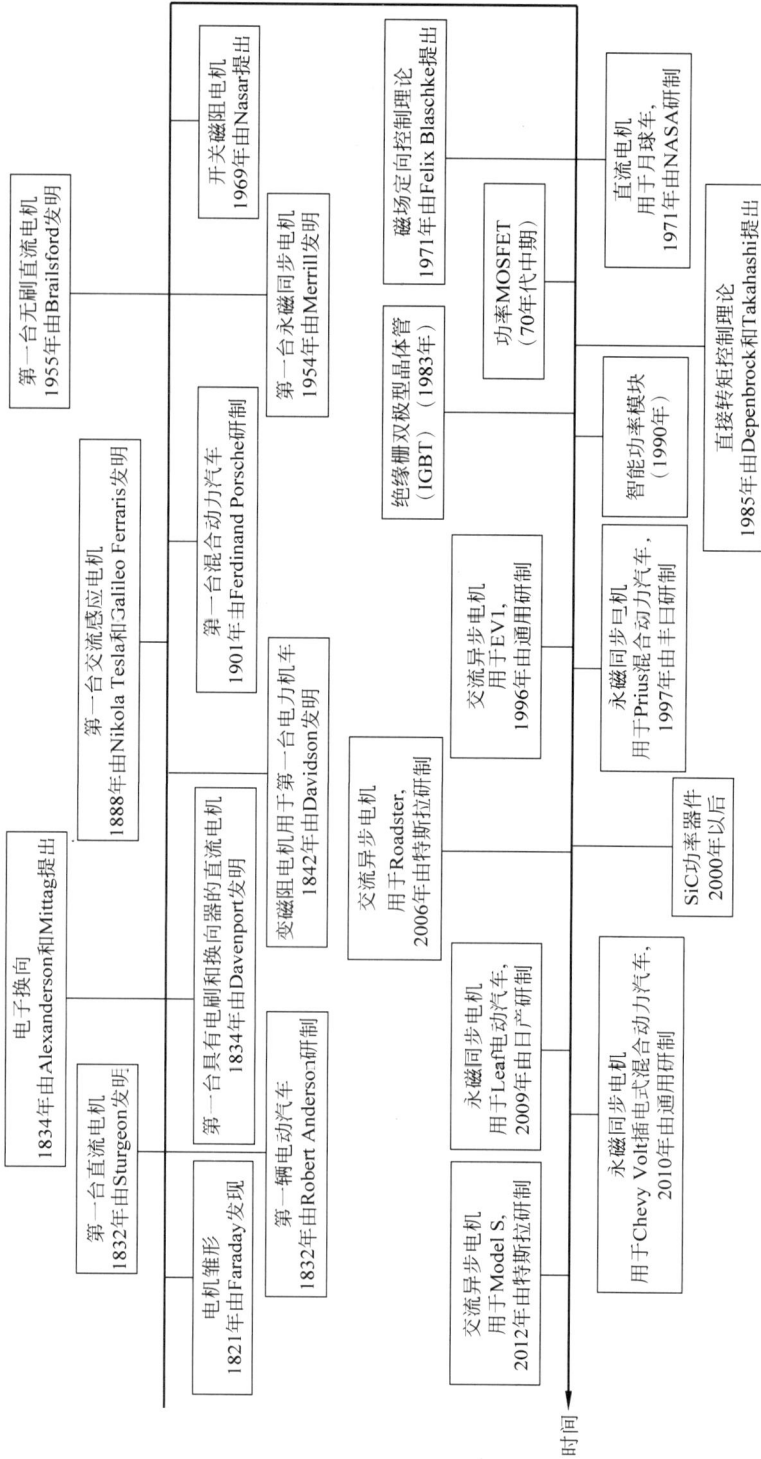

图 4-4　车用驱动电机系统的发展历程

动电机的精确控制,满足车辆的需求。此外,数字信号处理器(DSP)和微控制单元(MCU)性能的提高,也为驱动电机先进控制技术的实施提供了较好的支撑。

在国内,"八五"期间开始开展电动汽车关键技术的研究;"九五"期间,开展了电动概念车、改装车、试验车的研发以及一些标准法规的研究;"十五"开始,将驱动电机及其控制系统作为一项核心技术,投入了大量的人力和财力。对电机设计与制造、电机控制器硬件、电机控制算法等关键技术开展攻关并取得显著的科研成果。目前,中国是电动汽车驱动电机的主要制造国,并掌握了驱动电机控制的核心技术。

4.1.4　各类驱动电机的发展与应用

1. 直流电机的发展与应用

直流电机出现于 19 世纪 20 至 40 年代。1821 年英国物理学家 Faraday 在实验室证实了磁场中的载流导体可以受到力的作用,并因受到转矩而转动,即将电能转换为使物体产生圆周运动的机械能。在此基础上,1832 年英国科学家 Sturgeon 发明了世界上第一台具有换向器的直流电机。1834 年美国发明家 Davenport 发明了具有电刷和换相器的直流电机,并在 1837 年取得了专利授权,这被认为是现代直流电机的起源。1886 年,美国人 Sprague 对直流电机进行了完善并将之用于驱动轨道交通车辆,取得巨大成功。1888 年,美国发明家 Van Depoele 发明了碳刷,并用于直流电机,提高了直流电机的寿命和性能。从此,直流电机在工厂、矿山、电气行业、交通等领域得到了广泛的应用。

作为汽车驱动电机,直流电机在电动汽车早期发展过程中应用较为广泛。在 20 世纪 90 年代中期之前,许多电动汽车都采用直流电机作为驱动电机,如菲亚特的 Panda Elettra (图 4-5(a)),大众 Volkswagen Jetta City Stromer,标致 106,雪铁龙 AX、SAXO 和 Berlingo,马自达 Bongo,本田 EV Plus,斯巴鲁 Minivan 200,通用 GM512 和 Conceptor G-Van,克莱斯勒 Tevan 等。国内许多小型、微型电动汽车也广泛使用直流电机。由于成本低、控制方法简单等因素,一些研发机构在进行非驱动电机系统相关技术研究时,也倾向于将直流电机用于动力系统或者试验样车。此外,一些用于特殊环境或有着特殊需求的车辆,如美国登月计划中阿波罗 15 号的月球车(图 4-5(b))也采用了直流电机作为驱动电机。

(a)　　　　　　　　　　　　　　　　　(b)

彩图 4-5

图 4-5　采用直流电机作为驱动电机的车辆

(a)菲亚特 Panda Elettra;(b)阿波罗 15 号月球车

与其他类型驱动电机相比,直流电机具有如下优势:

(1)电机技术成熟度高,设计、制造成本较低。

(2)直流电机具有较好的机械特性,即转矩-转速特性,比较容易满足电动汽车的动力性需求。在电动状态和发电状态之间切换比较灵活、具有较快的转矩动态响应。

（3）电机控制器主电路结构简单、控制器体积小、成本低、可靠性高。

作为电动汽车驱动电机,直流电机存在以下不足:

（1）需要定期维护换向器和电刷或者更换电刷,使用成本较高,电机的耐久性差。

（2）直流电机的体积和质量较大,由于电刷和换向器的存在,电机不易在非常高的转速下运行。

（3）直流电机通常具有定子绕组（励磁绕组）和转子绕组,定子和转子同时存在铜损和铁损。此外,电刷和换向器之间的滑动接触会产生电压降以及滑动损耗。这些都导致直流电机的运行效率偏低。

（4）在直流电机运行时,电刷和换向器之间极易产生电弧,由此对外产生的电磁干扰会对车辆的电子控制系统产生不良影响。

作为驱动电机,直流电机在电动汽车技术发展过程中发挥了重要作用。随着永磁同步电机、交流感应电机等其他类型电机的设计制造水平不断提高,控制方法不断完善,以及整车对驱动电机高功率密度、高效率及免维护等方面的要求日益提高,直流电机已经逐渐被其他类型电机所取代。

2. 无刷直流电机的发展与应用

无刷直流电机是在直流电机的基础上发展起来的。

自 20 世纪初期开始,一些学者试图采用电子器件实现电子换向来取代直流电机的电刷和换向器的机械换向,由此解决换向过程而导致的直流电机耐久性差、维护和运行成本高等问题。1934 年,美国通用电气公司的 Alexanderson 和 Mittag 采用闸流管实现直流电机的换向过程,但整个系统成本较高、所占空间较大、控制电路比较复杂。1947 年,美国贝尔实验室的 Shockley、Bardeen 和 Brattain 发明了晶体管。1955 年,美国人 Brailsford 提出了采用晶体管实现直流电机换向的设想,并称这种电机为无换向器直流电机,这种电机被认为是现代无刷直流电机的雏形。在此期间,受到当时电子技术发展水平的限制,很难找到合适的大功率器件用于直流电机的换向。因此,这些研究普遍停留在小功率验证阶段。1957 年,晶闸管的问世可以看作是电力电子技术发展的起点,也为实现大功率电子换向带来了希望。同时,传感与测试技术的进步进一步推动了无刷直流电机技术的发展。1962 年,美国人 Wilson 和 Trickey 通过霍尔元件对电机转子位置的识别,研发了无刷直流电机实验样机,并采用晶闸管实现了电机的高速控制。由于缺少全控型电力电子器件以及高性能永磁材料,在 20 世纪 60 年代到 70 年代中期,无刷直流电机相关技术的研究和应用发展较为缓慢。直到 70 年代中期至 80 年代初,因以功率 MOSFET 和 IGBT 为代表的全控型电力电子器件的出现,同时伴随着钕铁硼等高性能永磁材料的出现以及计算机技术、控制技术的发展,无刷直流电机逐渐开始大规模产业化。20 世纪 80 年代末期,以美国 PowerTec Industrial 公司为代表的企业陆续推出大功率无刷直流电机产品。从 20 世纪 90 年代开始,随着钐钴（SmCo）、钕铁硼（NdFeB）等永磁材料性能的不断提升以及高性能 DSP 和 MCU 应用技术的发展,无刷直流电机在工业领域的应用规模不断扩大,并有逐渐取代直流电机的趋势。

与工业领域类似,在电动汽车上,无刷直流电机也是作为直流电机替代者的角色出现的。在国外,以戴姆勒（Daimler）公司为代表的许多汽车厂商都曾采用无刷直流电机作为电动汽车的驱动电机。图 4-6 所示为 Smart Fortwo Electric Drive 电动汽车及其装配的无刷直流电机和电机控制器。在国内,吉利、奇瑞以及江淮等企业也都采用过无刷直流电机作为电动化产品的驱动电机。

图 4-6　Smart Fortwo Electric Drive 电动汽车及驱动电机
(a) 车辆外形；(b) 55 kW 无刷直流电机及电机控制器

与其他类型驱动电机相比,无刷直流电机具有如下优势:
(1) 较好的机械特性,启动转矩大、过载能力强,易满足电动汽车的动力性需求。
(2) 转子转动惯量较小,具有较快的动态响应,并易实现高速或超高速运行。
(3) 较高的功率密度和转矩密度。
(4) 使用寿命长,可以满足电动汽车耐久性的要求,并可以做到免维护。
(5) 无转子绕组,具有较高的运行效率。
(6) 控制算法简单。

作为电动汽车驱动电机,无刷直流电机存在以下不足:
(1) 电机转子上的永磁体材料性能易受温度、振动等影响,对运行环境具有较高要求。
(2) 电机在换相过程中,容易出现转矩脉动,从而产生一定的噪声和振动。
(3) 在对转矩控制过程中,需要采用转子位置传感器对转子位置进行识别。

无刷直流电机在有中小驱动功率需求的车辆中应用较多。此外,由于无刷直流电机易于设计和加工成盘式外转子结构,所以常作为轮毂电机或轮边电机用于分布式驱动系统中。

3. 永磁同步电机的发展与应用

永磁同步电机,又称为无刷交流电机,作为驱动电机,永磁同步电机在电动汽车,尤其是电动乘用车上得到了广泛应用。

永磁同步电机和无刷直流电机几乎是同时出现的,但永磁同步电机与交流感应电机更有渊源。1954 年美国工程师 Merrill 在美国通用电气公司的笼型交流感应电机的基础上,研制出世界上第一台永磁同步电机,Merrill 将之称为 Permasyn Motor。至今,一些国内外文献仍将永磁同步电机称为 Permasyn Motor 或 Permasyn Machine。在 Merrill 的工作之前,一些科研技术人员已经在不断尝试将永磁材料用于交流同步发电机中。

与无刷直流电机类似,永磁同步电机在 20 世纪 60 至 70 年代中期发展较为缓慢。直到 70 年代中期以及 80 年代初,永磁同步电机才逐步发展起来。从 20 世纪 90 年代开始,随着永磁材料性能的不断提升以及电力电子技术的发展,同时借助矢量控制在交流感应电机上成功应用经验,永磁同步电机在工业领域的应用规模不断扩大。进入 21 世纪后,由于永磁材料环境适应性的提高以及电机制造成本的下降,永磁同步电机在一些工业应用场合已经取代了交流感应电机。

自 20 世纪 90 年代中后期开始,永磁同步电机在电动汽车上的应用越来越广泛,一些常见的乘用车,如丰田的 Prius、本田的 Insight、日产的 Leaf、通用 Bolt、宝马 i3、特斯拉 Model 3 等都采用了永磁同步电机作为驱动电机。国内主要汽车厂商如一汽、东风、上汽、北汽等也将永磁同步电机用作电动汽车的驱动电机。图 4-7 所示为日产(Nissan)的 Leaf 电动汽车及其驱动电机系统。

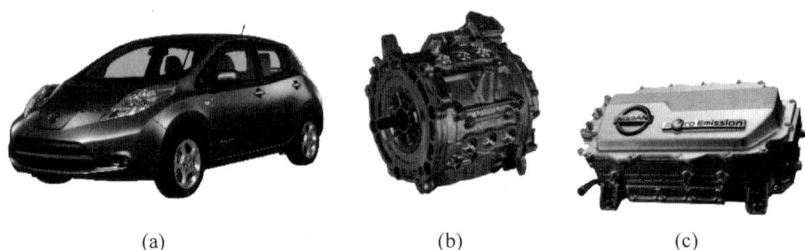

(a)   (b)   (c)

图 4-7   日产 Leaf 电动汽车及其驱动电机系统
(a) 日产 Leaf 电动汽车;(b) 永磁同步电机;(c) 电机控制器

与其他类型驱动电机相比,永磁同步电机具有如下优势:

(1) 较好的机械特性,启动转矩大、转速范围宽,容易满足电动汽车的动力性需求。

(2) 较快的动态响应。

(3) 较高的功率密度和转矩密度。

(4) 使用寿命长,可以满足电动汽车耐久性的要求,并可以做到免维护。

(5) 较高的工作效率。

(6) 转矩脉动较小,容易获得较高的转矩精度。

(7) 易设计和加工成盘式结构,可用作轮毂电机或轮边电机。

作为电动汽车驱动电机,永磁同步电机存在以下不足:

(1) 电机转子上的永磁体材料性能易受温度、振动等影响,对车辆运行环境和整车热管理具有较高要求。

(2) 控制过程时,需要对转子位置进行识别,需要高精度转子位置传感器。

(3) 控制算法复杂,对 DSP 和 MCU 性能要求较高,电机控制器成本较高。

永磁同步电机广泛用于乘用车和部分工作环境较好的商用车。永磁同步电机普遍采用矢量控制(磁场定向控制)技术对电机转矩(或特殊情况下转速)进行控制。

4. 交流感应电机的发展与应用

交流感应电机,又称为交流异步电机,用于驱动电动汽车的交流感应电机通常为三相笼型交流感应电机。

在 19 世纪 80 年代,美国人 Nikola Tesla 和意大利人 Galileo Ferraris 分别对交流感应电机开展研究工作,并几乎同时在 1888 年前后对外公布了各自的研究成果,目前普遍认为交流感应电机是两个人独立发明。交流感应电机出现后,虽然在电气传动和交流发电领域得到了推广和应用,但和直流电机相比,其调速和控制性能还有一定差距。20 世纪 70 年代初,德国人 Felix Blaschke 提出了磁场定向控制理论,使人们看到了交流感应电机传动系统达到直流电机传动系统性能的可能性。70 年代中期以及 80 年代初,以功率 MOSFET 和

IGBT 为代表的全控型电力电子器件的出现,推动了交流感应电机在工业领域的大规模化应用。进入 20 世纪 90 年代后,随着 DSP 和 MCU 性能不断提高,交流感应电机逐步取代直流电机,在电气传动领域占据了主导地位。

交流感应电机在 20 世纪 90 年代开始在电动汽车上应用,如通用 EV1、福特 Ranger、雪铁龙 C1 电动版、丰田 RAV4、特斯拉 Model S 等都用了交流感应电机作为驱动电机。国内的汽车厂商如一汽、东风、上汽、北汽、宇通等也曾将交流感应电机用作电动汽车的驱动电机。图 4-8 所示为特斯拉 Model S 电动汽车及其驱动电机系统。

(a)　　　　　　　　　　　　　　　　　(b)

图 4-8　特斯拉 Model S 电动汽车及其驱动电机系统

（a）特斯拉 Model S 电动汽车；（b）交流感应电机与电机控制器

与其他类型驱动电机相比,交流感应电机具有如下优势:

(1) 较好的机械特性,转速范围宽,易于满足电动汽车的动力性需求。

(2) 较快的转矩动态响应。

(3) 使用寿命长,可以免维护,满足电动汽车的耐久性要求。

(4) 环境适应性好,适应高温、高湿、强振动等复杂多变的工况。

(5) 结构简单,设计和制造工艺成熟,较大功率电机容易加工,电机制造成本低。

作为电动汽车驱动电机,交流感应电机存在以下不足:

(1) 有转子铜损,工作效率低于永磁同步电机等其他类型电机。

(2) 控制过程时,需要采用转速或转子位置传感器或软件算法对转速和转子位置进行辨识。

(3) 控制算法对 DSP 和 MCU 性能要求较高,电机控制器成本较高。

交流感应电机普遍用于乘用车和有较大功率需求的商用车。

5. 开关磁阻电机的发展与应用

开关磁阻电机是一种双凸极电机,其电机转矩中只包含因磁路磁阻变化而产生的磁阻转矩。

开关磁阻电机的原理与结构可以追溯到 19 世纪 40 年代,1842 年,英国人 Davidson 将其研制的变磁阻电机用于驱动世界上第一台电力机车。1969 年,美国学者 Nasar 在其发表的学术论文中首次使用了开关磁阻电机这一术语。Leeds 大学的 Lawrenson 等发表的"Variable-speed switched reluctance motors"一文中,对开关磁阻电机的结构、工作原理和控制方法进行了系统的阐述,奠定了开关磁阻电机原理与控制的理论基础。20 世纪 80 年代后,随着以功率 MOSFET、IGBT 为代表的高频大功率电力电子器件的出现,开关磁阻电机的相关技术得到了快速的发展。

在国外,2010 年,日本 Chiba 等人面向丰田第二代混合动力汽车 Prius 开发了最大功率 50 kW 的 18/12 极结构(即电机具有 18 个定子极和 12 个转子极)的开关磁阻电机,其多项技术指标达到了原车的永磁同步电机水平;2010 年,捷豹公司推出了采用开关磁阻电机的混合动力概念车 C-X75;2013 年,路虎 Defender 装配了由日本 Nidec 公司研发的开关磁阻电机,取得了较好的动力性能,具体如图 4-9 所示;2015 年,英国纽卡斯尔大学的学者面向日产 Leaf 电动汽车研发了 80 kW 开关磁阻电机。在国内,2002 年,东风汽车公司的 EQ6110HEV 混合动力城市客车采用了国产的开关磁阻电机;2004 年,厦门金龙客车公司与东风电动汽车公司共同研发的混合动力城市客车 XMQ6125GH1 采用了开关磁阻电机作为驱动电机。

彩图 4-9

图 4-9　开关磁阻电机及其控制器与路虎 Defender 电动汽车
(a) 电机及其控制器;(b) 路虎 Defender 电动汽车

与其他类型驱动电机相比,开关磁阻电机具有如下优势:

(1) 电机构造简单、结构紧凑、制造成本低、可靠性和耐久性好。由于开关磁阻电机转子铁心无绕组或永磁体,转动惯量小,易于加工,可运行于高速或超高速状态;定子绕组多为集中绕组,容易制造和安装,绕组端部短且牢固。

(2) 转子无铜损,电机产热多来自定子,易于冷却。开关磁阻电机转子无永磁体,转子凸极间存在较多的自由空间有利于电机内部空气流动,电机可以运行于高温环境。

(3) 电机控制器主电路结构简单,各相绕组可独立工作,容错性较强,不易产生逆变桥式电路中出现的桥臂直通现象,硬件系统可靠性较高。

(4) 电机可控参数多,控制手段灵活,转矩方向与相电流方向无关,易实现电机的四象限运行。

(5) 电机启动转矩大,可以在较宽的转速范围内实现恒功率控制。

作为电动汽车驱动电机,开关磁阻电机存在以下不足:

(1) 转矩脉动较大,并由此带来振动和噪声问题。

(2) 与永磁同步电机等相比,工作效率、转矩密度和功率密度还需进一步提高。

(3) 驱动电机控制器主电路会随着电机相数的增加而趋向复杂,成本也会随之增加。

与永磁同步电机、交流感应电机等相比,开关磁阻电机的工作特点存在一定劣势,在电动汽车领域应用较少,主要适合用于对整车舒适性要求不高的商用车或特种车辆。

4.2　车用驱动电机结构

4.2.1　永磁同步电机结构

1. 永磁同步电机总体结构

图 4-10 所示为永磁同步电机结构。从结构上,永磁同步电机可以分为定子和转子两大部分。根据定子和转子的相互位置,永磁同步电机可以设计加工为内转子电机或外转子电机。

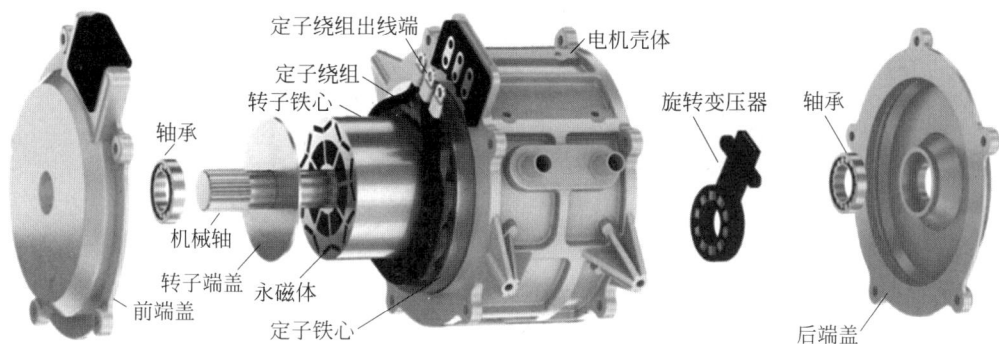

图 4-10　永磁同步电机结构

如图 4-11 所示,永磁同步电机的定子铁心采用硅钢片叠压而成。由于车用驱动电机的冷却方式普遍为液冷,所以要求永磁同步电机定子铁心与具有冷却液流道(即水套)的外壳紧密接触,将电机运行中产生的热及时散发出去,具体如图 4-12 所示。

永磁同步电机定子铁心槽中嵌有定子绕组,常见的车用永磁同步电机多为三相电机,三相定子绕组普遍采用星形连接且中性点一般无须引出到电机外部。

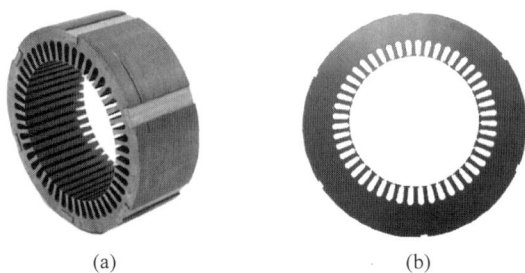

图 4-11　永磁同步电机定子铁心与冲片
(a) 定子铁心;(b) 定子铁心冲片

图 4-12　永磁同步电机定子散热结构

永磁同步电机转子铁心采用硅钢片叠压而成,如图 4-13 所示。转子铁心中镶嵌着永磁体。电动汽车永磁同步电机中的永磁体普遍采用具有高矫顽力、高剩磁通密度特性的烧结钕铁硼等永磁材料制成。

永磁同步电机内部通常需安装转子位置传感器,其作用是检测转子磁极相对于定子绕组的位置,以便于对定子绕组电流实施控制。作为电动汽车的驱动电机,永磁同步电机控制器普遍采用矢量控制算法对电机转矩进行控制,这种算法对转子位置的准确性要求较高,永磁同步电机通常采用旋转变压器作为转子位置传感器,旋转变压器在靠近电机端盖处安装。对电机控制精度要求不高时,也可以采用旋转编码器作为永磁同步电机转子位置传感器。此外,还可以根据电机工作过程中一些典型物理量(如电压、电流等)的变化规律,通过软件对转子磁极的位置进行辨识,相应的控制方法称为无传感器控制法。

除以上组成部分外,永磁同步电机还有机械输出轴、轴承等构件。

(a)   (b)

图 4-13   永磁同步电机转子铁心与冲片

(a) 转子铁心；(b) 定子铁心冲片

2. 永磁同步电机的定子绕组

1) 定子绕组的分类

对于常见的三相永磁同步电机,其定子绕组具有很多形式。从不同的角度,定子绕组可以分为不同类型。

(1) 按线圈在定子齿上的缠绕方式分类。

定子绕组可以根据线圈在定子齿上的缠绕方式分为分布绕组和集中绕组。永磁同步电机可以选择集中绕组,也可以选择分布绕组;而交流感应电机则多为分布绕组。

采用集中绕组的电机多加工为盘式或扁平外形,电机功率通常较小。图 4-14 所示为本田(Honda)Insight 轻度混合动力汽车(mild hybrid electric vehicle)采用的集中绕组永磁同步电机结构。若采用节距为 1 的分数槽集中绕组结构,每个磁极所面对的同相绕组的同电流方向的导体处于同一槽内,定子铁心可以设计为分块结构,如图 4-15 所示,具有工艺简单、制造成本低、绕组端部短、绕组利用率高、功率密度高等优势。但集中绕组不易散热,工作过程中绕组温度较高。

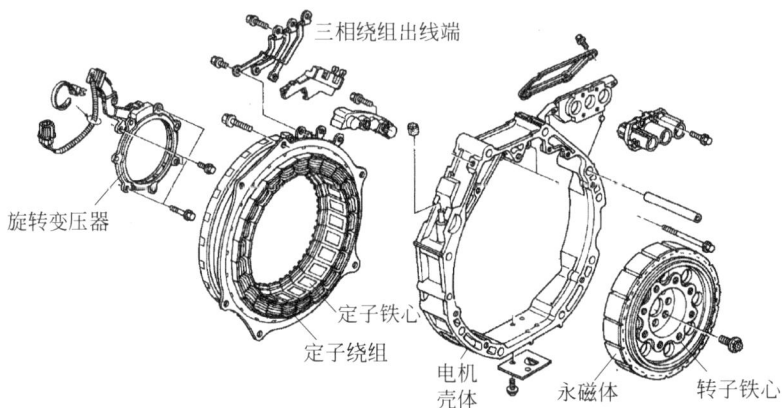

图 4-14   采用集中绕组的永磁同步电机结构

多数采用集中式驱动的电动汽车,由于其驱动电机功率较大,其永磁同步电机定子绕组通常采用分布绕组形式。与集中绕组相比,分布绕组更容易在气隙产生按正弦规律分布的磁通密度,气隙磁通的高次谐波较少,图 4-16 所示为永磁同步电机的分布绕组。

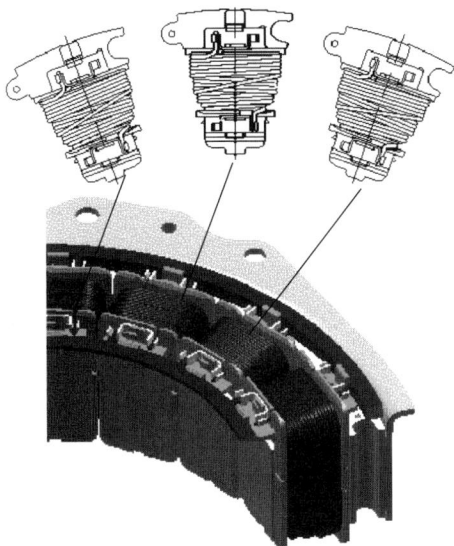

图 4-15 分块式永磁同步电机定子结构

图 4-16 永磁同步电机的分布绕组

（2）按槽内线圈边的层数分类。

对于三相交流电机，若定子铁心每个槽中只放置一个线圈边，则为单层绕组；若每个槽中放置两个左右或上下放置的线圈边，则为双层绕组。对于单层绕组，总的绕组线圈数为槽数的 1/2；对于双层绕组，总的绕组线圈数与槽数相等。

（3）按每极每相槽数分类。

若三相交流电机的定子铁心槽数为 Z，转子的永磁体极对数为 P，电机的相数为 m，则每极每相槽数 q 为

$$q = \frac{Z}{2mP} \tag{4-1}$$

当 q 为整数时，定子绕组称为整数槽绕组；当 q 为分数时，定子绕组称为分数槽绕组。

（4）按节距分类。

线圈的节距 y 定义为线圈两个有效边之间所跨过的槽数，而极距 τ 可以定义为

$$\tau = \frac{Z}{2P} \tag{4-2}$$

当 $y=\tau$ 时，称为整距绕组；当 $y<\tau$ 时，称为短距绕组；当 $y>\tau$ 时，称为长距绕组。由于短距绕组可以改善反电动势波形，所以被三相交流电机广泛使用。

（5）按绕组导体截面形状分类。

如图 4-17（a）所示，若绕组导体截面为圆形，则绕组为圆线绕组，电机则为传统的圆线电机；如图 4-17（b）所示，若绕组导体截面为矩形，则绕组为扁线绕组，电机则为扁线电机或发卡电机（hairpin machine）。

扁线绕组具有较高的槽满率、绕组散热性能较好，扁线电机具有较高的功率密度；同时，扁线绕组端部较短，有利于提高电机效率。因此，扁线被视为驱动电机的发展方向。

此外，根据线圈的形状和连接规律，三相永磁同步电机绕组分为叠绕组和波绕组。虽然波绕组可以减少线圈组之间的连接线，但由于线圈一般为单匝，较少用于电动汽车驱动电机。

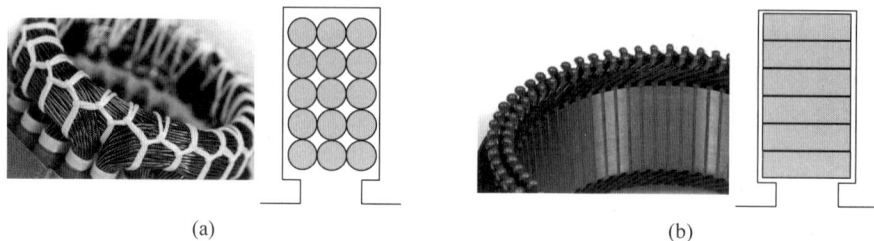

彩图 4-17

(a)   (b)

图 4-17 圆线绕组与扁线绕组

（a）圆线绕组；（b）扁线绕组

2）定子绕组的结构

下面以常见的三相永磁同步电机分布式叠绕组为例对定子绕组的结构进行介绍。

（1）整数槽单层叠绕组。

以定子铁心槽数 $Z=36$、永磁体极对数 $P=2$、采用双层短距布置的三相永磁同步电机定子绕组为例。由式（4-1）知 $q=3$，即每相在每极下占有 3 个槽。

槽距角（电角度）α 可表示为

$$\alpha = P\frac{360°}{Z} \qquad (4-3)$$

将 $Z=36$、$P=2$ 代入式（4-3），得 $\alpha=20°$（电角度）。因此可以得到如图 4-18 所示的电动势矢量星形图。

若采用 60°相带（每极下每相绕组占有的范围），则可以得到各相带的槽号分配如表 4-1 所示。

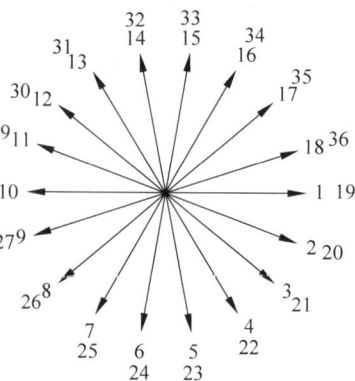

图 4-18 36 槽 4 极三相永磁同步电机的电动势矢量星形图

表 4-1 各相带的槽号分配

相带	A	Z	B	X	C	Y
槽号	1,2,3	4,5,6	7,8,9	10,11,12	13,14,15	16,17,18
	19,20,21	22,23,24	25,26,27	28,29,30	31,32,33	34,35,36

以 A 相为例，根据表 4-1 所示的 A 相所属槽号，将第一对磁极范围内的 1、2、3 和 10、11、12 两部分槽内的线圈边连接在一起，构成一个线圈组；同理，将第二对磁极范围内的 19、20、21 和 28、29、30 两部分槽内的线圈边连接在一起，构成另外一个线圈组。显然这两个线圈组的反电动势是同相位的，二者可以形成串联或并联结构。当两个线圈组串联时，绕组只为一条支路；当两个线圈组并联时，绕组为两条支路。图 4-19 所示为两个线圈组串联。

类似地，可以得到 B 相和 C 相绕组的连接方式。

图 4-19 中每个线圈节距 $y=9$，极距 $\tau=9$，所以是整距绕组。如果将图中每相线圈连接的先后次序改变，可以形成同心绕组、交叉绕组等多种绕组连接形式。

与双层绕组相比，单层绕组制造成本低、槽利用率高，但无法像双层绕组可以灵活地选择线圈节距来降低反电动势和磁动势的高次谐波成分。

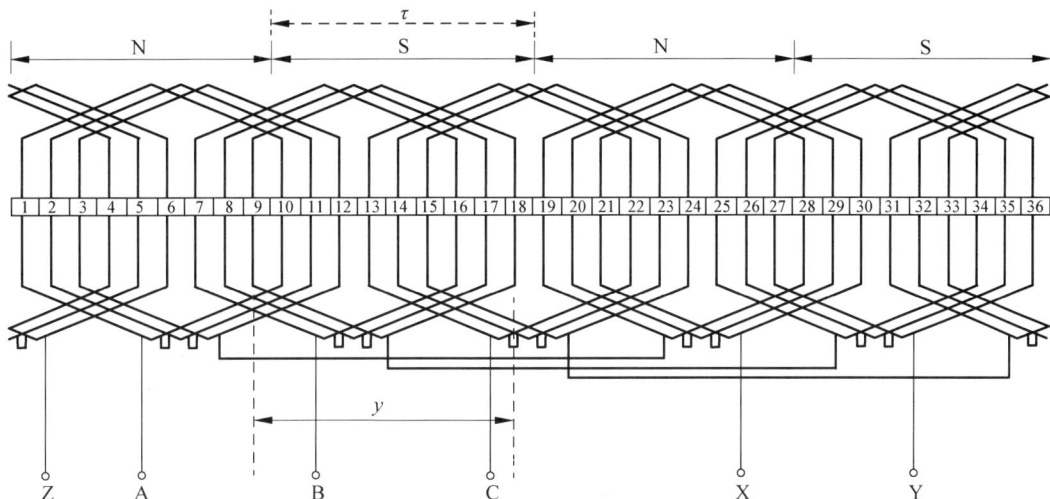

图 4-19　36 槽 4 极单层叠绕组展开图

（2）整数槽双层叠绕组。

为便于单层绕组与双层绕组的对比，仍以定子铁心槽数 $Z=36$、永磁体极对数 $P=2$ 的三相永磁同步电机定子绕组为例。由式（4-1）可知每相在每极下占有 3 槽。同时，反电动势的星形图以及分相结果分别如图 4-18 和表 4-1 所示。

若节距 $y=7$，则得到 36 槽 4 极双层叠绕组展开图如图 4-20 所示。从图中可以看出，1 号线圈的一条有效边镶嵌在 1 号槽的上层（用实线表示）时，另外一条有效边则镶嵌在 8 号槽的下层（用虚线表示）；2 号线圈的一条有效边镶嵌在 2 号槽的上层时，另外一条有效边则镶嵌在 9 号槽的下层。以此类推，可以得到其他线圈有效边的位置。此外，线圈 1、2、3 串联，线圈 19、20、21 串联，分别组成位于 A 相带 N 极下极相组；线圈 10、11、12 串联，线圈 28、29、30 串联，分别组成位于 X 相带 S 极下极相组。将这 4 个极相组按要求串联或并联构成 A 相绕组；同理可以得到 B 相和 C 相绕组的构成方式。因此，每相绕组可以形成一条支

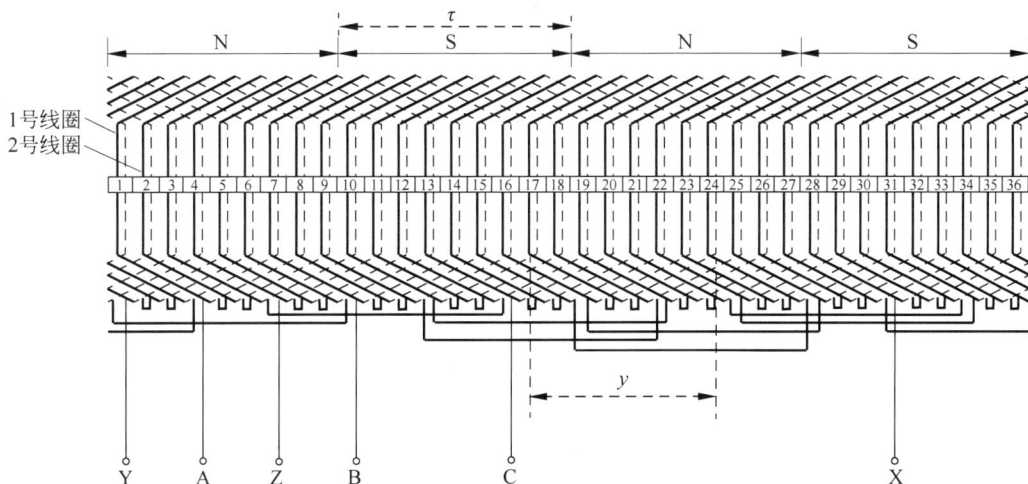

图 4-20　36 槽 4 极双层叠绕组展开图

路、两条并联支路或四条并联支路。以 A 相为例,一条支路的连接方法:1→2→3→12→11→10→19→20→21→30→29→28;两条并联支路的连接方法:1→2→3→12→11→10、19→20→21→30→29→28;四条并联支路的连接方法:1→2→3、12→11→10、19→20→21、30→29→28。需要注意的是,X 相带的极相组与 A 相带的极相组反电动势相反,电路方向也相反,需要反接以保证反电动势相互叠加。在对电机设计过程中,可以根据电机定子绕组的电压和电流,合理选择绕组并联支路数。

3. 永磁同步电机的转子结构

电动汽车永磁同步电机的永磁体通常采用具有高矫顽力和高剩磁密度的钕铁硼烧结制成。依据永磁体在转子上的位置不同,永磁同步电机可以分为表贴式永磁同步电机和内置式永磁同步电机,二者的横向剖面结构示意图如图 4-21 所示。

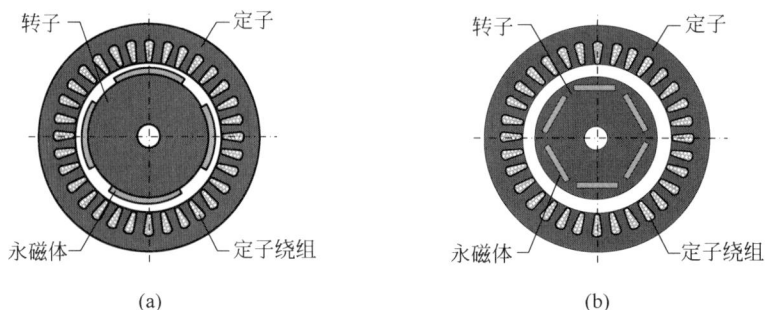

图 4-21   永磁同步电机横向剖面结构示意图
(a) 表贴式永磁同步电机;(b) 内置式永磁同步电机

表贴式永磁同步电机的转子结构是在转子铁心外表面粘贴径向充磁的瓦形或弓形永磁体,如图 4-22 所示。为了提高电机转子机械强度,有时会在表贴式转子外表面套上非导磁材料(如不锈钢)的紧圈或用环氧无纬玻璃丝带、碳纤维等材料对转子进行缠绕。表贴式永磁同步电机的转子结构因交直轴磁路基本对称,所以不会产生磁阻转矩;同时,这类电机定子绕组的电枢反应较小,弱磁能力较差,恒功率范围和转速范围较小;但制作工艺简单、成本低,一般用于小功率驱动系统或分布式驱动系统中。

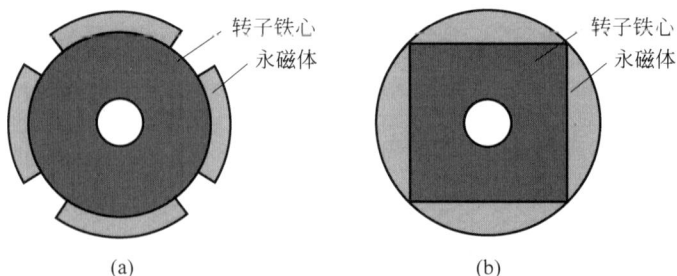

图 4-22   表贴式永磁同步电机转子结构
(a) 瓦形永磁体结构;(b) 弓形永磁体结构

内置式永磁同步电机的转子结构是将永磁体嵌入在转子铁心表面或转子铁心内部,如图 4-23 所示。对于复杂的多层永磁体结构,也可以在转子铁心外表面加装紧圈来增加转子铁心的机械强度。

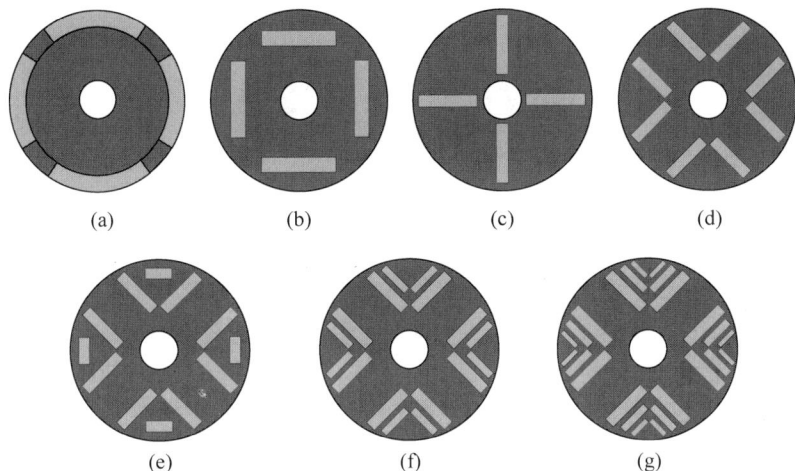

图 4-23　内置式永磁同步电机转子结构

(a) 表面嵌入式永磁体结构；(b)"一"形永磁体结构；(c) 切向式永磁体结构；(d)"V"形永磁体结构；

(e)"V一"形永磁体结构；(f) 双层"V"形永磁体结构；(g) 三层"V"形永磁体结构

内置式永磁同步电机的转子结构类型较多，一般根据永磁体在转子内布置和充磁方向可以将之分为三大类：径向式、切向式、混合式。径向式转子结构，如图 4-23(a) 和图 4-23(b) 所示，具有永磁体漏磁通较小，转子机械强度高、转轴易隔磁等优点。切向式转子结构，如图 4-23(c) 所示。由于一个极距下的磁通由两个磁极提供，可以获得较大的磁通，并且容易获得较大的磁阻转矩。但切向式转子冲片机械强度不高，转轴需要较好的隔磁措施。混合式转子机构，如图 4-23(d)～图 4-23(g) 所示，集成了径向式和切向式的优点，但结构较复杂、制造成本也较高。

内置式永磁同步电机的转子铁心可以镶嵌多层永磁体，如图 4-23(e)、图 4-23(f) 和图 4-23(g) 所示。较多的层数可以提高凸极率，提高磁阻转矩和电机的转矩、功率密度，但过多的层数会导致结构和制造工艺复杂、增加制造成本且降低转子机械强度。因此，电动汽车永磁同步电机转子永磁体普遍采用 2～3 层结构。

内置式永磁同步电机的永磁体通常埋于转子铁心中，转子结构比较牢固，当电机高速旋转时具有更好的安全性；同时，易于实施弱磁控制，恒功率范围较宽，所以作为驱动电机被电动汽车广泛采用。其中，图 4-23(b)、图 4-23(d)、图 4-23(e) 和图 4-23(f) 是电动汽车永磁同步电机常见的几种转子结构。

4.2.2　交流感应电机结构

图 4-24 所示为交流感应电机结构。与其他类型电机类似，交流异步电机分为定子和转子两大部分。

如图 4-25 所示，交流感应电机的定子铁心采用硅钢片（即定子冲片）叠压而成，硅钢片两面常涂绝缘漆以增加片间绝缘强度。定子铁心与具有冷却液流道的电机壳体紧密接触，将电机运行中产生的热及时散发出去。

交流感应电机定子铁心内圆，均匀地冲有许多形状相同的槽，用以嵌放定子绕组。常见的用于驱动汽车的交流感应电机为三相电机，三相定子绕组可以采用星形（Y 形）连接或三

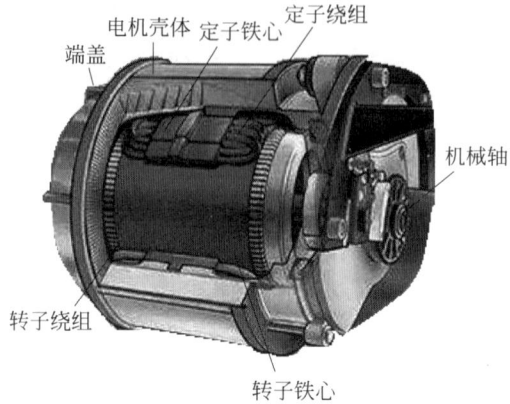

图 4-24   交流感应电机结构

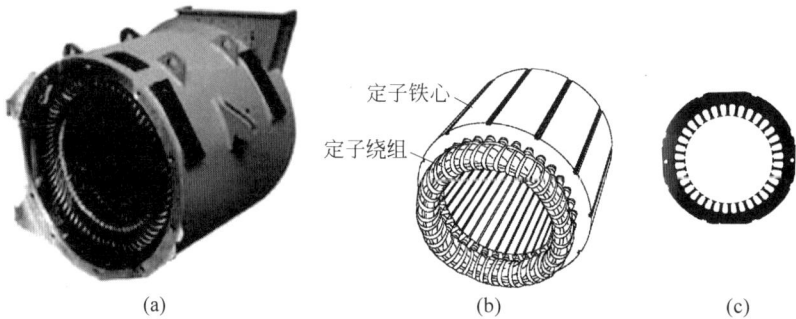

图 4-25   交流感应电机定子结构与定子铁心及绕组

(a) 定子结构；(b) 定子铁心及绕组；(c) 定子铁心冲片

角形(△形)连接。若采用星形连接,则中性点一般不引至电机外部。交流感应电机定子绕
组的布置和连接通常采用分布绕组连接方式。

如图 4-26 所示,交流感应电机转子铁心采用硅钢片(即转子冲片)叠压而成,在铁心外
表面沿圆周冲有许多槽,用以嵌放转子绕组。笼型交流感应电机转子绕组由转子导条和端
环构成。转子绕组可以通过在转子铁心上采取铝渗铸的方法在转子槽内直接形成,但为了
提高电机性能,作为电动汽车驱动电机的交流感应电机普遍采用铜导条与铜端环构成转子
绕组,具体如图 4-27 所示。

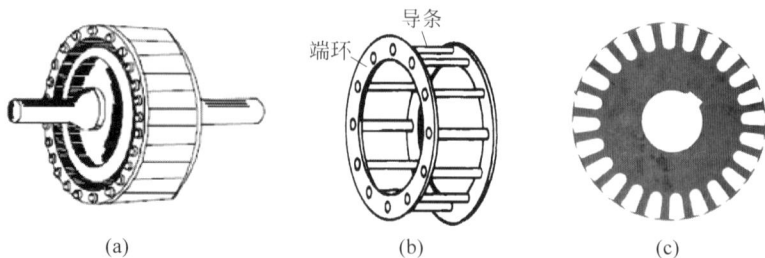

图 4-26   交流感应电机转子结构与转子绕组

(a) 转子结构；(b) 转子绕组；(c) 转子铁心冲片

镶嵌导条的转子铁心的槽可以为直槽结构,也可以为斜槽结构。相比较而言,直槽结构具有较低的设计和制造成本,斜槽结构具有较好的性能。

可以用图 4-28 所示的横向剖面示意图表示交流感应电机定子和转子的结构。

图 4-27 铜导条和铜端环构成的转子绕组

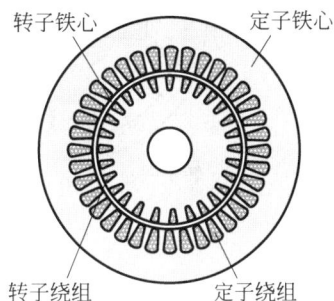

彩图 4-27

图 4-28 交流感应电机横向剖面结构示意图

除以上组成部分外,交流感应电机还有机械输出轴、轴承等构件。

4.2.3 开关磁阻电机结构

如图 4-29 所示,开关磁阻电机的定子和转子采用凸极结构,定子和转子铁心采用硅钢片叠压而成。开关磁阻电机的定子绕组普遍采用集中绕组,径向相对或按一定规律间隔的定子线圈通过并联或串联,构成一相绕组。

开关磁阻电机可以设计成多相结构,且定子、转子的极数有多种不同的搭配。通常,定子的极数 N_s 和转子的极数 N_r 需满足

$$\begin{cases} N_s = 2qm \\ N_r = 2q(m \pm 1) \end{cases} \quad (4\text{-}4)$$

式中:$q=1,2,3,\cdots$;m 为电机的相数。对于 $m <$ 3 的开关磁阻电机,因其一般缺乏自启动能力而很少用作电动汽车的驱动电机。

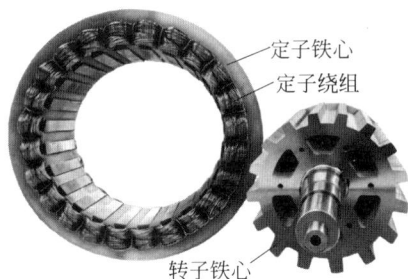

彩图 4-29

图 4-29 开关磁阻电机的定子与转子

开关磁阻电机的相数越高,越有利于减小电机低速时的转矩脉动;但较高的相数会增加电机制造成本,同时也会增加电机控制器主电路的复杂程度,并对控制系统计算和控制能力提出较高的要求。如图 4-30 所示,三相 6/4 极、四相 8/6 极以及三相 12/8 极是常见的开关磁阻电机结构。

开关磁阻电机的每个定子极上缠绕一个集中线圈,然后将每相的线圈按照一定规则进行连接,形成一相绕组。图 4-30(a)和图 4-30(b)中,线圈 X_1 和 X_2($X=A,B,C$)可以采用并联或串联的形式形成 X 相绕组;图 4-30(c)中,每相绕组有 4 个线圈 X_1、X_2、X_3 和 X_4($X=A,B,C$),这 4 个线圈可以有"四并""两串两并"以及"四串"等三种连接方式。每相绕组串联的线圈越多,绕组可承受的外电压越高,绕组载流能力越弱;每相绕组并联的线圈越多,绕组可承受的外电压越低,绕组载流能力越强。

基于基本结构的开关磁阻电机,可以派生出许多不同结构的开关磁阻电机。在各种类

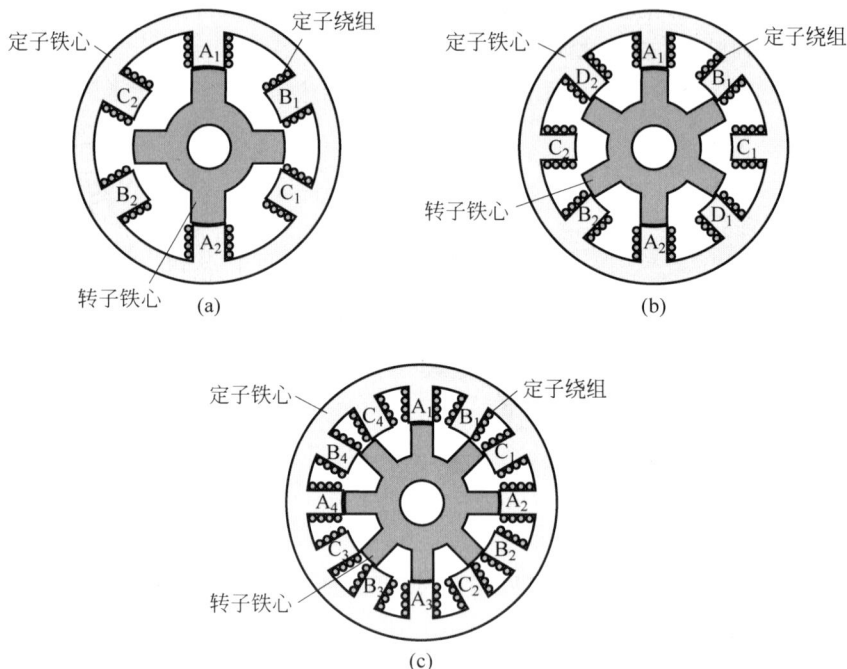

图 4-30   常见的开关磁阻电机基本结构

(a) 三相 6/4 极；(b) 四相 8/6 极；(c) 三相 12/8 极

型电动汽车驱动电机中,开关磁阻电机是派生结构较多的一类电机。一些派生结构开关磁阻电机的定子和转子极形状与具有基本结构的开关磁阻电机有较大差别,并且不满足式(4-4)中定子、转子极数的关系。

除定子和转子外,开关磁阻电机还有机械输出轴、轴承等构件。

4.3   车用驱动电机控制器基本结构

驱动电机控制器可以独立为一个部件,也可以与其他部件集成为一体,常见的集成方案有电机控制器+电机、电机控制器+电机+变速器、电机控制器+低压 DC/DC 转换器、电机控制器+低压 DC/DC 转换器+车载充电设备等。

驱动电机控制器作为一个独立部件时,其内部结构如图 4-31 所示。

基于整车布置要求,驱动电机控制器普遍具有非规则外形,其防护壳体普遍采用铝合金材料,通过压铸工艺等制成,具有质量小、强度高的优点。由于驱动电机控制器具有较高防护等级的要求,因此要求控制器壳体具有较好的密封性能。除了要求控制器壳体上的电气连接器具有较好的密封性外,连接器应便于和线缆的屏蔽层与壳体的电气搭接。控制器壳体上应具有明显的接地点和接地标记。高压接口之间、高压接口与低压接口之间应留有足够的电气间距,满足电气安全的要求。

图 4-32 所示为纯电动汽车典型的电机控制器外部电气连接与内部构成。驱动电机控制器内部主要包括电力电子主电路和数字化控制系统两大部分。连接低电压、信号级控制电路与高电压、功率级电力电子主电路的驱动电路,可以纳入数字化控制系统中。

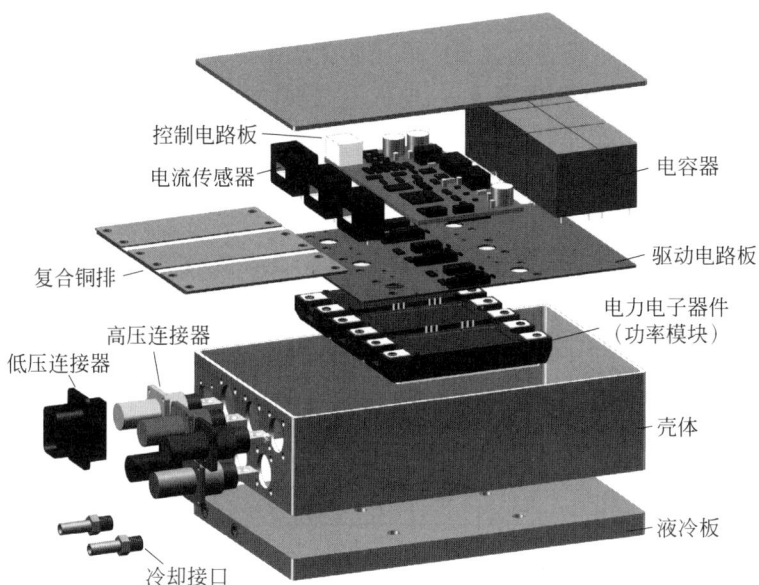

图 4-31 驱动电机控制器内部结构

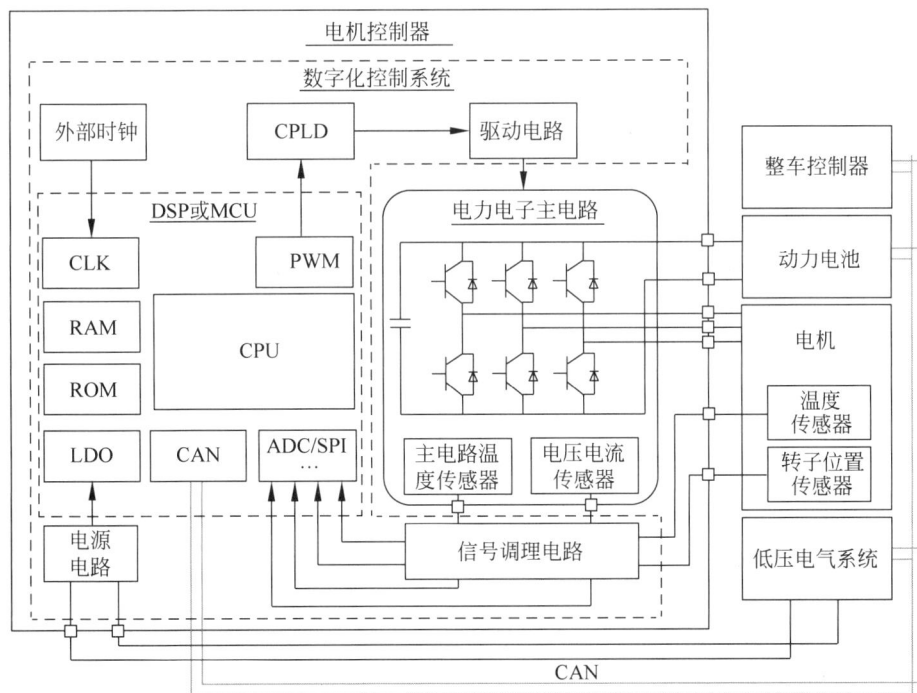

CPLD—复杂可编程逻辑器件；CLK—时钟信号；PWM—脉冲宽度调制；RAM—随机存取器；ROM—只读存储器；
CPU—中央处理器；LDO—低压差线性稳压器；CAN—控制局域网络；ADC—模/数转换；SPI—串行外设接口。

图 4-32 纯电动汽车典型的电机控制器外部电气连接与内部构成

1. 电力电子主电路

电力电子主电路主要由电力电子器件(模块)、直流侧电容器以及电感器(如需要)构成。主电路元器件的选型通常依据直流侧母线电压变化范围及允许的纹波电压、电机最大功率、最大绕组电流、电机控制器允许温度范围、电机控制器内部尺寸等参数,并考虑留有一定的裕度。主电路的电力电子器件以及电感器(如需要)安装在液冷板上,应保证元器件的冷却面与液冷板紧密可靠接触。电容器可以采用支架固定等方式进行安装,但与电力电子器件的距离应尽可能小。

电力电子主电路中由采用铜材料和绝缘材料的具有复合结构的复合母线(composite busbar)实现电气连接。主电路与对外电气接口之间通常设有电气开关、熔断器、泄放电阻、预充电电阻等附件。图 4-33 是一种典型的三相永磁同步电机或交流感应电机控制器电力电子主电路的电气连接图。

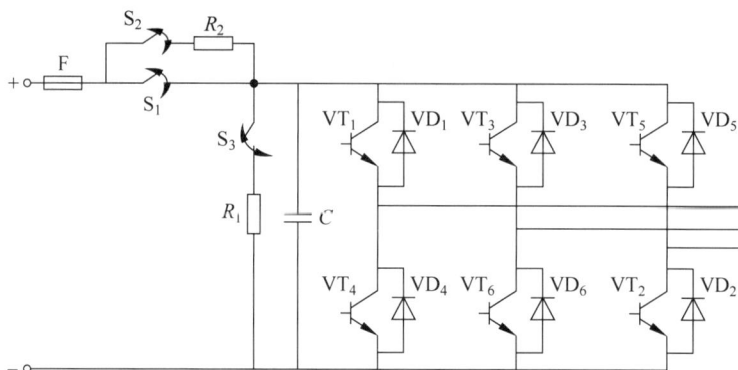

图 4-33   典型三相永磁同步电机或交流感应电机控制器电力电子主电路电气连接图

图 4-33 中,预充电电阻 R_2、电气开关 S_1 和电气开关 S_2 构成预充电电路,可以用来限制动力系统高压上电过程因电容 C 产生较大的充电电流;R_1 为泄放电阻,可以在高压下电后,通过开关 S_3 快速释放电容 C 中能量,以保证电气安全;F 为高压熔断器,用来防止因电机控制器内部高压短路故障而对整车电气系统产生不利影响。

图 4-31 中的电力电子器件通常由功率金属-氧化物-半导体场效应晶体管(功率 MOSFET)或绝缘栅双极型晶体管(IGBT,如图 4-33 中 $VT_1 \sim VT_6$ 所示)与功率二极管(如图 4-33 中 $VD_1 \sim VD_6$ 所示)并联而成。其中,功率 MOSFET 多应用于低电压(如低于 600 V)和中小功率(如小于数十千瓦)场合;而高电压(如高于 600 V)和大功率(数十千瓦至数百千瓦)的驱动电机控制器普遍采用 IGBT 器件。近年来,由于碳化硅器件制造及应用技术的发展,在高电压、中功率场合,碳化硅功率 MOSFET 有取代硅 IGBT 的趋势。为提高驱动电机控制器功率密度,可以将多个电力电子器件集成为功率模块。如图 4-34 所示的功率模块为 6 只 IGBT(包括 6 只反并联的功率二极管)集成而成。电力电子器件模块化是车用电力电子器件的一个发展趋势。

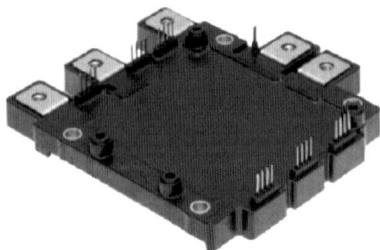

图 4-34   集成了 6 只 IGBT(包括 6 只反并联功率二极管)的功率模块

2. 数字化控制系统

驱动电机控制器的数字化控制系统由 DSP/MCU、驱动电路、保护电路、数据采集电路等构成,具体如图 4-35 所示。数字化控制系统中的绝大部分元器件焊接在一块或多块印制电路板上。电流传感器等与高压线缆或母线具有耦合关系的附件可以根据电机控制器的布置需要通过支架固定等方式进行安装。传感器与印制电路板之间、不同印制电路板之间通过低压连接器和导线进行电气连接。

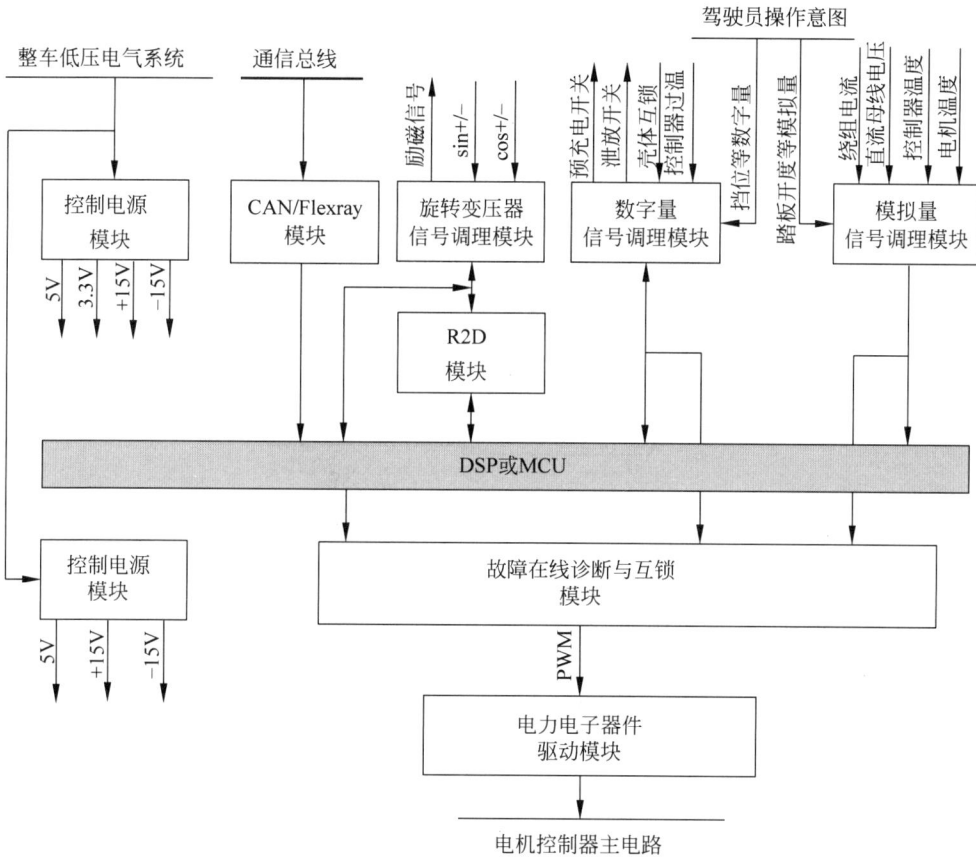

图 4-35　电机控制器数字化控制系统结构

4.4　车辆对驱动电机系统的性能要求

1. 整车动力性的要求

驱动电机的机械特性,即电机的转矩-转速关系,也称为电机的外特性。图 4-36 所示为通过单一速比减速器与车辆传动系统连接的驱动电机的典型机械特性。在转速-转矩坐标平面上,电机的机械特性按象限可以分为 4 个区域,分别为正向驱动区、反向制动区、反向驱动区和正向制动区。图 4-36 同时给出了驱动电机的转速-功率曲线。图中,T_m 为电机的最大转矩(或称峰值转矩);T_r 为电机的持续转矩;n_m 为电机的正向最高转速,简称电机的最高转速;n_{rm} 为电机的反向最高转速;P_m 为电机的最大功率(或称峰值功率);P_r 为电机的持续功率。在第一、四象限,电机的机械特性又分两个区域——恒转矩区和恒功率区,两个区域之间的转速边界即为电机的基速 n_b,通常也是电机设计时选取的额定转速。

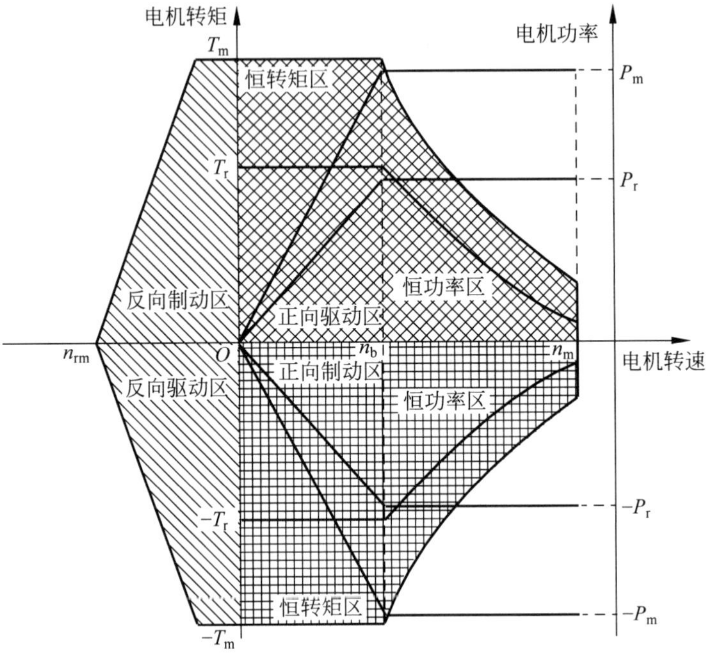

图 4-36 驱动电机的机械特性

基于整车实际运行工况和整车安全性等因素,往往对第二象限的反向制动区和第三象限的反向驱动区范围加以合理限制。

驱动电机系统对外体现的机械特性与驱动电机本身的机械特性有所区别,在动力系统直流母线电压较低、电机控制器或驱动电机温度过高等情况下,可通过电机控制器的控制,使电机输出功率减小或输出转矩下降,此时图 4-36 中的恒转矩区以及恒功率区可能变小。因此,图 4-36 可视为驱动电机系统的理想机械特性。

在实际运行时,电动汽车驱动电机系统的机械特性应能同时满足整车的最高车速、最大爬坡度、加速时间等动力性能指标的要求。

2. 整车经济性的要求

驱动电机系统的效率对电动汽车整车经济性会产生很大影响,从而影响车辆的续驶里程。驱动电机既可能工作在电动状态也可能工作在发电状态。相应地,驱动电机系统的效率包括电动状态效率和发电状态效率。图 4-37 为某电动汽车交流感应电机系统在额定直流电压下的效率。图中的上半部分(即转矩大于零的部分)为电动状态效率,下半部分(即转矩小于零的部分)为发电状态效率。

驱动电机系统的效率在数值上等于电机控制器效率与驱动电机效率的乘积,即

$$\eta_s = \eta_{ctr} \eta_{em} \tag{4-5}$$

式中:η_s 为驱动电机系统的效率;η_{ctr} 为电机控制器的效率;η_{em} 为驱动电机的效率。

电机控制器的损耗包括主电路的损耗和控制电路的损耗两部分。其中,主电路的损耗占较大的比重。主电路的损耗包括电力电子器件的损耗以及电容器的损耗,其中又以电力电

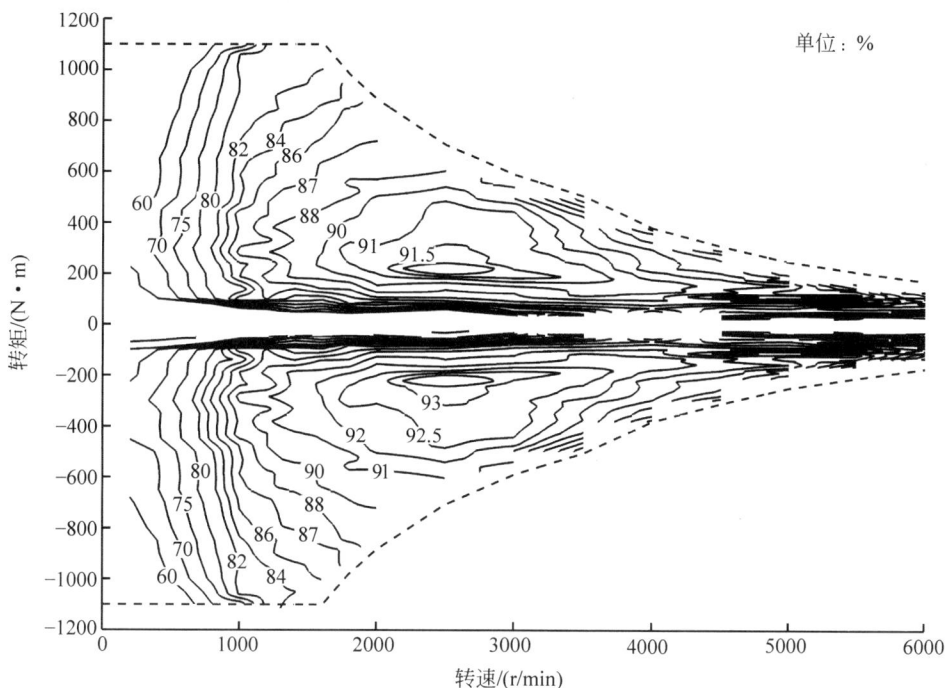

图 4-37　交流感应电机系统的工作效率

子器件的损耗为主。因此,电机控制器的主要损耗是电力电子器件的开关损耗和通态损耗。

驱动电机的损耗由铜损、铁损、机械损耗以及杂散损耗构成。这些损耗大部分转换成热量,使电机整体或局部温度升高。

在实际道路工况下,驱动电机的工作点会分布在图 4-37 中较大的一个范围中。因此基于整车经济性的要求,驱动电机系统需要具有较大的高效区,例如,可要求驱动电机系统效率高于 80% 的区域大于整个机械特性区域(恒转矩区＋恒功率区)的 70%。

3. 整车舒适性的要求

驱动电机在工作过程中,转矩脉动以及由此产生的噪声会对整车舒适性产生影响。驱动电机转矩脉动产生的原因有两大类:一是由电机自身结构和工作机理而产生,如永磁同步电机和交流感应电机的齿槽转矩、开关磁阻电机换相产生的转矩纹波等;二是在对电机转矩进行控制的过程中产生,如电机控制器中电力电子器件的死区效应产生的转矩纹波,因电力电子器件开关过程或脉冲宽度调制(PWM)方法使电机定子电流发生畸变而产生的转矩脉动,因电流闭环控制器或其他闭环控制器控制参数不合理而导致电机转矩的低频振荡等。

因此,需从电机设计、电机加工工艺、电机控制器硬件设计以及电机控制算法等多方面采取措施,尽可能降低驱动电机的转矩脉动,以满足整车舒适性的要求。

4. 整车安全性的要求

整车安全性对驱动电机系统的要求体现在以下两个方面。

(1) 电气安全。驱动电机系统应具有较高的电气绝缘性能。驱动电机内部的绝缘材料与环境温度、使用年限密切相关。由于电动汽车可能工作在高温高湿环境,因此对驱动电机内部绝缘材料的性能以及驱动电机系统的热管理提出了非常高的要求。

（2）控制系统的安全性。电机控制器应保证在任何情况下，驱动电机系统不会对整车安全性产生不利影响。如对于多电机分布式驱动系统，要求各驱动电机的控制器协同工作等。

5. 整车可靠性的要求

整车可靠性对驱动电机系统的要求体现在以下两个方面。

（1）驱动电机系统应具有较低的故障率。电动汽车驱动电机系统具有功率密度高、工作环境恶劣、运行工况复杂、器件工作温度高、振动剧烈等特点，这些特点易造成驱动电机系统局部或整体的失效。因此，电机控制器中的直流侧支撑电容器、电力电子器件、控制电路以及电机的轴承和电机内部的电气绝缘材料都应具有非常高的可靠性；此外，线缆连接器、转速或转子位置传感器、电气开关、熔断器等附件也应具有极高的可靠性。

（2）驱动电机系统是整车重要的电磁干扰源，驱动电机系统应满足整车对电磁兼容性的要求，避免驱动电机系统对车辆其他电气电子系统产生过大的干扰而导致整车可靠性降低。

6. 整车环境适应性的要求

整车环境适应性对驱动电机系统的要求体现在以下三个方面。

（1）驱动电机系统应具有高转矩密度和高功率密度。由于车辆安装空间有限，驱动电机系统应在较小体积和较小质量的前提下，具有较大的转矩和较大的功率。

（2）驱动电机系统应能适应车辆高温、高寒、高海拔、剧烈振动的恶劣环境以及复杂的电磁环境。

（3）驱动电机系统对电力电子器件的选择及系统热管理具有严格要求。由于汽车驱动电机系统的工况较为复杂，其载荷经常发生剧烈变化，相应地，电机控制器输出的电流、电压也随之发生剧烈的波动。以纯电动汽车为例，驱动车辆所需的能量几乎全部经过电机控制器，车辆自身质量的变化、驾驶员的操作习惯、实际道路条件等都对电机的输出功率产生较大的影响。频繁的变载对汽车驱动电机系统电力电子器件及系统热管理提出了严格的要求。

7. 整车耐久性的要求

整车耐久性的要求体现在驱动电机系统的使用寿命应高于整车使用寿命。

4.5 车用驱动电机系统的发展趋势

车用驱动电机系统技术的发展与电动汽车自身特点以及动力系统需求密切相关，同时离不开新型电力电子器件和铁磁材料的应用，以及现代电力电子技术和控制理论的发展。汽车驱动电机系统的发展趋势主要体现在以下几个方面。

1. 高转矩/功率密度

具有较高转矩密度和功率密度驱动的电机除因体积小有利于整车集成外，还可以减轻整车整备质量，从而提高整车经济性。

通过优化电机定子、转子结构以及壳体采用轻量化材料等方法可以减轻电机质量。永磁同步电机和交流感应电机的定子绕组采用扁线，可以提高电机的槽满率，降低绕组端部尺寸，利于散热，从而可以较好地提高电机的功率密度。

通常,永磁同步电机的转矩密度和功率密度高于交流感应电机。我国丰富的稀土资源对永磁同步电机的发展具有较好的促进作用,因此永磁同步电机在电动汽车上,尤其是乘用车领域具有较好的应用前景。但在推广永磁同步电机的过程中,应避免永磁材料开采、提炼加工过程中对环境产生不良影响;同时,也需关注永磁同步电机达到使用寿命后,永磁材料的回收循环再利用问题。

此外,随着交流感应电机设计水平、制造工艺的提高,其转矩密度和功率密度也在不断提高,同时,交流感应电机还具有使用寿命较长和成本较低的优势,因此在电动汽车尤其是商用车领域,交流感应电机是较好的选择。

电机控制器功率密度对电力电子元器件具有较强的依赖性。采用高频工作的 SiC 宽禁带半导体电力电子器件以及薄膜电容器可以降低直流侧支撑电容器的容量,进而可减小直流侧支撑电容器的质量和体积;由于 SiC 宽禁带半导体电力电子器件工作损耗较低,在提高整个电机控制器效率的同时,可以降低散热需求、简化散热系统结构,便于电机控制器结构优化并提高其功率密度。

2. 高度集成化

驱动电机系统中的驱动电机和电机控制器可以合二为一,集成为一个部件出现在车辆动力系统中。除减小总体积、方便安装外,驱动电机和电机控制器的集成还会使二者之间可以直接采用母排进行高压电气连接而降低对外的电磁干扰,有利于提高整车的电磁兼容性。

另外,驱动电机也可以和其他机械类部件集成于一体,如驱动电机、电机控制器与减速器合三为一;电机控制器可以与其他电力电子部件,如 DC/DC 转换器、车载充电设备等集成在一起。

电动汽车上部件的集成不仅指通过防护壳体、机械轴、对外接口等共享而达到物理性集成,而且可能带来自身功能的扩展而实现功能性集成,如利用电机控制器以及电机定子绕组实现动力电池的车载充电、低温加热等。

多部件集成在一起有利于提高动力系统功率密度、简化动力系统结构、提高动力系统效率、降低整车制造成本。

3. 安全可靠

驱动电机系统是电动汽车动力系统中关键的部件,其安全性和可靠性是整车安全性和可靠性的重要组成部分。依照现有国家或行业标准法规,采用新技术、新材料、新器件和新工艺,保证驱动电机系统的安全可靠运行,是驱动电机系统相关研究的重要内容。驱动电机系统中有关安全性相关的技术或措施与系统的功能安全密切相关。越来越多的整车企业对部件的功能安全提出了明确的汽车安全完整性等级(automotive safety integrity level,ASIL)要求,并将功能安全覆盖到从概念、设计、生产直到使用寿命结束的整个生命周期。这些工作对提高电机驱动系统的可靠性和安全性非常有益。

影响驱动电机安全可靠运行的因素有永磁材料的高温稳定性及抗振动能力、高速电机轴承的耐久性、转子位置传感器的准确性和稳定性、定子绕组的电气绝缘性等,这些方面需要不断提高,才能满足日益增长的整车性能和技术需求。

驱动电机控制器的主电路需采用经过严格筛选的汽车级电力电子器件。SiC 宽禁带半导体电力电子器件具有开关损耗小、耐压高等特点,将逐渐成为主电路的首选器件。金属化聚丙烯薄膜电容器(MPPF-Cap)具有较好的温度和频率特性,同时还具有耐压高、寄生电感较低、使用寿命长等优点,在电动汽车上有取代铝电解电容器的趋势。驱动电机控制器主电路结构和内部布线需不断进行优化,以满足整车电磁兼容性的要求。严格依据相关标准或法规,如汽车开放系统架构(automotive open system architecture,AUTOSAR),制定驱动电机控制器控制软件架构并开发相关控制软件也是驱动电机控制器研发的一个趋势。

在驱动电机控制算法方面,基于现代控制理论的电机参数辨识、无传感器控制技术、冗余控制技术等有利于提高驱动电机系统的可靠性和安全性。

4. 分布式驱动

分布式驱动形式将整车的驱动力分散在各驱动轮上,并可将动力、传动和制动集成在一起或与轮毂加以整合,简化了机械传动结构,易于提高传动效率,释放了更多的车载空间。由于每个驱动轮可独立控制,分布式驱动形式的动力学控制手段更加灵活,更易提高整车的行驶性能。

分布式驱动形式具有传统内燃机汽车所不具有的优势,具有非常大的发展空间。

5. 新型驱动电机、先进控制理论和控制方法的应用

以定子励磁电机、混合励磁电机、记忆电机、轴向磁场电机和开绕组电机为代表的新型电机,由于具有较好的机械性能和独特的控制特性,在电动汽车上具有极大的应用潜力。

驱动电机系统是一种非线性、变结构、电压电流易突变的离散系统,并具有复杂分布参数以及多变量、强耦合的特征。经典的电路理论和控制方法有时无法直接处理这类系统的控制问题,也不能满足汽车对电机驱动系统的安全、可靠、动态响应快等方面的要求。高性能 DSP 或 MCU 在驱动电机控制领域得到了普遍的应用,为一些复杂的控制算法(如无传感器电机控制、电机冗余控制等)提供了较好的数字化实现手段。现代控制理论与控制方法由于具有自适应、自学习等特点,在驱动电机控制领域具有较好的发展前景。

除以上几个方面外,高转速、高效率、长寿命、低成本也是驱动电机系统发展的主要趋势。

思 考 题

1. 什么是车用驱动电机系统?
2. 常见的车用驱动电机有哪些类型?各有什么特点?
3. 驱动电机对外具有哪些接口?各有什么功能?
4. 驱动电机控制器对外具有哪些接口?各有什么功能?
5. 驱动电机通常由哪两大部分构成?各有什么特点?
6. 驱动电机控制器内部具有什么样的结构?
7. 永磁同步电机具有什么样的结构?
8. 交流感应电机具有什么样的结构?
9. 开关磁阻电机具有什么样的结构?
10. 三相永磁同步电机控制器电力电子主电路具有什么样的电路结构?
11. 车辆对驱动电机系统有哪些性能要求?
12. 汽车驱动电机系统的发展趋势是什么?

参 考 文 献

[1] 中华人民共和国工业和信息化部.电动汽车用驱动电机系统：GB/T 18488—2024[S].北京：中国标准出版社,2024.

[2] 高大威.汽车驱动电机原理与控制[M].北京：清华大学出版社,2022.

[3] 高大威.汽车电力电子学[M].北京：清华大学出版社,2018.

[4] 夏长亮.无刷直流电机控制系统[M].北京：科学出版社,2009.

[5] 刘刚,王志强,房建成.永磁无刷直流电机控制技术与应用[M].北京：机械工业出版社,2008.

[6] CHAU K T. Electric vehicle machines and drives：design, analysis and application[M]. Chichester：John Wiley and Sons, Inc. ,2015.

[7] KRISHNAN R. Permanent magnets and machines [M]//Permanent magnet synchronous and brushless DC motor drives. Boca Raton：CRC Press,2017：3-134.

[8] 高超,毕伟,闫志平,等.EQ6110HEV混合动力城市公交车用开关磁阻电动机调速系统[C]//中国电工技术学会电动车辆专业委员会第十次学术大会论文集.柏林：施普林格(Springer-Verlag)出版社,2002：134-138.

[9] PATIL M S, DHAMAL S S. A detailed motor selection for electric vehicle traction system[C]//2019 Third International conference on I-SMAC. Palladam, India. New York：IEEE,2019：679-684.

[10] YILDIRIM M, POLAT M, KURUM H. A survey on comparison of electric motor types and drives used for electric vehicles [C]//2014 16th International Power Electronics and Motion Control Conference and Exposition. Antalya, Turkey. New York：IEEE,2014：218-223.

[11] DANCYGIER G. Motor control law and comfort law in the Peugeot and Citroen electric vehicles driven by a DC commutator motor[C]//Seventh International Conference on Power Electronics and Variable Speed Drives. London, UK. New York：IEEE,1998：370-374.

[12] ZERAOULIA M, BENBOUZID M E H, DIALLO D. Electric motor drive selection issues for HEV propulsion systems：a comparative study[J]. IEEE Transactions on Vehicular Technology,2006,55(6)：1756-1764.

[13] SANTIAGO J D, BERNHOFF H, EKERGÅRD B, et al. Electrical motor drivelines in commercial all-electric vehicles：a review[J]. IEEE Transactions on Vehicular Technology,2012,61(2)：475-484.

[14] RAJASHEKARA K. History of electric vehicles in general motors[J]. IEEE Transactions on Industry Applications,1994,30(4)：897-904.

[15] XU W, ZHU J G, GUO Y G, et al. Survey on electrical machines in electrical vehicles[C]//2009 International Conference on Applied Superconductivity and Electromagnetic Devices. Chengdu, China. New York：IEEE,2009：167-170.

[16] WEST J G W. DC, induction, reluctance and PM motors for electric vehicles[J]. Power Engineering Journal,1994,8(2)：77-88.

[17] ALEXANDERSON E F W, MITTAG A H. The "thyratron" motor[J]. Electrical Engineering,1934,53(11)：1517-1523.

[18] MACHEN D R. The energy conversion characteristics of a brushless direct current servomotor[D]. Berkeley：University of California, Berkeley,1964.

[19] BRAILSFORD H D. Commutatorless direct current motor：US2719944[P]. 1955-10-04.

[20] WILSON T G, TRICKEY P H. D-C machine with solid-state commutation [J]. Electrical Engineering,1962,81(11)：879-884.

[21] LEE E C. Brushless DC：a modern approach to variable speed drives[C]//Conference Record of the

1990 IEEE Industry Applications Society Annual Meeting. Seattle, USA. New York: IEEE, 1990: 1484-1488.

[22] MERRILL F W. Permanent-magnet excited synchronous motors [J]. Transactions of the American Institute of Electrical Engineers Part III: Power Apparatus and Systems, 1954, 73(2): 1754-1760.

[23] GINSBERG D, MISENHEIMER L J. Design calculations for permanent-magnet generators [J]. Transactions of the American Institute of Electrical Engineers Part III: Power Apparatus and Systems, 1953, 72(2): 96-103.

[24] SATO Y, ISHIKAWA S, OKUBO T, et al. Development of high response motor and inverter system for the nissan LEAF electric vehicle[C]//SAE Technical Paper Series. Warrendale, United States. Warrendale: SAE International, 2011.

[25] LAMME B G. The story of the induction motor[J]. Journal of the American Institute of Electrical Engineers, 1921, 40(3): 203-223.

[26] BLASCHKE F. The principle of field orientation as applied to the new transvector closed-loop control system for rotating field machines[J]. Siemens Review. 1972, 34(5): 217-220.

[27] JARVIS R. Davidson's locomotive: how did he do it? [J]. Engineering Science & Education Journal, 1996, 5(6): 281-288.

[28] NASAR S A. D. C.-switched reluctance motor [J]. Proceedings of the Institution of Electrical Engineers, 1969, 116(6): 1048.

[29] LAWRENSON P J, STEPHENSON J M, FULTON N N, et al. Variable-speed switched reluctance motors[J]. IEE Proceedings B Electric Power Applications, 1980, 127(4): 253-265.

[30] TAKANO Y, CHIBA A, OGASAWARA S, et al. Torque density and efficiency improvements of a switched reluctance motor without rare earth material for hybrid vehicles[C]//2010 IEEE Energy Conversion Congress and Exposition. Atlanta, GA. New York: IEEE, 2010: 2653-2659.

[31] CHIBA A, KIYOTA K, HOSHI N, et al. Development of a rare-earth-free SR motor with high torque density for hybrid vehicles[J]. IEEE Transactions on Energy Conversion, 2015, 30(1): 175-182.

[32] LEE D H, LIANG J N, LEE Z G, et al. A simple nonlinear logical torque sharing function for low-torque ripple SR drive[J]. IEEE Transactions on Industrial Electronics, 2009, 56(8): 3021-3028.

[33] WIDMER J D, MARTIN R, MECROW B C. Optimization of an 80-kW segmental rotor switched reluctance machine for automotive traction[J]. IEEE Transactions on Industry Applications, 2015, 51(4): 2990-2999.

[34] NORDELÖF A, GRUNDITZ E, TILLMAN A M, et al. A scalable life cycle inventory of an electrical automotive traction machine: part I: design and composition[J]. The International Journal of Life Cycle Assessment, 2018, 23(1): 55-69.

[35] SHIMADA A. Development of an ultra-thin DC brushless motor for a hybrid car[J]. JSAE Review, 2001, 22(3): 287-292.

第 5 章　车用燃料电池发动机

燃料电池是一种将燃料(如氢气)和氧化剂(如空气)中蕴含的化学能通过电化学反应直接转换为电能的装置。与电池相比,燃料电池最显著的特点在于参与电化学反应的燃料和氧化剂并不储存在燃料电池内部,而是由外部输入,燃料电池只转换能量而不储存能量。燃料电池具有能量转换效率高、燃料来源广泛、燃料加注快、零污染等优点,是汽车电动化的重要技术路线之一。本章主要介绍燃料电池发展简史、燃料电池类型、车用燃料电池发动机的结构与组成、燃料电池发动机的基本特性、车载储氢系统结构与组成,以及车用燃料电池发展趋势。

5.1　燃料电池发展简史

燃料电池的工作原理发现得很早,但从发现原理到商业上的实际应用隔了一个多世纪的漫长岁月,这在科技史上并不多见。1839 年,英国科学家 William Grove 首先发现了燃料电池的工作原理。1939 年,美国科学家 Francis Bacon 发明了碱性燃料电池。1959 年,美国通用电气公司发明了质子交换膜燃料电池。燃料电池的实际使用始于太空军备竞赛。20 世纪 60 年代,美国国家航空航天局(NASA)开始在双子星载人飞船、航天飞机上使用燃料电池,为航天员同时提供电力与纯净水。20 世纪 70 年代的石油危机促进了各种替代能源的研究,磷酸燃料电池在这段时间被发明出来。燃料电池在民用交通领域的研发热潮始于 20 世纪 80 年代末。经过欧美初创公司的引领、汽车大公司此起彼伏的接力式竞争,在 2014 年终于出现了世界上第一款面向市场销售的燃料电池汽车——丰田 Mirai(日语中"未来"一词的发音)。

除作为车用动力外,燃料电池也作为发电装置得到应用。从 20 世纪 80 年代起,数百千瓦的大型燃料电池固定发电系统开始在美国、日本、韩国投入商业应用。21 世纪初,一些千瓦级的小型燃料电池固定发电系统开始在日本实现商业化。

5.2　燃料电池类型

构成燃料电池的基本条件包括:能够自发进行的氧化还原反应,发生反应的正极和负极,正、负极之间需要有隔膜以保证反应持续进行,正、负极之间需要有电解质以形成闭合回路。不同电解质具有不同载流子与适宜的工作温度。按照电解质的种类,燃料电池可以分为以下五种类型,其工作原理如图 5-1 所示。

(1)碱性燃料电池(alkaline fuel cell,AFC)。离子载流子是氢氧根,工作温度在 $70 \sim 100^{\circ}\mathrm{C}$,因氧化性气体中不能含有 CO_2,所以主要用于航天器。

(2)质子交换膜燃料电池(proton exchange membrane fuel cell,PEMFC)。离子载流子是质子,工作温度通常在 $60 \sim 100^{\circ}\mathrm{C}$,因电解质膜可以做得很薄(内阻小),工作温度不高(起停快),特别适用于汽车。

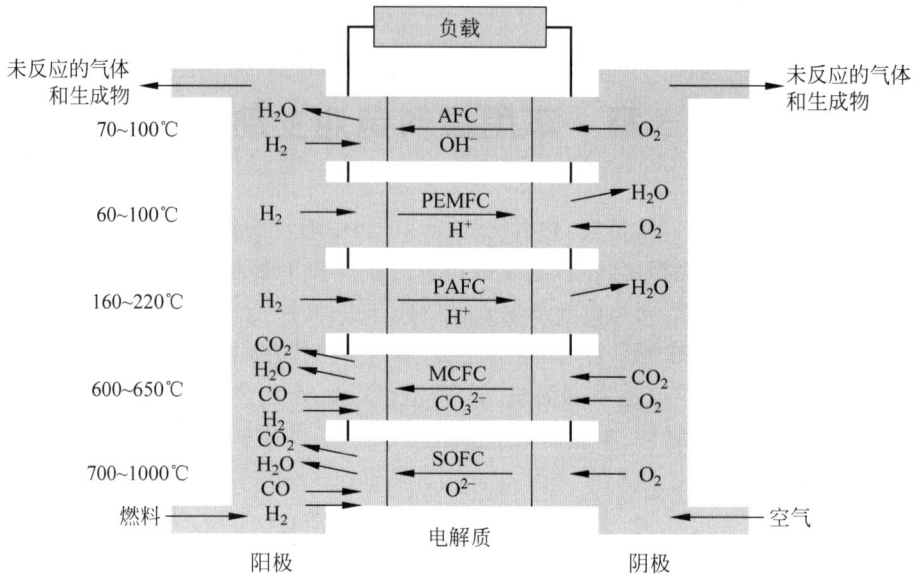

图 5-1   不同燃料电池类型原理

（3）磷酸燃料电池（phosphoric acid fuel cell，PAFC）。离子载流子是质子，工作温度在 160～220℃，适用于固定发电。

（4）熔融碳酸盐燃料电池（molten carbonate fuel cell，MCFC）。离子载流子是碳酸根，工作温度在 600～650℃，适用于固定发电。

（5）固体氧化物燃料电池（solid oxide fuel cell，SOFC）。离子载流子是氧离子，工作温度在 700～1000℃，适用于固定发电、交通工具中的辅助电源。

燃料电池的工作温度决定了系统的效率、起动耗时、动态响应特性和反应物杂质容忍度等主要特性，以及催化剂和电堆等材料的选择。工作温度高于 200℃ 的燃料电池用于热电联供可以实现更高的能量利用率，阴极催化剂可以减少或不使用铂等贵金属，对燃料纯度的要求较低，生成的水处于气态，不存在两相的复杂流动；但对电堆材料的耐高温性能要求较高，起停时间长，且动态响应差。温度在 100℃ 以下的燃料电池，起停响应快，对材料耐高温性能要求较低；但散热较为困难，且内部的水以气、液两种状态存在（零下低温放置、使用时，还可能有过冷水、冰等更复杂的状态），水管理复杂，同时对燃料纯度要求苛刻。

固定发电场景对能量效率要求较高而启停次数较少，因此一般倾向于采用运行温度较高的燃料电池，如磷酸燃料电池、熔融碳酸盐燃料电池、固体氧化物燃料电池，但也可采用质子交换膜燃料电池。而汽车每天都有多次启停，且运行中的功率变化范围宽且工况极多，对发电装置的功率密度要求较高，因此，车用燃料电池主要采用质子交换膜燃料电池。由此而来的水热管理问题，就是车用燃料电池研发中材料革新、结构优化、控制改进所要解决的重要课题。

5.3   燃料电池发动机的结构与组成

实际应用中，以燃料电池为核心，连同燃料供给与循环系统、氧化剂供给系统、水热管理系统、控制系统等子系统共同组成的发电系统叫作燃料电池系统。由于扮演的角色与汽车的发动机类似,燃料电池系统又称为燃料电池发动机。本节主要介绍燃料电池发动机的结构与组成。

5.3.1　燃料电池发动机概述

车用燃料电池发动机主要采用质子交换膜燃料电池(如不加特殊说明,本章介绍的燃料电池均指质子交换膜燃料电池)。目前,燃料电池汽车的整车性能基本与传统内燃机汽车相当。表 5-1 对比了通用雪佛兰内燃机轿车 Cruze 与本田氢燃料电池轿车 Clarity 的主要性能参数。

表 5-1　雪佛兰 Cruze 与本田 Clarity 主要性能参数对比

性 能 参 数	雪佛兰 Cruze	本田 Clarity
最大功率	123 kW	130 kW
最大转矩	360 N·m	300 N·m
最高车速	220 km/h	200 km/h
百千米加速时间	9.5 s	7.7 s
续航里程[城市工况(EPA)]	847 km	586 km
燃料箱体积	油箱 60 L	高压氢气罐 340 L
燃料	柴油	氢气
尾气	二氧化碳和其他杂质	水

① EPA：United States Environmental Protection Agency,美国国家环境保护局。

传统内燃机汽车与燃料电池汽车动力装置的结构组成对比如图 5-2 所示。内燃机汽车以汽油或柴油为能量储存介质,通过缸内燃烧过程将燃料中的化学能转化为热能,再通过膨胀做功转化为机械能,最后通过传动系统将动力传递至车轮。燃料电池汽车以高压氢气作

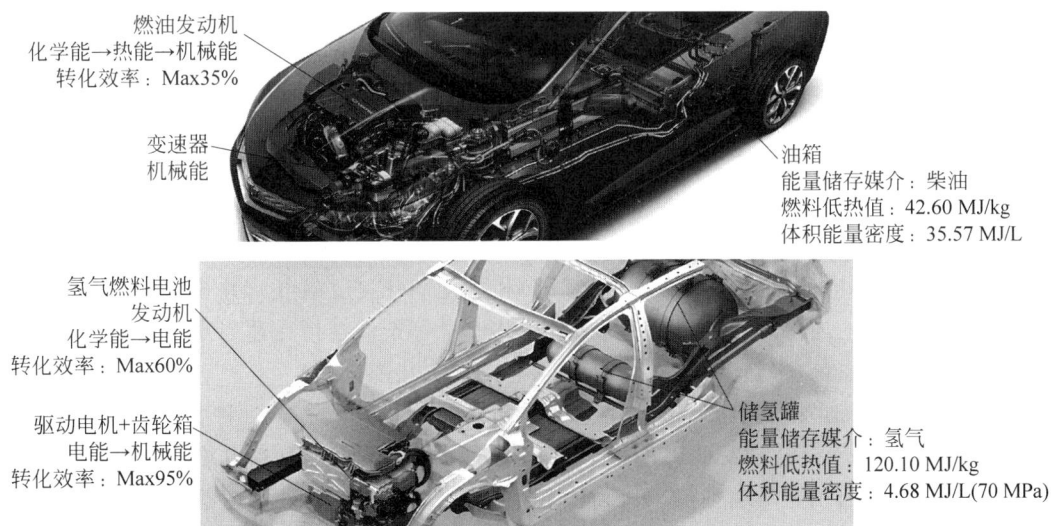

彩图 5-2

图 5-2　内燃机汽车与燃料电池汽车动力装置结构组成对比

为能量储存介质,通过燃料电池中的电化学反应,将化学能直接转化为电能,再通过驱动电机将燃料电池系统输出的电能转化为机械能,驱动车辆行驶。传统内燃机的能量转化效率受卡诺循环的限制,一般为30%~40%;而燃料电池发动机效率不受卡诺循环的限制,实际效率可达50%~60%。

燃料电池发动机是燃料电池汽车的核心部件,其尺寸和外观形式与传统内燃机近似。图5-3为雪佛兰Cruze内燃机与本田Clarity燃料电池发动机的对比。传统内燃机包括燃烧室、空气系统、燃料供给系统、冷却系统、电控系统等部件,而燃料电池发动机包括燃料电池堆、空气系统、氢气系统、水热系统、电力电子与电控系统等部分,在结构组成上二者非常相似。

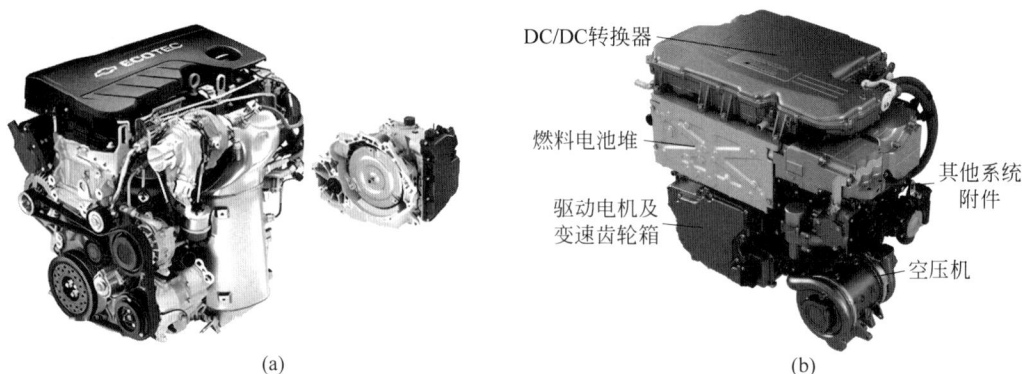

图 5-3 典型燃料电池发动机与内燃机对比

(a) 雪佛兰Cruze内燃机+变速器;(b) 本田Clarity燃料电池发动机+DC/DC转换器+驱动电机

随着技术的不断进步,车用燃料电池发动机向着更高集成度、更长寿命、更高功率密度发展。图5-4展示了国内外具有代表性的燃料电池发动机产品,依次为北京亿华通的G20+型燃料电池发动机(2021),采用石墨双极板电堆,系统额定净功率240 kW,质量功率密度820 W/kg,寿命20 000 h,峰值效率60%,可实现−35℃冷起动;上海捷氢的P4H型燃料发动机(2022),采用金属双极板电堆,系统额定净功率130 kW,峰值效率60%,可实现−30℃冷起动;日本丰田第二代Mirai(2020),采用金属双极板电堆,电堆功率128 kW,寿命20 000 h,可实现−40℃冷起动;韩国现代的Nexo(2018),采用金属双极板电堆,电堆功率95 kW,可实现−30℃冷起动。

燃料电池发动机由燃料电池堆和附件系统组成,电堆是燃料电池发动机的核心,是电化学反应发生的场所。电堆作为一种开放式的能量转换装置,并不能独立工作,因此附件系统的作用就是为燃料电池堆持续供给燃料(氢气)和氧化剂(空气/氧气),并排出生成的水和热量,从而使燃料电池内部的温度、湿度、压力、气体流量等条件维持在适当水平。附件系统包括空气系统、氢气系统、水热系统、电力电子与电控系统几部分。

典型的燃料电池发动机布置方式主要有图5-5所示的两种:第一种为平铺式布置,以丰田第一代Mirai燃料电池发动机为代表,各辅助系统零部件分散在电堆四周;第二种为发动机式集成,以通用燃料电池发动机为代表,以电堆为核心,辅助系统零部件环绕电堆立体布置,形成类似内燃机的动力总成,集成度更高。

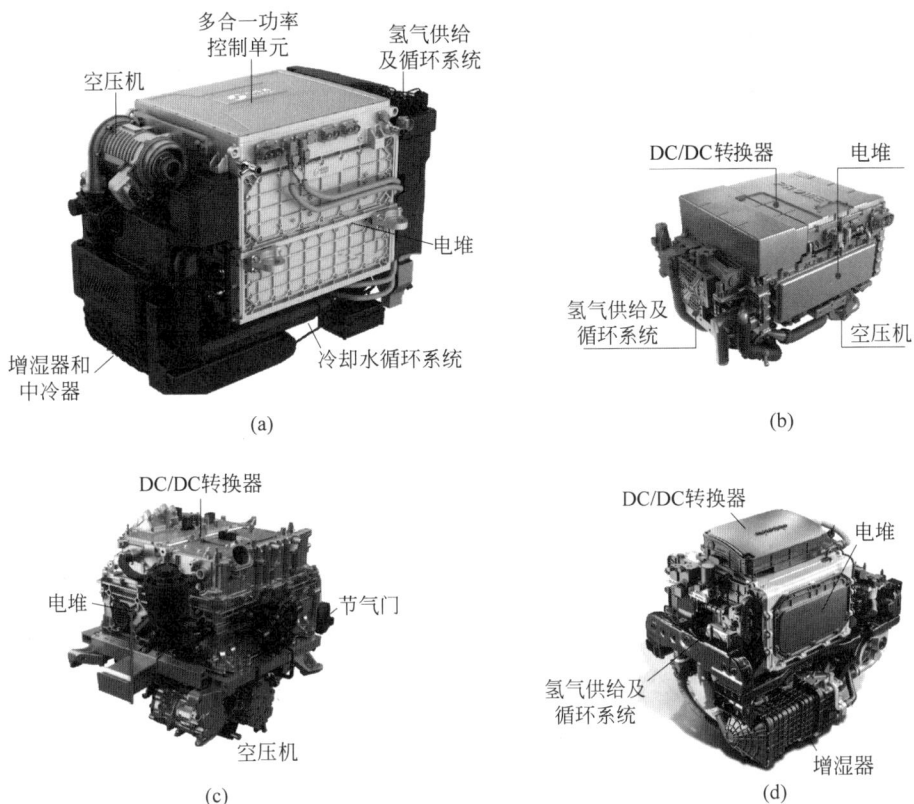

图 5-4　燃料电池发动机代表性产品

（a）亿华通 G20＋；（b）捷氢 P4H；（c）丰田第二代 Mirai；（d）现代 Nexo

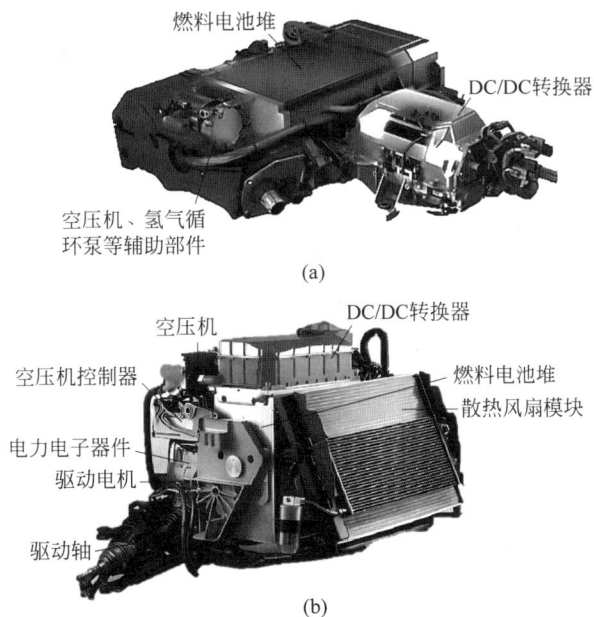

图 5-5　典型燃料电池发动机布置方法

（a）平铺式集成代表：丰田第一代 Mirai；（b）发动机式集成代表：通用燃料电池发动机

5.3.2　燃料电池堆

燃料电池堆是燃料电池发动机的核心,由于燃料电池单片输出电压较低,需要多个燃料电池单片堆叠串联以提高输出电压,故得名燃料电池堆。本节主要介绍燃料电池堆结构组成。

1. 电堆结构

燃料电池发电的基本单元是一个燃料电池单片,图 5-6 展示了燃料电池单片结构,可见燃料电池单片是典型的三明治结构,由阳极极板、阳极气体扩散层、阳极催化剂层、质子交换膜、阴极催化剂层、阴极气体扩散层、阴极极板七层组成,其中阳极气体扩散层、阳极催化剂层、质子交换膜、阴极催化剂层、阴极气体扩散层这五层一般在生产过程中集成为一个整体,称为膜电极组件(membrane electrode assembly,MEA),简称膜电极。阳极极板上有阳极气体流道,用于输送氢气;阴极极板上有空气流道,用于输送空气。

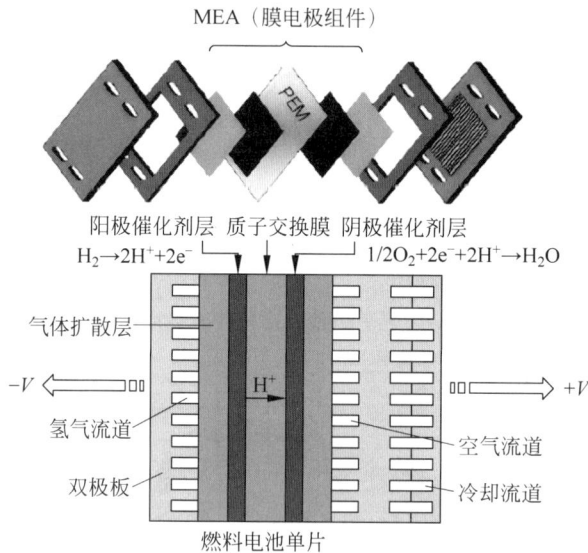

图 5-6　质子交换膜燃料电池的结构组成及工作原理

燃料电池单片工作时,在阳极侧,氢气从阳极极板上的流道流经阳极气体扩散层到达阳极催化剂层,在铂的催化作用下解离成为质子和电子,质子在质子交换膜中传到到达阴极侧,电子则流经外电路到达阴极侧。在阴极侧,氧气从阴极极板上的流道流经阴极气体扩散层到达阴极催化剂层,在阴极催化剂层,质子、电子、氧气发生氧还原反应,生成水的同时释放热量。

质子交换膜燃料电池常用工作温度在 $60\sim80℃$ 之间,生成的水通常以气态、液态两种状态存在。阴极催化剂层生成的水,一部分通过扩散、对流、毛细运输等方式向阴极流道运输并排出,另一部分通过扩散透过质子交换膜到达阳极催化剂层,并最终通过阳极流道排出。

燃料电池单片的热力学可逆电压为 $1.229\ V$(在 $25℃$,标准大气压条件下),而实际工作中单片输出电压一般小于 $1\ V$,因此在实际使用中通常需要将多个单片串联组成燃料电池堆(fuel cell stack),以提高输出电压。从结构上看,燃料电池堆主要由端板、绝缘板、集流板、燃料电池单片(双极板、膜电极、密封件)、紧固件等几个部分组成,如图 5-7 所示。其中,端板和紧固件的主要作用是封装电堆,控制电堆各组件之间的接触压力,在保证电堆密封的同时,使电堆各组件压缩均匀、内部接触压力分布合理。绝缘板的作用是对集流板和端板进行电隔离,保证电堆电气安全。集流板的主要作用是收集燃料电池产生的电流并将其输送到外部负载,为减小电阻,一般采用电导率较高的金属板(如镀金铜板、镀金铝板等)。此外,为了维持组装后电堆各组件之间的接触压力稳定,防止振动、冲击对电堆内部结构造成损坏,以及补偿密封件压缩后的永久变形,电堆端板和绝缘板之间还可以添加弹簧等弹性元件。

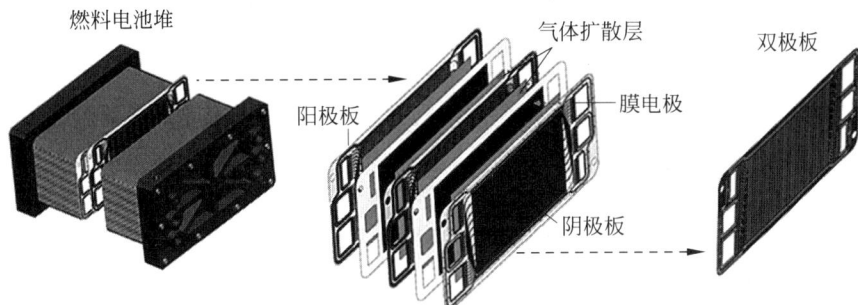

图 5-7　燃料电池堆结构组成示意图

　　燃料电池堆中,相邻部件,如双极板与膜电极之间均有密封件,防止电堆工作过程中发生气体泄漏,如图 5-8 所示。密封件可以在密封槽中铺设成形密封垫,一般为橡胶材质;也可在密封槽中涂布特种胶水,待高温固化后形成密封胶条。

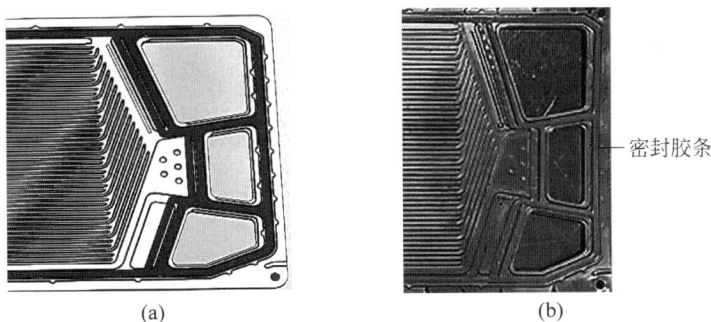

(a)　　　　　　　　　　　　　　　　(b)

图 5-8　双极板密封件

(a)密封件结构示意图;(b)带有密封件的双极板实物图

　　电堆端板上加工有氢气、空气、冷却液进出电堆的通道口。流体进入经过端板上的通道口进入电堆后,沿入口侧的公用通道流动,并进入每个单片双极板的流道中,流经单片后,汇入出口侧的公用通道,并经过端板排出电堆。根据电堆内反应气体流动路径的不同,电堆内部配流方式可分为 U 型配流和 Z 型配流两种,如图 5-9 所示。U 型配流的流体入口和出口位于电堆的同侧,且在入口公用通道和出口公用通道中的流动方向相反;Z 型配流的入口和出口位于电堆的两侧,且入口公用通道和出口公用通道中的流体彼此平行流动。通过合理设计尺寸,两种配流方式均可实现每个单片间流体的均匀分布。

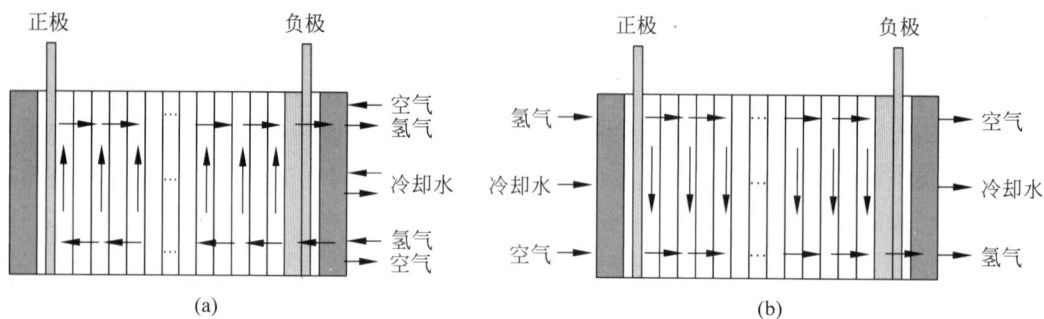

图 5-9　电堆内部配流方式示意图(图中仅以氢气为例进行说明)

(a) U 型；(b) Z 型

对于车用燃料电池发动机,为了提高空间利用率,减小系统体积,电堆端板一般采用集成化设计,将一些系统零部件集成在端板上。图 5-10 展示了亿华通 G80 Pro 燃料电池发动机的电堆端板,其上集成了氢气引射器、阳极进气歧管、阳极排气歧管、阳极气水分离器、冷却水入堆歧管等部件及多个传感器。类似的高度集成的设计可以显著提升燃料电池发动机的功率密度。

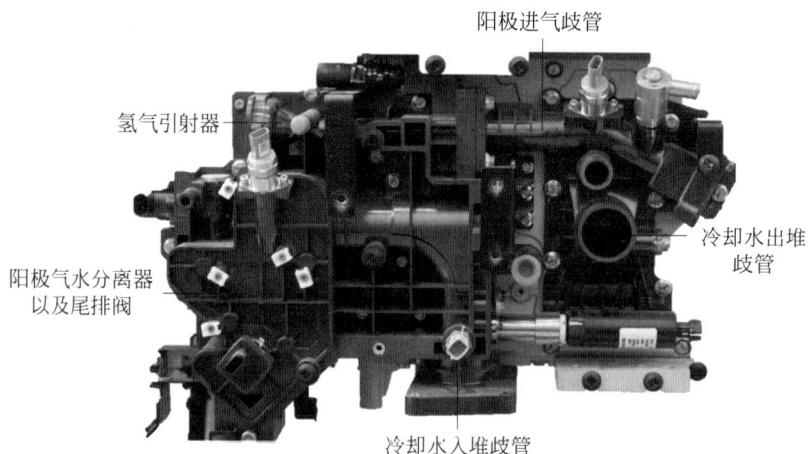

图 5-10　典型燃料电池发动机电堆端板

燃料电池堆的各个组件通过组装时的压紧力接触在一起。压紧力过小会导致:①组件之间密封不严,反应物泄漏;②双极板与气体扩散层直接的接触压力不足,接触电阻上升,燃料电池性能下降。而压紧力过大可能导致:①气体扩散层(GDL)孔隙率产生塑性变形甚至破损,阻碍其内部的气、水传输;②质子交换膜膨胀收缩过程中更易出现裂纹。因此,组装过程中合适的压紧力对电堆稳定工作十分重要。目前常见的电堆组装方式有螺杆压紧式和绑带压紧式两种,如图 5-11 所示。

螺杆压紧式通过端板将螺杆产生的局部应力转换为对整个电堆的应力,这种方法结构简单,但为保证电堆内部接触压力均匀,所需的端板较厚,导致电堆体积和质量较大。绑带压紧式通常采用钢带结构将电堆捆扎在一起,由于受力面积更大,这种方式可以在减小端板厚度和质量的同时,使压紧力分布更加均匀。

图 5-11　常见的燃料电池堆组装方式

（a）螺杆压紧式；（b）绑带压紧式

　　将上述部件组装后的燃料电池堆，双极板裸露在外，因此称为裸堆。在实际应用中，为了保证强度和安全性，一般需要在燃料电池堆外加装壳体，使电堆与外界隔离，如图 5-12 所示。壳体通常需要满足以下要求：①材料强度高、密度小，易于加工成形；②满足电气绝缘要求；③满足防水防尘要求；④具有一定的抗腐蚀性和耐高低温能力；⑤壳体上开口与大气环境相通，避免渗漏的微量氢气在壳体内聚集，且开口应具有防水功能，防止外部液态水或水蒸气进入壳体内。典型解决方案是在开口上安装防水透气膜，或将开口与空压机的分支气路相连，利用空压机空气吹扫壳体内的氢气和水分。

图 5-12　典型燃料电池堆

（a）裸堆；（b）封装式电堆模块

　　由于燃料电池堆的输出功率随膜电极活性面积和单片数量变化，因此常用体积功率密度（kW/L）或质量功率密度（kW/kg）来评价单堆的性能。图 5-13 所示为国外燃料电池堆企业的代表性产品。其中，丰田第二代 Mirai 电堆采用钛金属双极板，总功率 128 kW，单片数量 330 片，体积功率密度和质量功率密度分别为 5.4 kW/L 和 5.4 kW/kg；巴拉德 FCgen®-HPS 电堆采用石墨双极板，总功率 140 kW，单片数量 309 片，体积功率密度和质量功率密度分别为 4.3 kW/L 和 4.7 kW/kg。

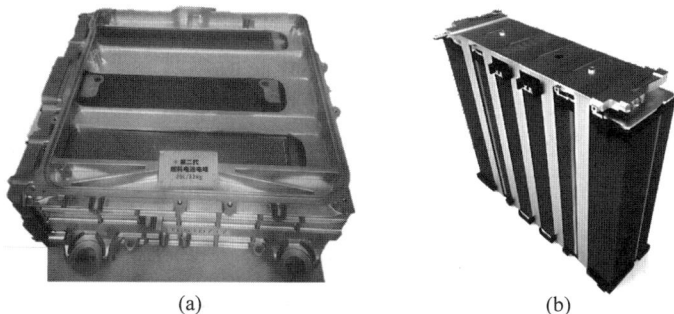

图 5-13　国外燃料电池堆代表性产品

（a）丰田第二代 Mirai（2020）；（b）巴拉德 FCgen®-HPS（2023）

国内燃料电池技术近年来不断进步,电堆功率密度不断提升,但和国际领先水平相比仍有一定差距。国内燃料电池堆代表性产品及其关键技术指标如表 5-2 所示。

表 5-2 国内燃料电池堆代表性产品及其关键技术指标(2021 年)

技 术 指 标	新源动力	上海捷氢	上海神力	清能股份
体积功率密度	4.5 kW/L	4.2 kW/L	4 kW/L	4.2 kW/L
额定总功率	130 kW	1 kW	150 kW	150 kW
寿命	1 万 h	1.5 万 h	3 万 h	—
双极板材料	金属板	金属板	石墨板	石墨板

2. 双极板

单片串联成堆时,每个单片的阳极板与相邻单片的阴极板通过黏结或焊接方式结合在一起组成双极板(bipolar plate)。双极板的两面分别有氢气和空气流道,中间有冷却流道。燃料电池运行时,冷却液流经冷却流道,带走燃料电池生成的热量,使燃料电池工作在合适的温度。图 5-14 展示了双极板的结构组成。

彩图 5-14

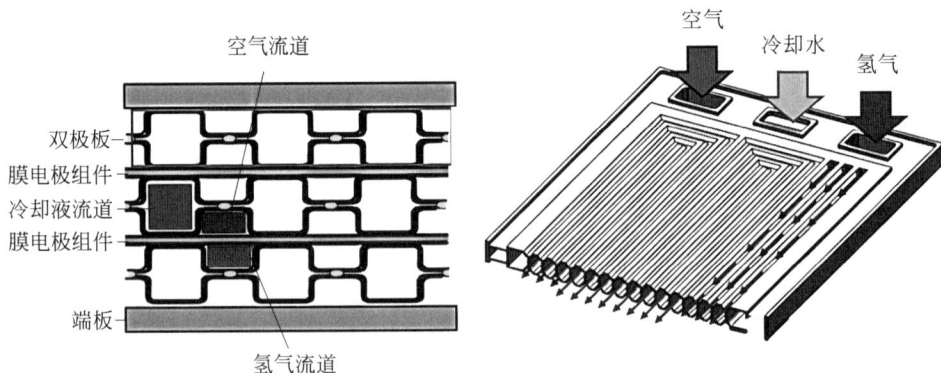

图 5-14 双极板结构示意图

在电堆中,双极板起到串联电池的作用,在相邻的燃料电池单片间传输电子。除此之外,双极板一方面提供燃料电池反应所需的气体并且及时排出电化学反应生成的水,另一方面耗散反应生成的热量,同时也能起到密封的作用。双极板的材料需满足电导率高、导热性好、气体渗透率低、抗腐蚀性好以及强度高等要求。为了减小燃料电池堆的体积和质量,双极板要尽可能薄和轻。根据所用材质的不同,双极板通常可分为石墨双极板和金属双极板两大类,其实物图如图 5-15 所示。两者采用不同的制造工艺,导致在体积功率密度和寿命方面表现不同。一般而言,石墨板体积功率密度低而寿命长,金属板体积功率密度高而寿命短。两者成本取决于系统整体设计和量产化程度。相同功率的石墨板电堆成本一般低于金属板电堆成本。

3. 膜电极组件

膜电极组件(MEA)是燃料电池的"心脏"部件,决定着电池的输出性能与耐久性。关于 MEA 的组成部件,目前主要定义为五层结构,依次为阳极气体扩散层(gas diffusion layer,

图 5-15　双极板实物图

(a) 石墨双极板；(b) 金属双极板

GDL)、阳极催化剂层(catalyst layer,CL)、质子交换膜(proton exchange membrane,PEM)、阴极 CL 以及阴极 GDL。MEA 实物图如图 5-16 所示。下面对各组成部件进行介绍。

第一，MEA 中的 PEM，一般是带有磺酸根($-SO_3H$)基团、能够传导质子的聚合物膜，主要作用有两个：一是将阳极产生的质子传递到阴极，完成电化学反应；二是阻隔反应气体的交叉渗透，避免氢、氧气体直接发生化

图 5-16　MEA 实物图

学反应。目前市场与研究上使用的膜材料主要是基于全氟磺酸树脂(perfluorosulfonated ionomer,PFSI)制备，例如 Chemours 公司生产的 Nafion 系列膜，Solvay Solexis 公司生产的 Aquivion 系列膜以及 Asahi Kasei 公司生产的 Alciplex 膜等。这种全氟磺酸膜结构均是由疏水的碳氟主链以及带有$-SO_3H$基团、亲水的侧链组成，良好的亲疏水微相分离结构，使得其在工作时能够形成有效的质子传输通道。

第二，PEM 两侧的阴、阳极 CL 就是 PEMFC 的电极，在该位置发生电化学反应，即电化学反应发生在 Pt 与离聚物的界面处。以阴极为例(阳极结构相似)，CL 的微观结构如图 5-17 所示，它包括碳载铂(Pt/C)催化剂、用于传导质子的离聚物以及适宜气体传输的空隙。由于有三种组分存在，即电子、质子和反应气体，因此反应需要发生在三组分均能到达的 Pt 与离聚物的界面处，即图 5-17(a)中的三相交界处。外电路中的电子在 CL 内导体 Pt/C 的传递下到达 Pt 表面；阳极侧电极反应生成的质子穿过 PEM，在 CL 内离聚物的传导下，到达 Pt 表面；此外，氧气分子通过扩散到达 Pt 表面，在三相交界处发生电化学反应。显然，有效的三相交界处越多，电化学反应就越活跃。2021 年以来，以丰田第二代 Mirai 为代表的先进燃料电池逐步开始在催化剂层中采用介孔碳载体。介孔碳载体是一种特殊的碳材料，与传统碳载体的区别在于内部具有高度有序的孔道结构，如图 5-17(b)所示，包括一次孔隙和二次孔隙。其中一次孔隙指的是介孔碳载体内部的孔道结构，其尺寸通常在 2～50 nm，而二次孔隙则形成于碳载体之间。这使得介孔碳载体相较于传统碳载体具有更大的比表面积，不仅有助于提高催化性能，还能够促进氧气在催化剂层的扩散。在采用介孔碳载体的催化剂层中，铂颗粒分散在碳载体的外表面和一级孔隙内部，当催化剂层中的液态水较多时，介孔碳载体的孔隙可以有效避免铂颗粒表面被液态水覆盖，提供氧气传输通道，

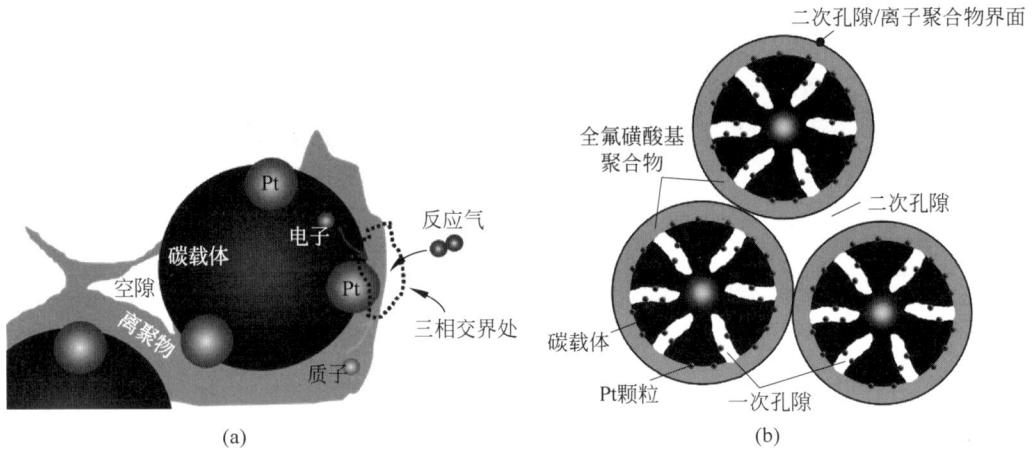

图 5-17   催化剂层结构示意图
（a）采用普通碳载体的催化剂层微观结构图及电化学反应机理；
（b）采用介孔碳载体的催化剂层微观结构图

从而显著提高燃料电池在大电流下的输出性能。

第三，GDL 位于 CL 与双极板之间，是由碳纸或者碳布制备而成，其扫描电子显微镜图像如图 5-18 所示。尽管它并不直接参与电化学反应，但在 MEA 中具有重要作用：首先，GDL 为反应气体从流道到 CL 提供路径，使之均匀进入整个活性区域；其次，GDL 为电极内产生的水分子从 CL 到流道提供通路；再次，GDL 将 CL 与双极板连接，为电子传递提供完整的电路；最后，GDL 为 MEA 提供机械支撑，防止下垂到流道。目前常用的 GDL 一般采用石墨化的碳纸或碳布制备，如图 5-18 所示。碳纸是由短切碳纤维随机堆叠而成的多孔介质，碳布则由已制备好的碳纤维编制而成。除此之外，在实际使用过程中，会在碳纸或碳布表面添加一层由导电炭黑与聚四氟乙烯组成的微孔层（micro-porous layer，MPL），用以增强 GDL 的抗水淹能力，MPL 的厚度一般为 $100\sim300~\mu m$，且空隙尺寸较小。

图 5-18   不同种类气体扩散层的扫描电子显微镜图像
（a）碳纸；（b）碳布

目前，随着节能减排政策的倡导以及 PEMFC 技术的逐渐成熟，我国燃料电池汽车技术路线图也逐渐明确。2020 年中国汽车工程学会发布的《节能与新能源汽车技术路线图 2.0》中指出，到 2030 年，实现氢能及燃料电池汽车的大规模推广应用，燃料电池规模达到 80 万～

100 万辆,乘用车燃料电池堆体积功率密度大于 6kW/L,商用车燃料电池堆寿命大于 30 000 h,乘用车和商用车燃料电池系统最高效率均大于 60%。因此,基于车用 PEMFC 系统在车内使用空间以及续航里程的要求,车用 PEMFC 使用的 MEA 需要提升性能输出,包括提高工作效率、提高额定电压处对应的电流密度输出以及提升功率密度等方面,以满足车用 PEMFC 的使用需求。因此,如何从 MEA 设计方面,降低 PEMFC 的内部损耗、活化极化、欧姆极化以及浓差极化,从而从整体上提升 PEMFC 的输出性能,成为目前 MEA 发展的主要目标。

5.3.3　氢气系统

氢气系统的作用是将来自供氢系统的氢气减压到合适的压力,并以合适的流量供给燃料电池堆。由于氢气利用率是决定燃料电池效率的关键因素,同时阳极氢气缺乏将损害燃料电池的耐久性,因此理想的氢气系统需要在保障氢气充足供应的同时尽量减少氢气的排放。围绕这两个目标,过去 20 年间,燃料电池氢气系统的构型经历了一系列演变。

为了保证高氢气利用率,早期氢气系统普遍采用盲端阳极构型,如图 5-19 所示。盲端阳极构型的特点是采用尾排电磁阀(简称尾排阀)封闭阳极出口,尾排阀大部分时间处于关闭状态,定期开启以排出阳极积累的氮气、水蒸气、液态水等杂质。尾排阀关闭时,无氢气排放;尾排阀开启时部分氢气会随杂质一起排出,造成一定的氢气浪费。盲端阳极构型的氢气利用率一般为 90% 左右。盲端阳极构型的缺点是,尾排阀关闭时,供应给电堆的氢气量刚好等于电堆消耗的氢气量,随着氢气沿流动方向不断被消耗以及杂质的不断积累,阳极出口附近的氢气浓度将下降到很低的水平,容易发生局部氢气缺乏,损害燃料电池耐久性。

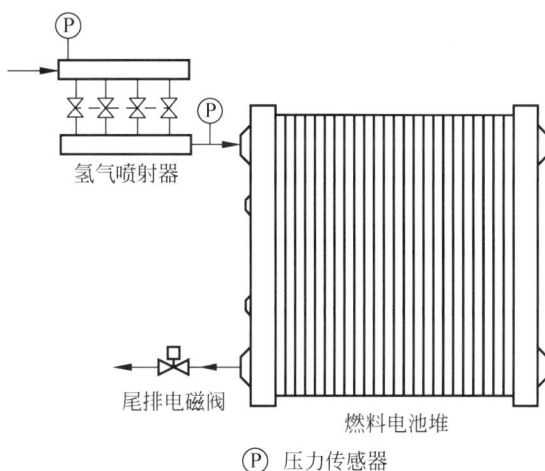

氢气喷射器

尾排电磁阀

燃料电池堆

Ⓟ 压力传感器

图 5-19　盲端阳极构型氢气系统

为解决该问题,氢气再循环构型应运而生,氢气再循环构型的特点是在阳极出口与入口之间增加再循环装置,构成循环回路,从而允许一部分未反应的氢气在回路内不断循环,提高了进入电堆的氢气流量和流速,并增强了阳极的排水能力,使电堆耐久性显著改善。与盲端阳极构型类似,氢气再循环构型同样需要定期开启尾排阀以排出杂质,但由于阳极内气体持续流动,杂质不易在局部积累,因此尾排阀开启的时间间隔相比盲端阳极构型大幅延长,氢气利用率也有所提高。为了避免液态水在循环过程中不断积累,造成水淹,氢气再循环构型的出口处一般布置有气水分离器,将气体中的液态水滴分离、储存起来,定期排出。根据再循环装置的类型不同,氢气再循环构型又可分为循环泵型和引射器型两个基本类型,如图 5-20 所示。

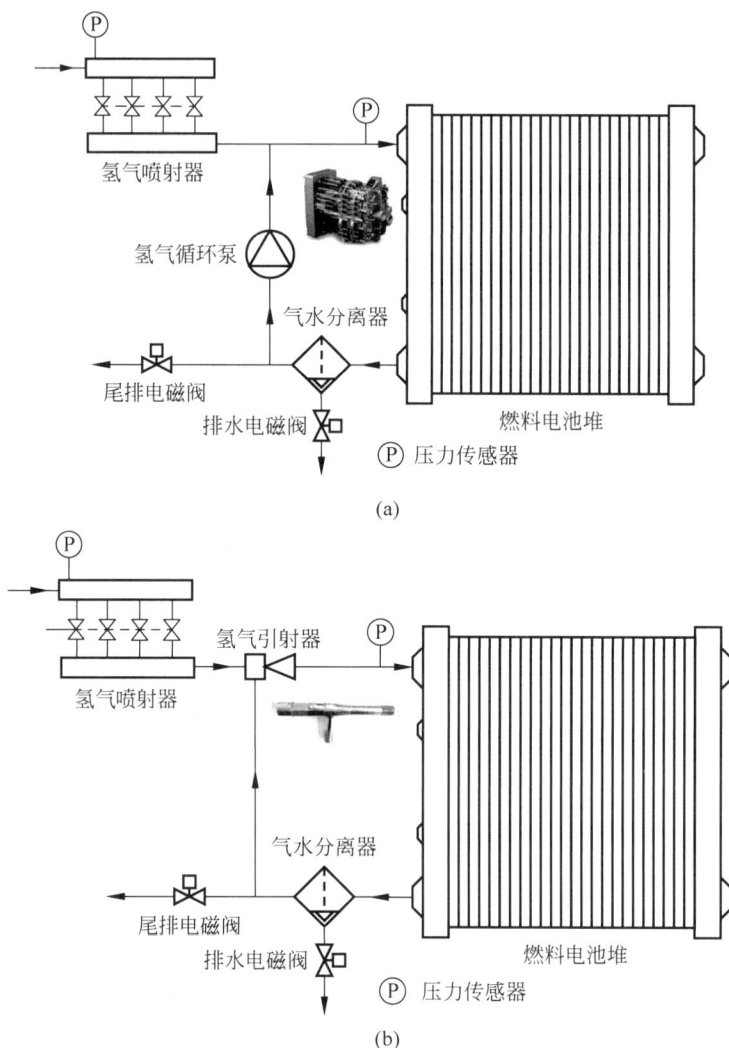

(a)

(b)

图 5-20　氢气再循环构型氢气系统

(a) 循环泵型;(b) 引射器型

氢气循环泵是最早应用、也是目前较为普遍的氢气再循环装置,实物如图 5-21 所示。氢气循环泵是典型的机电耦合装置,一般由电机控制器、电机、泵头三部分组成,电机控制器用于驱动电机,电机带动泵头中的转子旋转,使阳极尾气克服压差从阳极出口流动到阳极入口与新鲜氢气汇合。氢气循环泵的升压能力不需要很高,一般不大于 50 kPa,但是需要在低温结冰时具有破冰能力,因此泵头一般采用爪式泵、罗茨泵等结构类型,此处以爪式泵为例介绍氢气循环泵的工作原理。爪式泵属于旋转式容积真空泵,内部结构如图 5-21 所示,泵腔内配备有两个爪形转子,两个爪形转子反向旋转,将泵腔分隔成吸气腔和排气腔两部分。在吸气和排气的过程中,吸气腔随着转子的旋转,容积逐渐增大,吸入气体;而排气腔容积则逐渐减小,压缩并排出气体。尽管循环泵技术已较为成熟,但是仍存在以下问题:①含有动部件和动密封,可靠性和寿命难以提高;②消耗燃料电池产生的电能,导致系统效率降低;③体积和热容较大,导致燃料电池冷起动难度增大;④结构复杂,成本高。随着市场对燃料电池发动机效率、耐久性、可靠性、成本的要求不断提高,氢气循环泵已经越来越难以满足燃料电池发动机的性能需求。近年来,引射器作为新兴的氢气再循环装置逐渐获得关注,并由于其可靠性高、无能耗的优势在燃料电池发动机中得到普及。

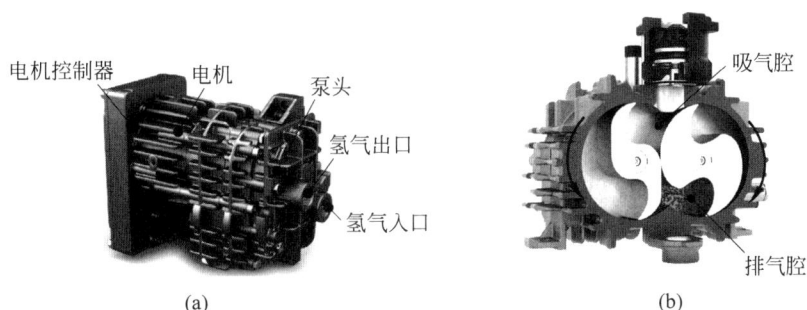

图 5-21　氢气循环泵
(a) 实物图;(b) 爪式循环泵结构原理图

引射器基于文丘里效应,工作流流经小口径的喷嘴时速度加快,同时产生一个低压区域将引射流吸入,两股流体混合后排出,实物和结构原理如图 5-22 所示。在燃料电池发动机中,工作流为高压氢气经过引射器喷嘴所产生的高速射流,引射流为阳极出口尾气,因此引射器实际上是利用高压氢气携带的压力势能驱动阳极出口尾气循环,不额外消耗能量。引射器不含移动部件,因此具有可靠性高、密封容易的优点,同时其成本低、无寄生功率、体积小、冷启动时加热快,是较为理想的氢气循环装置。然而,引射器也存在高性能区难以覆盖燃料电池全工况范围、氢气循环比可调范围小等问题。针对这些问题又衍生出氢气引射器与循环泵并联、双引射器并联、引射器+氢气旁通路等多种构型方案。

除循环泵和引射器外,氢气系统还包括氢气喷射器、气水分离器和氢气尾排阀三个核心部件。氢气喷射器位于燃料电池发动机阳极入口,用于控制进入燃料电池的氢气压力,实物如图 5-23 所示。氢气喷射器在结构上类似柴油机的高压共轨喷油系统,具有高压、低压两条氢轨,两条氢轨之间由喷射电磁阀进行连接。喷射电磁阀属于高频开关电磁阀,当向其输入脉冲宽度调制(PWM)信号(如 40 Hz 的方波信号)时,喷射电磁阀会以相应的频率进行高频开关,改变脉冲信号的占空比可以控制电磁阀在每个周期内开启时间所占的比例,进而控制流经电磁阀的氢气流量。氢气喷射器具有控制精度高、响应快等优点,但开关频率高导致噪声大、发热多、阀芯易磨损,可靠性难以提升。

比例电磁阀是一种新兴的供氢执行器,其作用与氢气喷射器相同,区别是比例电磁阀的开度可以用 PWM 信号进行连续调节,具有体积/质量小、噪声小、发热少、可靠性高等优点。

（a）

（b）

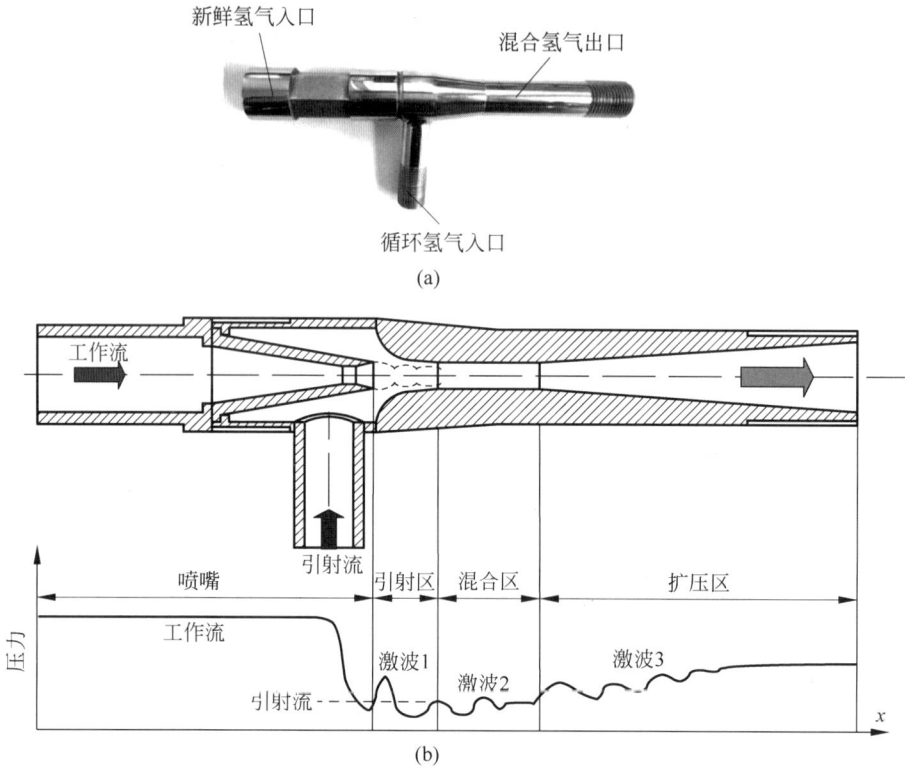

图 5-22　氢气引射器

（a）实物图；（b）结构原理图

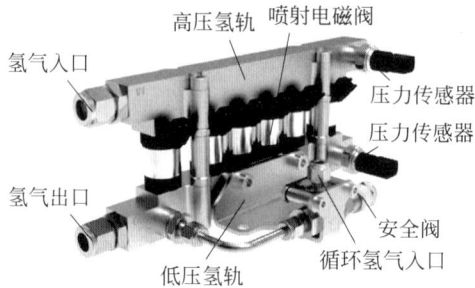

图 5-23　氢气喷射器实物图

比例阀实物及内部结构如图 5-24 所示。早期比例阀由于控制线性度不佳、阀芯密封不良等问题，并未得到大规模应用，但近年来随着相关技术逐渐成熟，比例阀已经被越来越多燃料电池发动机厂商所青睐，并有取代氢气喷射器的趋势。

气水分离器一般布置于燃料电池阳极出口，用于分离并收集阳极出口气体中的液态水，避免这些液态水再次进入燃料电池阳极引发水淹。根据工作原理不同，气水分离器可分为旋风式和挡板式两种主要类型，其内部结构原理如图 5-25 所示，旋风式利用气液混合物螺旋运动的离心力将液态水滴甩到内壁上，进而在重力作用下收集到气水分离器底部；挡板

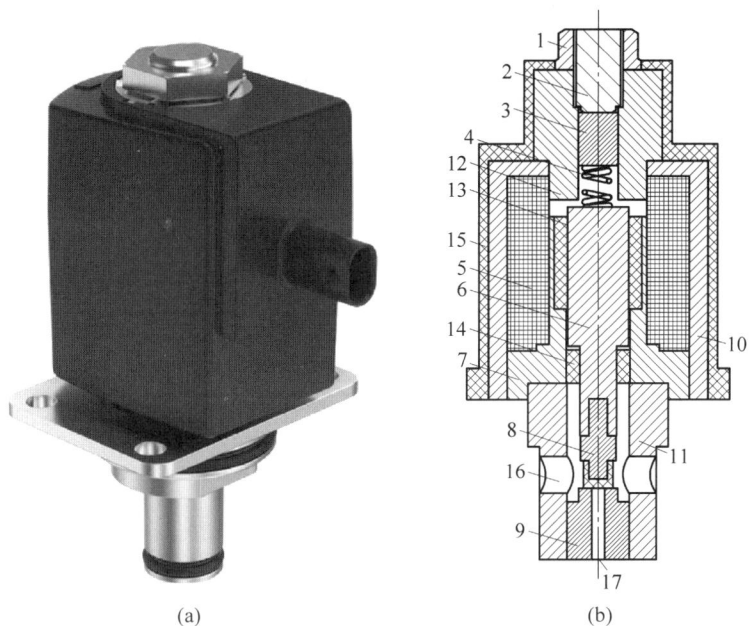

(a)　　　　　　　　　　(b)

1—锁紧螺母；2—紧定螺钉；3—弹簧座；4—弹簧；5—线圈组件；6—衔铁；7—底座；
8—密封垫部件；9—密封座；10—壳体；11—阀座；12—极靴；13—第一滑动轴承；
14—第二滑动轴承；15—注塑外壳；16—进气口；17—出气口。

图 5-24　氢气比例阀
（a）实物图；（b）内部结构图

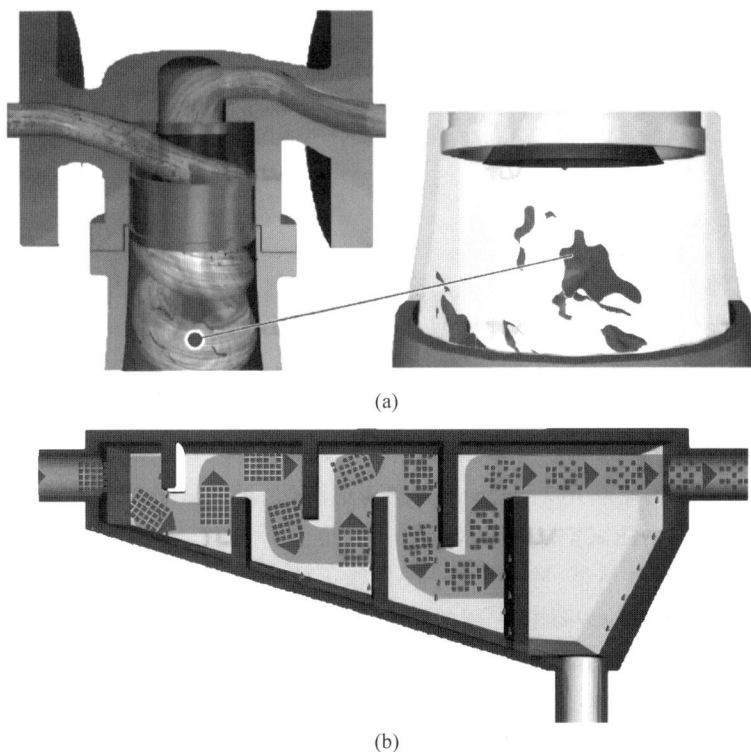

(a)

彩图 5-25

(b)

图 5-25　气水分离器结构原理图
（a）旋风式；（b）挡板式

式则利用垂直于气体流向的挡板将气液混合物中的液滴拦截下来并收集到气水分离器底部,通过多级挡板以及改变方向来提高气水分离效率。两种原理的液态水分离效率均可达到 90% 以上。

氢气尾排阀一般布置于气水分离器出口处,属于开关电磁阀,其实物及结构原理图如图 5-26 所示。尾排阀处于关闭状态时,燃料电池氢气系统成为一个只进不出的半封闭式管路体系,保证高的氢气利用率;尾排阀开启时,燃料电池阳极内部的杂质和部分氢气一起排出,使得阳极内部的氢浓度始终保持较高水平,避免氢气缺乏损害燃料电池耐久性。因此尾排阀开启频率和开启时长的控制对于燃料电池的效率和耐久性都有极为重要的影响。由于工作在高湿度环境下,尾排阀一般还配备有电加热片和温度传感器。当温度传感器检测到尾排阀内部温度低于 $0\,℃$,有结冰风险时,即可开启加热升温,提高燃料电池发动机在低温下的环境适应性和可靠性。

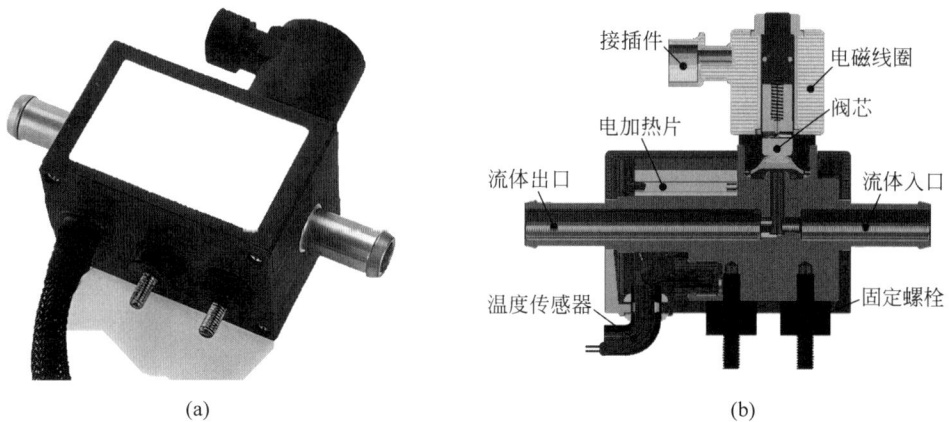

(a)　　　　　　　　　　　　　　　　(b)

图 5-26　氢气尾排阀

(a) 实物图;(b) 结构原理图

5.3.4　空气系统

车用燃料电池发动机一般以环境中的空气为氧化剂,根据是否对空气进行增压,空气系统可以分为自然吸气式与增压式两种构型。自然吸气式一般采用风扇或鼓风机向燃料电池阴极输送空气,阴极工作压力与大气压相近。该构型的优点是结构简单、附件功耗小、成本低,但燃料电池的性能无法充分发挥。增压式采用空压机和背压阀来提高阴极工作压力,进而提高燃料电池性能。随着市场对车用燃料电池发动机的功率密度的要求不断提高,自然吸气式空气系统在车用燃料电池发动机上已基本淘汰,增压式成为空气系统的主流构型。图 5-27 展示了典型的增压式空气系统构型。

空气首先通过空气滤清器,除去颗粒物、二氧化硫等污染物之后,进入空压机。空压机由电机带动,车用燃料电池发动机常用的空压机类型包括螺杆式、涡旋式、罗茨式、离心式等,几种空压机的内部结构如图 5-28 所示,性能对比如表 5-3 所示,可见离心式空压机的综合性能最为优越,因此已成为车用燃料电池空压机的主流。

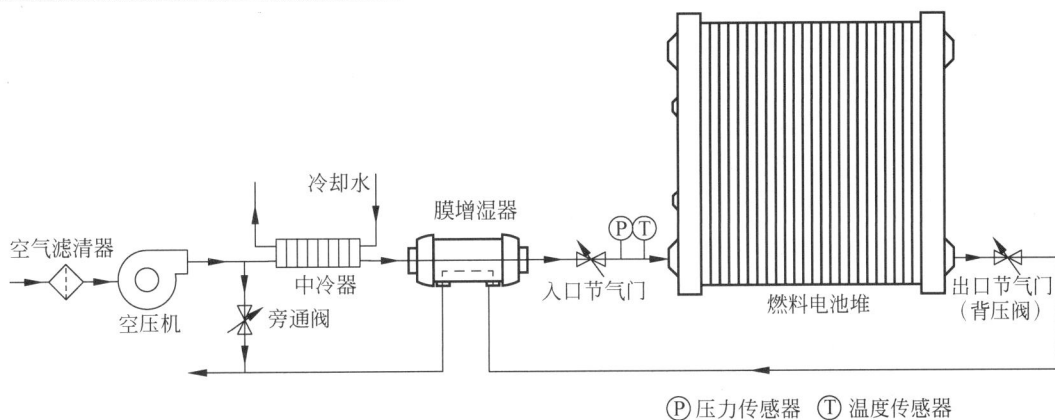

P 压力传感器　T 温度传感器

图 5-27　典型增压式空气系统构型示意图

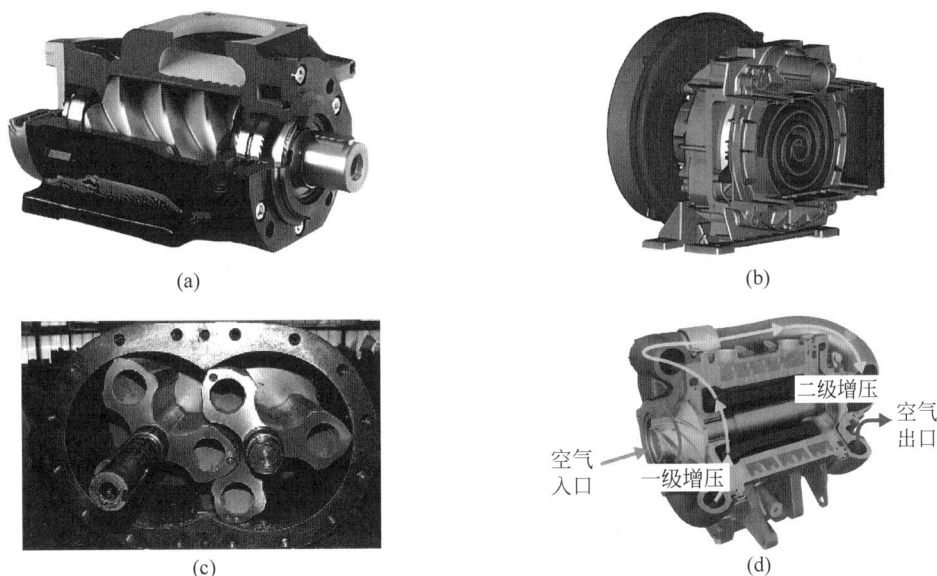

(a)

(b)

(c)

(d)

图 5-28　四种不同空压机的内部结构

（a）螺杆式空压机；（b）涡旋式空压机；（c）罗茨式空压机；（d）离心式空压机

表 5-3　燃料电池车用空压机性能对比

性能指标	空压机类型			
	螺杆式	涡旋式	罗茨式	离心式
体积	○/□	□	□/△	◎
质量	△	□	□/△	○
转动惯量	□	○	△	○
振动	○	□	○	○
温升	◎	◎/○	△	○
功率消耗	□	□	△	○
噪声	□	□	□	○
最高压比	3	2～2.5	2	3～4

注：◎—极优；○—优；□—良；△—差。

目前离心式空压机普遍采用动压空气轴承技术,无须加注润滑油,最高转速可达100000 r/min 以上。为提高压缩比,燃料电池常采用两级式离心空压机,其实物图和内部结构如图 5-29 所示。值得注意的是,离心式空压机在流量减小到一定程度时会发生喘振,喘振对空压机有严重危害。因此,采用离心式空压机的空气系统,在空压机出口分出一条支路直接连接到空气系统出口,并在该支路上安装旁通阀。当燃料电池输出电流小、空气需求流量小时,通过调节旁通阀的开度使一部分空气不经过燃料电池堆直接排出,以确保空压机总流量处于安全范围,不会发生喘振。

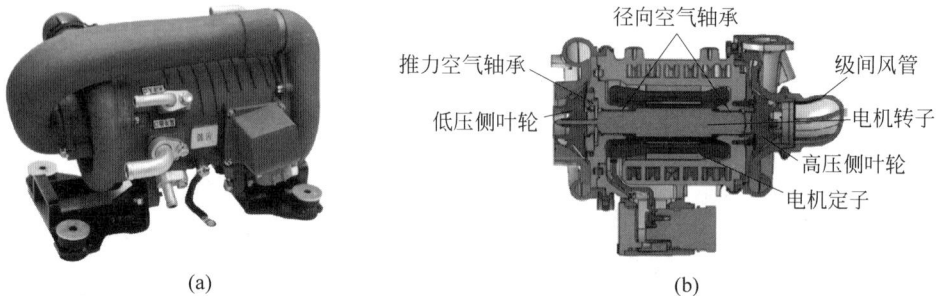

(a)   (b)

图 5-29   典型两级式增压无油离心空压机

(a) 实物图;(b) 内部结构图

空气经空压机压缩后,温度大幅上升,最高可达 150℃以上,若直接通入燃料电池堆将造成电堆损坏。因此,增压后的空气需要经过中冷器进行冷却,图 5-30 展示了典型中冷器的实物图。

图 5-30   典型中冷器实物图

在中冷器后端,一般布置有增湿器来对进堆空气进行增湿,以避免质子交换膜脱水。增湿器可分为水-气增湿和气-气增湿两大类:水-气增湿是指干燥气体从液态水中获取水蒸气,具体包括喷淋增湿、鼓泡增湿等;气-气增湿则是指干燥气体从湿润气体中获取水蒸气,具体包括焓轮增湿、膜增湿等。水-气增湿虽然增湿效果好,但由于需要携带液态水、体积和质量大,已经很少使用。气-气增湿方式中,焓轮增湿与膜增湿的增湿效果相近,但膜增湿器具有无移动部件、可靠性高等优点,已成为车用燃料电池增湿器的主流,图 5-31 展示了典型的膜增湿器实物图。此外,以丰田为代表的部分企业也开发了取消外部增湿器,仅依靠燃料电池自身生成水来润湿质子交换膜的无外增湿燃料电池发动机。无外增湿燃料电池发动机结构更加紧凑、成本更低,但对燃料电池堆的设计提出了更高的要求。

在燃料电池堆的进、出口处分别安装有进气节气门和排气节气门,典型节气门实物图如

图 5-32 所示,燃料电池发动机的进气节气门与汽油机的进气节气门结构相近,但作用不同。进气节气门的作用主要包括两部分:①在燃料电池小电流工况下,进气节气门与旁通阀配合工作,调节进入电堆的空气与直接排出的空气的比例;②在燃料电池停机状态下,进气节气门与排气节气门一同关闭,密封燃料电池堆阴极,使阴极内部保持稳定的惰性环境,有利于燃料电池的耐久性。排气节气门除了密封作用外,还作为背压阀,通过控制阀板角度改变阴极出口的流通截面积,进而改变空气流经背压阀的流动阻力,为提高阴极压力创造先决条件。为提高阴极工作压力,空压机与背压阀需要配合工作,二者缺一不可。

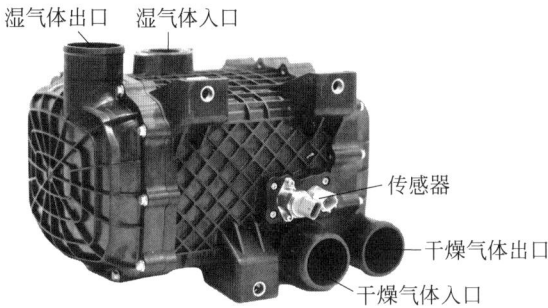

图 5-31 典型膜增湿器实物图

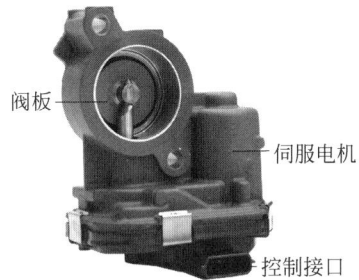

图 5-32 典型节气门实物图

空压机是燃料电池辅助系统中最主要的耗能部件,其功耗最高可达燃料电池发动机额定净输出功率的 20%,为了减少空压机功耗,进一步提高燃料电池发动机效率,近年来膨胀机开始被引入燃料电池发动机。带膨胀机的空气系统构型如图 5-33 所示,空压机、电机、膨胀机可一体化集成为电动废气涡轮增压器,如图 5-34 所示。膨胀机一般安装在燃料电池阴极出口侧,可在一定程度上起到调节背压的作用,结构与内燃机的涡轮类似,由废气推动叶片旋转发电或带动入口侧的空压机旋转。它可以将电堆废气动能转换为机械能,和电机一起带动空压机工作,回收利用废气能量,减少空压机的实际功耗。与内燃机不同的是,燃料电池排气温度低(低于 100℃)、能量品位低,可供回收的能量较为有限,因此膨胀机一般只在大功率燃料电池发动机中具有较强的应用价值。在发动机怠速运行时,电流密度较小,流量过少,空压机将喘振,此时通常将增大流量,然后通过三通阀将多余的气体排放,可利用膨胀机提高尾气排放能量利用率。目前空压机-膨胀机联合的空气系统正处于研究阶段,是未

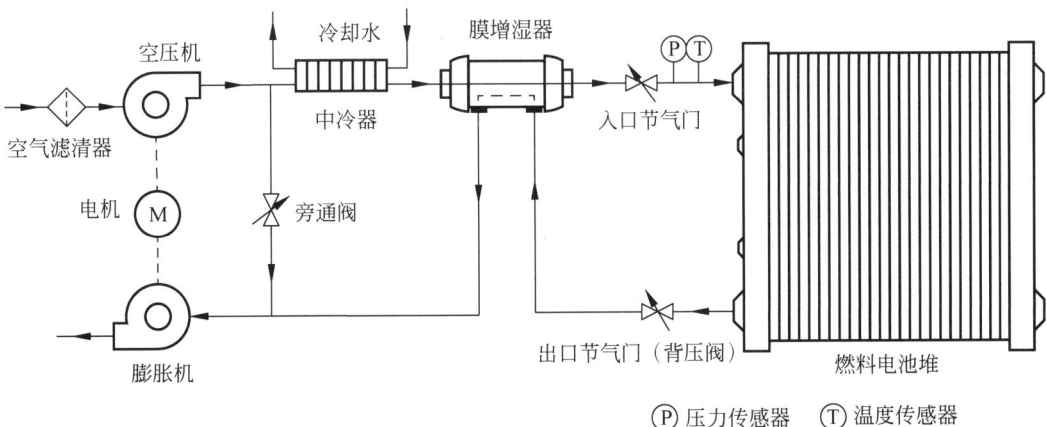

图 5-33 带膨胀机的空气系统构型示意图

来的发展趋势之一。

图 5-34　电动废气涡轮增压器

5.3.5　热管理系统

热管理系统的作用为带走燃料电池运行过程中产生的热量,使燃料电池工作在适宜温度,以及在低温冷起动过程中使燃料电池迅速升温至目标温度。车用燃料电池发动机一般采用水冷热管理系统,其典型构型如图 5-35 所示。

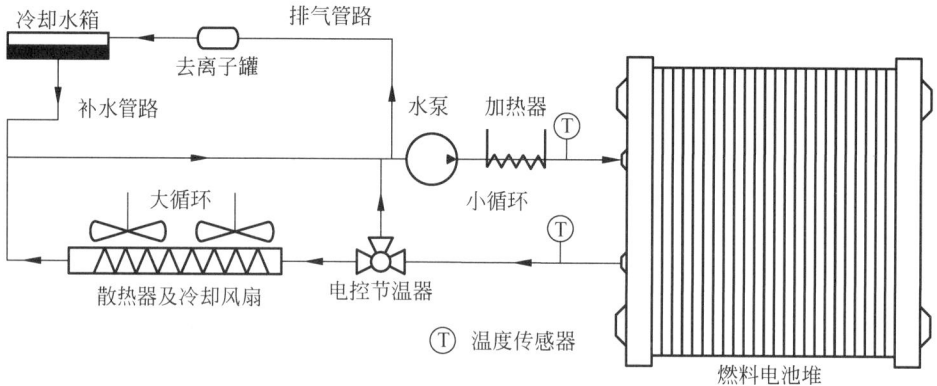

图 5-35　典型燃料电池水冷热管理系统构型

图 5-36　典型散热器与散热风扇及
总成实物图

燃料电池热管理系统一般具有类似内燃机冷却系统的大、小循环。大循环用于燃料电池散热,其中安装有散热器,通过散热风扇加强流经散热器的冷却水与环境空气的对流换热,典型散热器与散热风扇总成的实物图如图 5-36 所示。由于 PEMFC 的工作温度远低于内燃机,所以燃料电池的散热器的面积相较内燃机散热器更大,以满足散热需求。

小循环中的冷却水不经过散热器,向环境中散失的热量少,用于低温冷起动时使冷却水快速升温。部分燃料电池发动机在小循环中还配备有加热器,用于加热冷却水以辅助电堆完成低温冷起动。图 5-37 为目前常用的 PTC(positive temperature coefficient,正温度系数)加热器实物

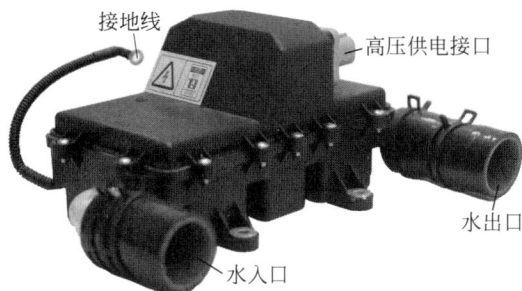

图 5-37　典型 PTC 加热器实物图

图,其采用 PTC 陶瓷发热元件,具有加热快、节能、自动恒温等优点。

　　大、小冷却循环由节温器进行切换,与传统内燃机采用的石蜡节温器不同,燃料电池发动机一般采用电控阀作为节温器,具有控制精确灵活、响应速度快的优点。图 5-38 为典型节温器的实物图。

图 5-38　典型节温器实物图

　　大、小循环的冷却水均由水泵驱动循环,燃料电池一般采用离心式水泵,图 5-39 是典型水泵的实物图。根据供电电压是否超过 36 V,水泵可以分为低压水泵和高压水泵。

图 5-39　典型水泵实物图

　　此外,热管理系统中还有冷却水箱、去离子罐等零部件。燃料电池对冷却液的电导率要求非常严格,不能高于某一上限值。随着燃料电池的运行,电堆和热管理系统零部件会析出离子,导致冷却液电导率升高,因此在热管理系统中会配备去离子罐,其中填充了离子吸附树脂,用于吸附冷却液中的离子,确保冷却水电导率不超过上限值。

　　燃料电池发动机需要散热,而乘客舱在低温下需要供暖,因此燃料电池汽车普遍将燃料电池热管理系统与整车供暖系统相结合,利用燃料电池余热为乘客舱供暖,从而降低整车能耗,该技术被称为整车综合热管理技术。常用方案为乘客舱采用液体供暖方式,在燃料电池冷却液回路中增加液-液换热器,使燃料电池冷却液的热量传递给供暖介质,供暖介质再将热量通过乘客舱内的散热器翅片传递给乘客舱空气,实现供暖。

5.3.6   电控系统与电力电子系统

燃料电池电控系统的作用是接收来自整车控制器的命令,监控燃料电池发动机中各传感器的数值,并控制各执行器的工作状态,以保证燃料电池发动机的正常工作。燃料电池控制器(fuel cell control unit,FCU)是电控系统的核心,其内部包括单片机、电源模块、数字量输入模块、模拟量输入模块、高低边驱动模块、H桥驱动模块、PWM驱动模块、CAN(control area network,控制局域网络)通信模块等。典型FCU实物图如图5-40所示。

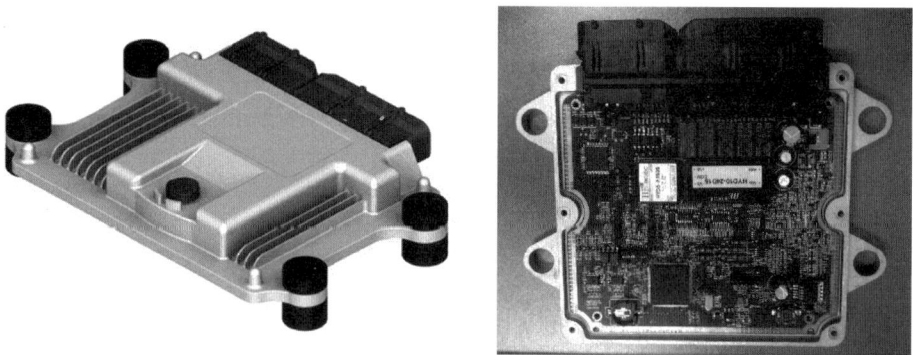

图 5-40   典型 FCU 外形及其内部结构

FCU 一般通过 CAN 通信协议与其他零部件进行通信,且通常具有多路 CAN 总线,以满足与多个不同类型的零部件的通信需求。图 5-41 展示了一种典型的燃料电池发动机 CAN 通信架构,其中 FCU 有 A、B、C 三路 CAN 总线,其中 CANA 用于与内部零部件进行通信,CANB 用于与单体电压监测器(cell voltage monitor,CVM)模块进行通信,CANC 则用于与整车控制器等外部控制器进行通信。

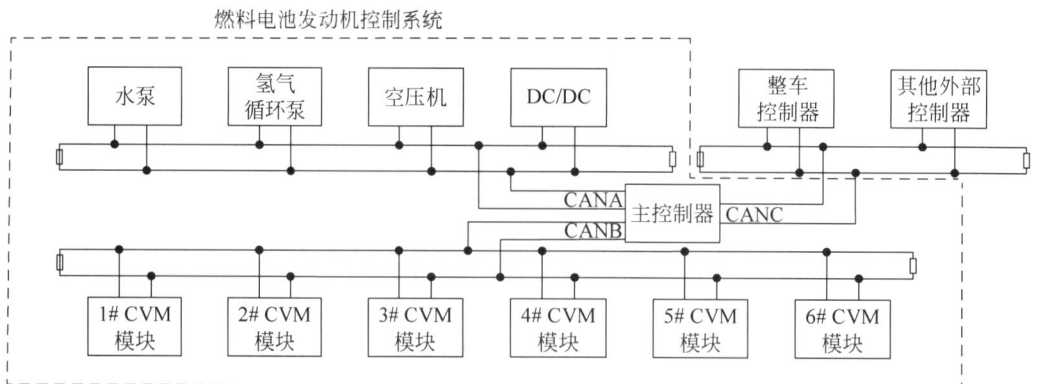

图 5-41   燃料电池发动机 CAN 通信典型架构

第 5 章　车用燃料电池发动机

　　CVM 也是电控系统中的重要组成部分,其主要功能是检测燃料电池堆中各单片的电压,并将各单片电压按照单片序号通过 CAN 总线依次发送给 FCU。电压巡检模块对各单片电压的精确检测,对于监测电堆状态、调节控制参数、确保电堆性能输出具有重要意义。典型电压巡检模块实物及其与电堆的线束连接如图 5-42 所示。

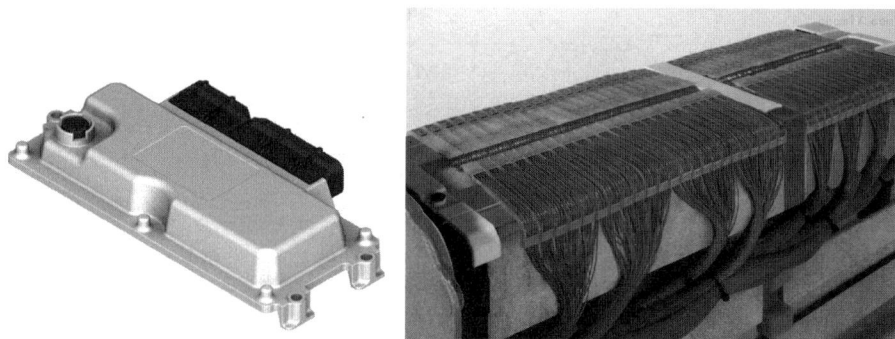

图 5-42　典型电压巡检模块外形及其与电堆的线束连接

　　典型的燃料电池动力系统构型是燃料电池与动力电池以并联的方式对外输出电能,以满足电机驱动需求,如图 5-43 所示。其中,燃料电池一般不与高压总线直接相连,而是通过 DC/DC 转换器与高压总线相连,原因有两方面。一方面,燃料电池内部状态与外部负载条件变化高度耦合,如果变载过于剧烈,将导致电堆性能与耐久性表现不佳,因此通过 DC/DC 对燃料电池的输出功率进行主动控制,以减少其负载的高频波动;另一方面,燃料电池在变载过程中输出电压变化范围很大,难以与动力电池电压匹配,因此通过 DC/DC 进行升/降压,以保证总线电压的稳定。在动态工况下,燃料电池发动机的输出功率由 DC/DC 控制决定,剩余功率需求由动力电池被动跟随进行充放电。

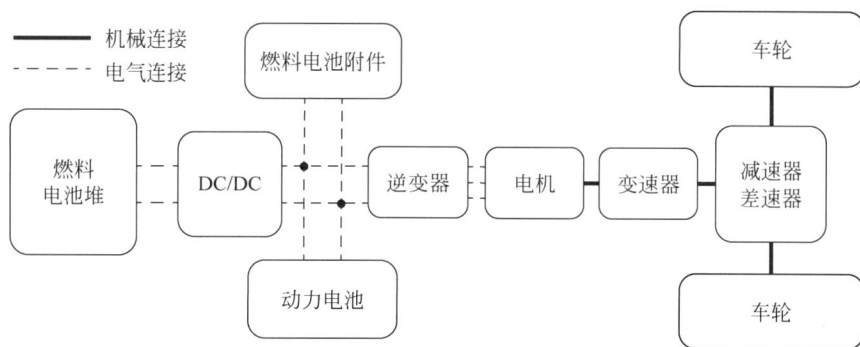

图 5-43　典型的燃料电池动力系统构型示意图

　　经过长期发展,目前整车高压总线的电压平台一般高于燃料电池堆的输出电压,因此业界最常用的是采用 Boost 电路构型的升压型 DC/DC 转换器,其电路如图 5-44 所示,内部结构如图 5-45 所示。此外,大功率 DC/DC 转换器往往采用多相并联的方式,以在不同输出功率下实现高的转换效率。

　　部分企业还在动力电池与高压总线之间额外增加了双向 DC/DC 构型,其中最具代表性的就是丰田第二代 Mirai 的动力系统。采用这一构型的主要优势是动力电池的电压平台限制更少,可以根据产品需求灵活选择不同的电压平台。需要注意的是,该构型中燃料电池和动力电池输出的电能都必须经过 DC/DC,为了确保整车动力响应速率,双向 DC/DC 必须具有非常快速的响应速率,其设计和控制难度大,但性能相比单向 DC/DC 构型并没有明显优势,因此并不属于更优的技术方案。

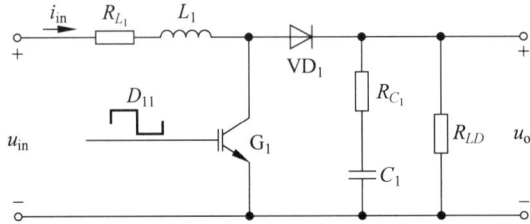

图 5-44   典型升压型 DC/DC 转换器的 Boost 电路

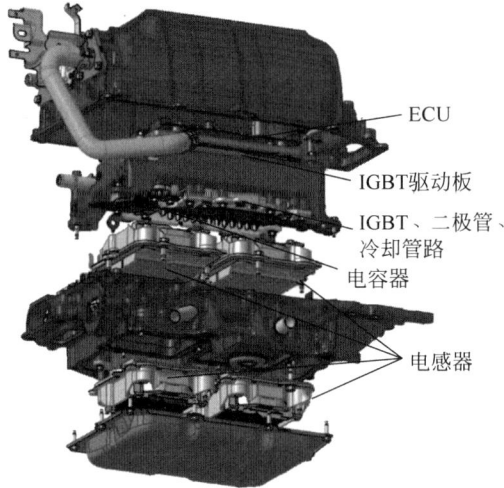

图 5-45   典型 DC/DC 内部结构

除了调控燃料电池输出功率这一基本功能外,目前先进的 DC/DC 转换器还集成了交流阻抗在线测量功能,通过 DC/DC 向电堆施加电流扰动,并采集电堆的电压波动,通过内部信号处理模块以及算法计算得到电堆整体的交流阻抗。而如果进一步与 CVM 配合,利用 DC/DC 施加电流扰动,CVM 采集各单片电压波动,则可以测量各单片的交流阻抗。单片交流阻抗在线测量技术是当前燃料电池发动机的前沿技术之一。

5.4   燃料电池发动机的基本特性

在一定的温度和压力条件下,燃料电池工作电压(V)随电流(I)的增加而减小。V 和 I 的关系曲线称为伏安特性曲线,也称为极化曲线。燃料电池工作电压和该状态下的可逆电动势(即能斯特电压 E_N)之间的差值($\eta = E_N - V$),在不同领域具有不同的名称。在机械和电气工程领域,称之为电压损耗;在电化学领域,称之为极化或过电位。

燃料电池的电压极化可分为活化极化(η_{act})、浓差极化(η_{conc})和欧姆极化(η_{ohm}),如

图 5-46 所示。也可按照电极特性，分为阳极极化（η_a）、阴极极化（η_c）和欧姆极化。图 5-46 中，E_H^0 为标准状态（25℃、101.3 kPa）下，燃料电池的热平衡电势；E^0 为标准状态下燃料电池的可逆电动势；E_N 为一定温度和压力下燃料电池的可逆电动势，又称为能斯特电压（Nernst voltage）或可逆开路电压。燃料电池输出电压 V 通常有两种计算方式，如下式所示。

$$V = \begin{cases} E_N - \eta_{act} - \eta_{conc} - \eta_{ohm} \\ E_N - \eta_a - \eta_c - \eta_{ohm} \end{cases} \tag{5-1}$$

燃料电池发动机的基本特性包括：功率特性、效率特性、耐久性、环境适应性等。根据《燃料电池电动汽车　术语》（GB/T 24548—2009）和《燃料电池发动机性能试验方法》（GB/T 24554—2022）的定义，燃料电池发动机功率，即燃料电池系统净输出功率，定义为燃料电池堆输出功率减去辅助系统消耗的功率后所剩的功率，计算方式如下：

$$P_F = P_S - P_{Aux} \tag{5-2}$$

式中：P_F 为燃料电池发动机功率；P_S 为燃料电池堆的输出功率；P_{Aux} 为辅助系统所有零部件消耗的功率。

系统额定功率是指制造厂规定的燃料电池系统在特定工况条件下能够持续工作的净输出功率；过载功率是指制造厂规定的燃料电池系统在特定工况条件下、在规定时间内工作可输出的净输出功率，通常也将过载功率称为峰值功率。典型的燃料电池系统功率特性曲线如图 5-47 所示，系统净输出功率与燃料电池堆输出功率之间的差值即为辅助系统消耗的功率。

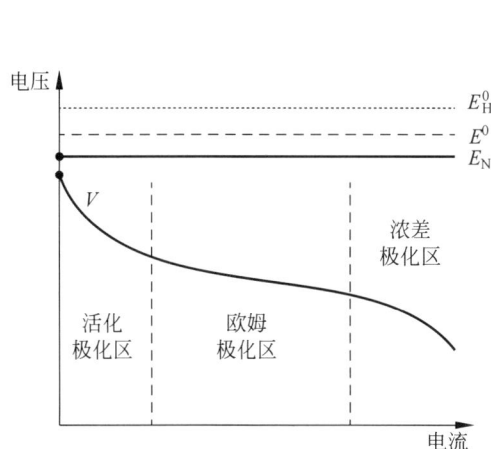

图 5-46　质子交换膜燃料电池极化曲线示意图

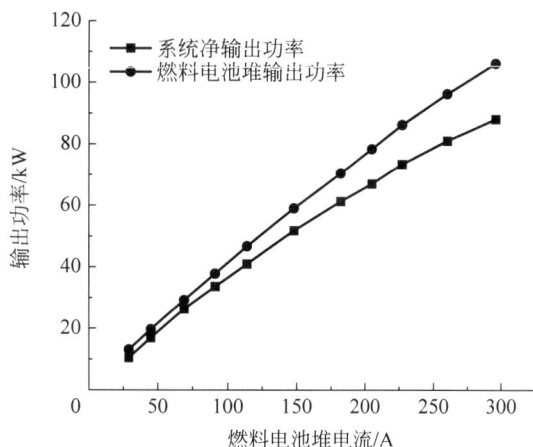

图 5-47　典型的燃料电池系统功率特性曲线示意图

燃料电池堆的效率是指在规定的稳定运行条件下，燃料电池堆输出功率与进入燃料电池堆的燃料低热值之比，计算方式如下：

$$\eta_{FC} = \frac{1000 P_{FC}}{m_{H_2} LHV_{H_2}} \times 100\% \tag{5-3}$$

式中：P_{FC} 为燃料电池堆的输出功率，kW；m_{H_2} 为氢气流量，g/s；LHV_{H_2} 为氢气的低热值，其值为 1.2×10^5 kJ/kg，换算为电量相当于 33.3 kW·h/kg。

燃料电池发动机效率是指在规定的稳定运行条件下,燃料电池系统净输出功率与单位时间进入燃料电池堆的燃料低热值之比,计算方式如下:

$$\eta_{sys} = \frac{1000P_{sys}}{m_{H_2} LHV_{H_2}} \times 100\% \tag{5-4}$$

式中:P_{sys}为燃料电池发动机输出功率,kW。

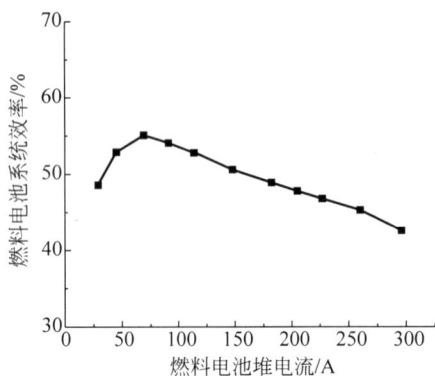

图 5-48　典型燃料电池系统效率特性

典型的燃料电池发动机效率曲线如图 5-48 所示,该曲线为一台额定功率 80 kW 的国产燃料电池发动机在工作温度为 80℃、进气压力为 150 kPa 的条件下测得。一般燃料电池系统效率随着电堆电流先增大后减小,在部分负载(额定负载 1/3 左右)达到最大值。影响燃料电池系统效率的主要因素有燃料电池堆的性能、辅助系统部件的功耗、氢气利用率等。其中氢气利用率指在规定的稳定状态运行条件下,氢气的理论耗气量与实际进入燃料电池系统的氢气量之比。现有效率水平为 45%~55%。

耐久性是制约燃料电池使用的关键因素,从应用场景出发,燃料申池使用寿命需要达到 5000~30 000 h 不等的使用寿命,才能满足各种场景的商业化应用需求。根据《车用质子交换膜燃料电池堆使用寿命测试评价方法》(GB/T 38914—2020),车用燃料电池堆使用寿命是指电堆在车用工况循环下从开始使用至伏安特性衰减到规定的最低程度时的累计使用时间,一般以开始伏安特性至最终伏安特性在基准电流下平均每节电压衰减 10% 作为评价准则。在实际车用条件下,燃料电池的寿命受运行工况、环境、制造等多种因素的影响,其衰退过程十分复杂,是目前燃料电池领域研究的重难点问题。

环境适应性是燃料电池推广应用的另一个关键驱动因素。由于燃料电池工作中会产生大量的热,系统一旦起动成功在低温下表现较好,相比锂电池更加适用于北方寒区。因此,燃料电池系统在低温的环境适应具有更大的优势。但是,燃料电池的产物是水,一旦系统停机不再产热之后,燃料电池系统内的水都会结冰,膨胀破坏膜电极的微观结构,并影响内部气、水传输过程。

对于车用燃料电池系统,冷起动是指在充分浸车(在某一特定的温度范围条件下停放一定的时间)之后,在标准环境温度进行起动。燃料电池系统冷起动过程一旦结冰,将会导致起动失败,并且产生损伤。当前,零下低温环境的冷起动能力是代表燃料电池系统技术能力的关键指标,无论使用石墨双极板电堆,还是金属双极板电堆,产品级的燃料电池系统基本已经实现了 −30℃ 冷起动功能。

5.5　车载储氢系统结构与组成

车载储氢系统的作用是储存并向燃料电池发动机供应氢气,对标传统燃油汽车的油箱。当前储氢技术包括高压气态储氢、低温液态储氢、固体储氢、有机液体储氢等不同路线。考虑到体积、质量、成本、加注便利性、储存难度、释放氢气难度等多方面因素,目前车载储氢系统主要采用高压气态储氢。本节以高压气态储氢系统为例,介绍车载储氢系统的结构与组成。

5.5.1 系统组成

车载储氢系统主要包括高压储气瓶(含组合阀)、加注接口、减压阀件、放空管路等。图 5-49 是某典型车载储氢系统构型示意图。高压氢气从带单向阀的加注接口,经过滤器、单向阀加入气瓶。气瓶 A 与其他气瓶的组合阀不同,除电磁阀、安全阀和压力传感器外,还有手动阀、减压阀、滤清器及温度传感器。在为燃料电池供氢过程中,各气瓶的高压氢气流入气瓶 A,经滤清器、减压阀送出气瓶,再经调压器供电堆使用。通过安全阀释放氢气进行过压保护。

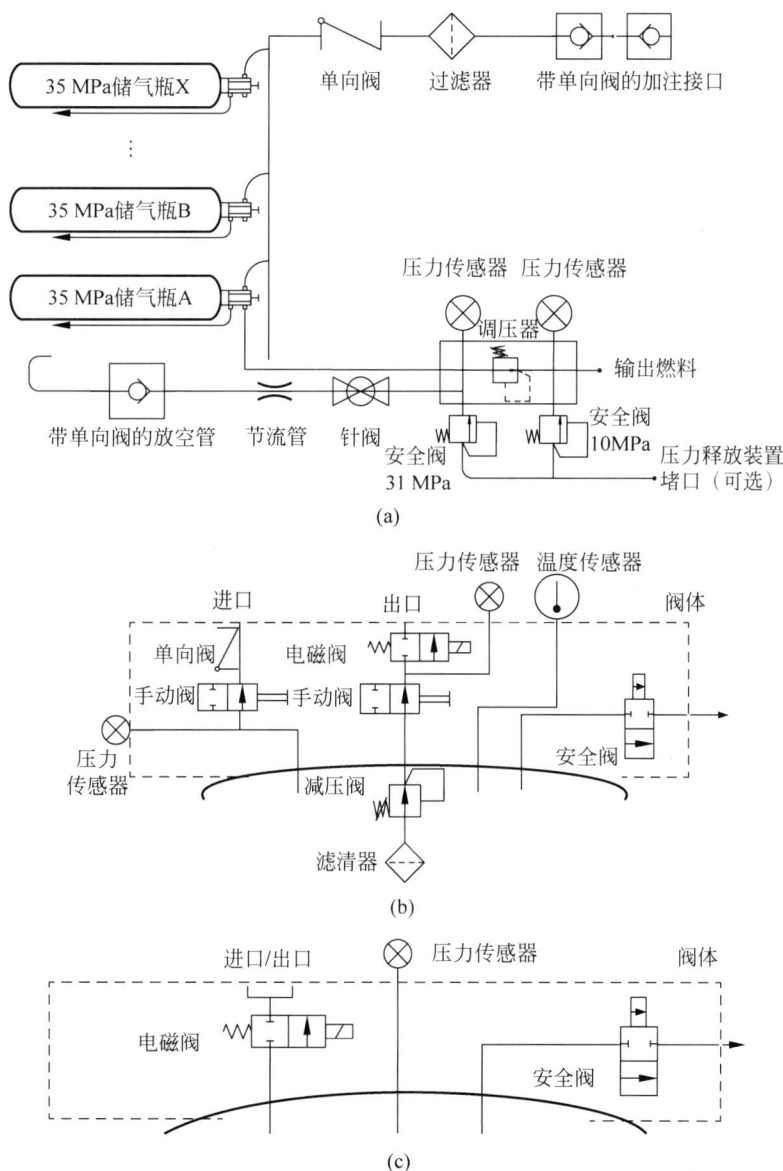

图 5-49 某典型车载储氢系统构型示意图

(a) 系统整体构型示意图;(b) 储气瓶 A 组合阀构型局部放大;(c) 其他储气瓶组合阀构型局部放大

部分部件的主要功能如下。

(1) 气瓶安全阀：当储氢瓶氢气压力超过设定值后能自动泄压。

(2) 温度传感器：通过气体温度的变化判断外界是否有异常情况发生。

(3) 气瓶电磁阀：气瓶电磁阀为 12 V 直流电源驱动，无电源时处于常闭状态，起开关气瓶的作用，与氢气泄漏报警系统联动。当系统正常通电时，电磁阀处于开启状态，一旦泄漏氢气浓度达到保护值则自动关闭，从而达到切断氢源的目的。

(4) 手动截止阀：通常处于常开状态，当气瓶电磁阀失效时可以手动切断氢源。

(5) 压力传感器：用于判断气瓶中剩余氢气量，保证汽车的正常行驶。当压力低于某值时可以提示驾驶员加注氢气。

(6) 加气口：在加注时与加氢机的加气枪相连，具有单向阀的功能。

(7) 单向阀：阻止气体反向流动。

(8) 减压阀：将氢气的压力调节到所需要的压力。

(9) 热熔栓：设置在高压氢瓶内，可防止周边着火导致氢瓶发生爆炸。当热熔栓熔化时，氢气释放泄压，避免爆炸情况发生。

5.5.2　气瓶及其组合阀

车用气瓶分为四种类型：全金属气瓶（Ⅰ型）、金属内胆纤维环向缠绕气瓶（Ⅱ型）、金属内胆纤维全缠绕气瓶（Ⅲ型）、非金属内胆纤维全缠绕气瓶（Ⅳ型）。

Ⅰ型和Ⅱ型气瓶重容比较大，单位质量储氢密度低。多以Ⅲ型和Ⅳ型气瓶作为车载储氢容器，由内至外包括内胆、纤维缠绕层、保护层，如图 5-50（a）所示。目前有 35 MPa 和

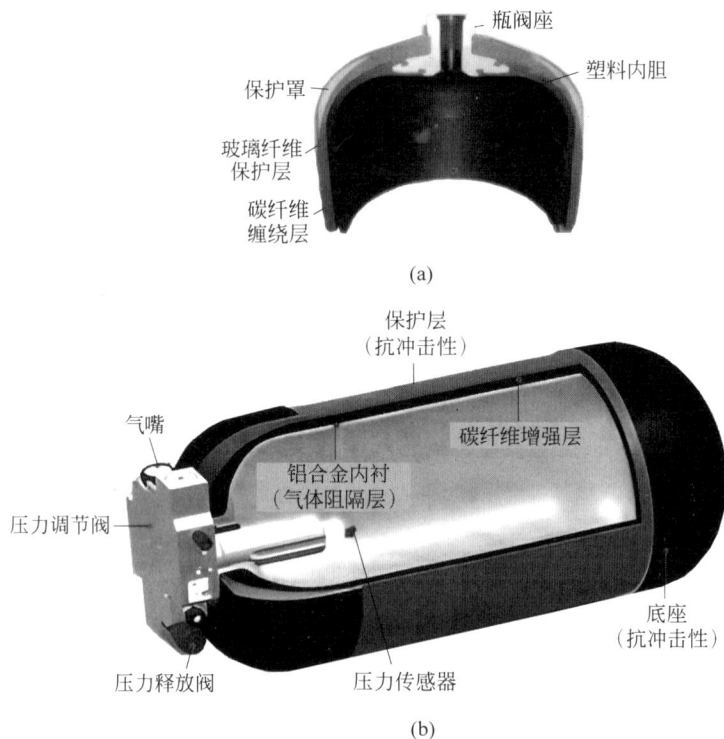

(a)

(b)

图 5-50　高压氢气瓶结构

（a）Ⅳ型储氢瓶结构；（b）气瓶及其组合阀整体结构

70 MPa 两种规格,常用铝合金或塑料做内胆,以碳纤维增强塑料层保证耐压强度,外用玻璃纤维增强塑料做保护层。瓶肩部是薄弱环节,其厚度、弧度及结构形状是安全设计的关键。有的气瓶两端开孔,称为 S 型结构;有的气瓶仅一端开孔,称为 T 型结构。

气瓶组合阀是多种阀门组件的组合体,集压力测量、氢气减压、安全泄压、氢气加注等多项功能于一身,图 5-50(b)所示的气瓶组合阀包括压力传感器、压力调节阀、压力释放阀、气嘴等多个部件。气瓶及其组合阀共同保障使用性能的要求。

铝合金内胆的 Ⅲ 型瓶可满足 70 MPa 储氢要求,但一般用作 35 MPa 气瓶。按国家标准《车用压缩氢气铝内胆碳纤维全缠绕气瓶》(GB/T 35544—2017)规定,铝内胆公称外直径一般不超过 660 mm,气瓶的许用工作压力为公称压力的 1.25 倍。工作压力小于或等于 35 MPa 的气瓶为 A 类气瓶,大于 35 MPa 的为 B 类气瓶;A 类气瓶公称水容积不超过 450 L,B 类气瓶不超过 230 L;A 类气瓶设计循环次数为 11 000 次,B 类气瓶为 7500 次。在充装和使用过程中,气瓶温度应不低于 −40℃,不高于 85℃。

5.6　车用燃料电池发展趋势

寿命、成本和性能是燃料电池的永恒主题。车载燃料电池使用寿命和成本的发展目标是与车载内燃机对标,性能的提升重点是能量转化效率的提升,不断提升燃料电池性能,降低辅助系统能量消耗。

燃料电池系统种类多元化将一直存在,满足各种应用需求。增压型和常压型、液冷型和风冷型、金属电堆型和石墨电堆型、分布式结构和整体式结构的系统共存。系统及部件的集成度将更高、通用性更强、紧凑性更高,越来越多的部件将实施多功能集成。

发展燃料电池系统,越来越强调一致性和可靠性。燃料电池堆各节燃料电池发电一致性的提高,是减少短板效应,也提升使用寿命和最大电流工况范围的关键。提高电堆水管理能力,防止水淹和膜干,是提升燃料电池可靠性的重要方面。燃料电池堆工作温度将扩展到 −40～95℃,不再需求堆外供气增湿,不易水淹。膜电极内的阴极催化剂层、阳极催化剂层、质子交换膜、气体扩散层将与双极板同寿命设计。

膜电极以追求长寿命、低成本、高性能为导向,以 CCM(catalyst coated membrane)型(催化剂涂于质子交换膜两侧)膜电极为主,GDE(gas diffusion electrode)型(催化剂涂于气体扩散层)膜电极为辅。质子交换膜将普遍采用增强型超薄膜,扩散层将适当减薄并采用带微孔层的结构。催化剂向着更少铂载量发展,膜电极铂载量将接近 $0.1\ mg/cm^2$。膜电极还将具有一定的抗反极能力、耐 CO 能力和自润湿能力。催化剂载体对耐久性影响较大,除微孔碳、介孔碳作载体外,还可能将金属氧化物、碳纳米管、石墨烯等作为载体。

双极板以追求低电阻、高稳定性、不污染膜电极、保障膜电极发挥最佳性能为导向,石墨双极板、金属双极板和复合双极板材料都将进一步发展。石墨双极板以冲压、压铸、注塑等快速成型方式为主,金属双极板以提高耐腐蚀能力为主要发展方向,复合双极板进一步提高稳定性和电导率。流场结构和材料工艺是研究重点。

作为电堆氢循环系统关键部件,氢循环泵将更加小型化,引射器的应用更有前景。用作电堆故障诊断系统的节电压巡检器由于线束多,将逐渐被其他产品替代。无油空压机的紧凑性越来越高,成本快速下降。燃料电池系统部件将完全国产化,总成本将接近内燃机成本。随着各国禁售燃油车计划的推进和实施,燃料电池将得到大范围普及应用。

思 考 题

1. 车用燃料电池发动机主要由哪几部分组成?它在结构上与传统内燃机有何异同?

2. 车用燃料电池发动机的氢气、空气系统分别有哪几种主要构型?各有什么特点?

3. 车用燃料电池发动机的热管理系统和传统内燃机的热管理系统有何异同?

4. 车用燃料电池发动机的 DC/DC 转换器的作用是什么?

5. 车用燃料电池发动机的 CVM 的作用是什么?

6. 车用燃料电池发动机的电控通信网络架构具有哪些特点?

7. 如何计算车用燃料电池发动机的功率和效率?可以通过哪几个方面提升燃料电池发动机的效率?

8. 燃料电池汽车的储氢瓶包括哪几种类型?

参 考 文 献

[1] 衣宝廉.燃料电池:原理·技术·应用[M].北京:化学工业出版社,2003.

[2] LARMINIE J,DICKS A. Fuel cell systems explained[M]. 2nd ed. Chichester:John Wiley & Sons Ltd.,2003.

[3] BARBIR F. PEM fuel cells:theory and practice[M]. 2nd ed. Amsterdam/Boston:Elsevier/Academic Press,2013.

[4] 无锡威孚高科技集团股份有限公司.一种用于氢燃料电池的比例阀:202022867673.0[P].2021-11-26.

[5] 陈明和,胡正云,贾晓龙,等.Ⅳ型车载储氢气瓶关键技术研究进展[J].压力容器,2020,37(11):39-50.

[6] 鲍鹏龙,章道彪,许思传,等.燃料电池车用空气压缩机发展现状及趋势[J].电源技术,2016,40(8):1731-1734.

[7] HASUKA Y,SEKINE H,KATANO K,et al. Development of boost converter for MIRAI[C]// SAE Technical Paper Series. Warrendale,United States. Warrendale:SAE International,2015.

[8] FOUQUET N,DOULET C,NOUILLANT C,et al. Model based PEM fuel cell state-of-health monitoring via AC impedance measurements[J]. Journal of Power Sources,2006,159(2):905-913.

[9] REISER C A,BREGOLI L,PATTERSON T W,et al. A reverse-current decay mechanism for fuel cells[J]. Electrochemical and Solid-State Letters,2005,8(6):A273.

[10] INHA P K,HALLECK P,WANG C Y. Quantification of liquid water saturation in a PEM fuel cell diffusion medium using X-ray microtomography[J]. Electrochemical and Solid-State Letters,2006,9(7):A344-A348.

[11] TAJIRI K,WANG C Y,TABUCHI Y. Water removal from a PEFC during gas purge[J]. Electrochimica Acta,2008,53(22):6337-6343.

[12] CHEN L,ZHANG R Y,HE P,et al. Nanoscale simulation of local gas transport in catalyst layers of proton exchange membrane fuel cells[J]. Journal of Power Sources,2018,400:114-125.

[13] QIN C Z. Water transport in the gas diffusion layer of a polymer electrolyte fuel cell:dynamic pore-network modeling[J]. Journal of the Electrochemical Society,2015,162(9):F1036-F1046.

[14] VON HELMOLT R,EBERLE U. Fuel cell vehicles:status 2007[J]. Journal of Power Sources,2007,165(2):833-843.

第6章　混合动力系统

汽车混合动力系统是一种将发动机与电机相结合的动力系统形式,根据车辆的行驶状态和需求,灵活切换或组合使用两种动力源。混合动力系统有不同类型,各有不同特点。如串联式混合动力系统,在低速或拥堵路段,可以依赖电机驱动,实现零排放、低噪音的环保行驶;而在高速或需要更大动力时,发动机介入,提供强劲的动力支持。相关技术不仅显著提高了汽车的能源利用效率,降低了油耗和排放,还延长了电池的使用寿命,为现代汽车工业带来了革命性的变革,成为推动绿色出行、实现可持续发展目标的重要技术之一。

6.1　混合动力类型简介

混合动力系统按照结构形式划分,可分成三类,即串联式、并联式和混联式。

(1) 串联式混合动力系统:车辆行驶系统的驱动力只来源于电机的混合动力系统。典型的结构特点是发动机带动电机发电,电能通过电机控制器输送给电机,由电机驱动车辆行驶。另外,动力电池可以单独向电机提供电能,从而驱动车辆行驶。串联式混合动力系统结构如图6-1所示。

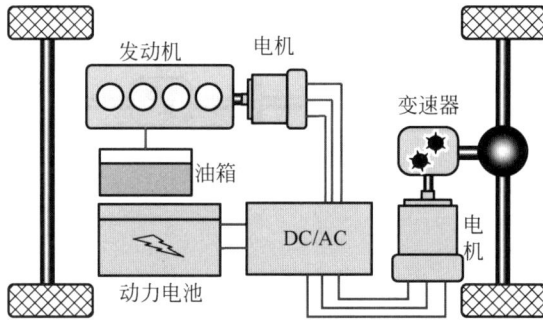

图 6-1　串联式混合动力系统

(2) 并联式混合动力系统:其车辆行驶系统的驱动力由电机及发动机同时或单独供给。典型的结构特点是并联式驱动系统可以单独使用发动机或电机作为动力源,也可以同时使用电机和发动机作为动力源驱动车辆行驶。并联式混合动力系统结构如图6-2所示。

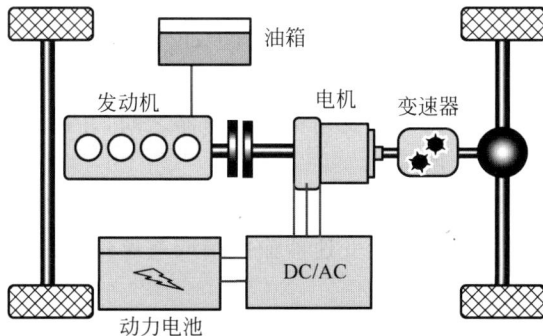

图 6-2　并联式混合动力系统

（3）混联式混合动力系统：具备串联式和并联式两种混合动力系统结构的混合动力系统。典型的结构特点是可以在串联混合模式下工作，也可以在并联混合模式下工作，同时兼顾了串联式和并联式混合动力电动汽车的特点。混联式混合动力系统结构如图 6-3 所示。

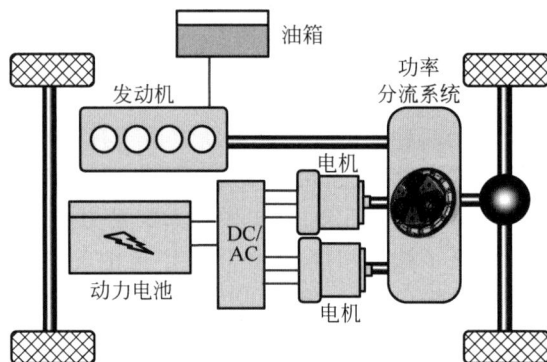

图 6-3   混联式混合动力系统

为了区分并联式混合动力系统的具体构型，根据电机的位置，将混合动力系统分为 P0、P1、P2、P3、P4 五类，其中 P 表示并联，数字根据电机在传动系统中的安装位置来编号，命名规则如图 6-4 所示。

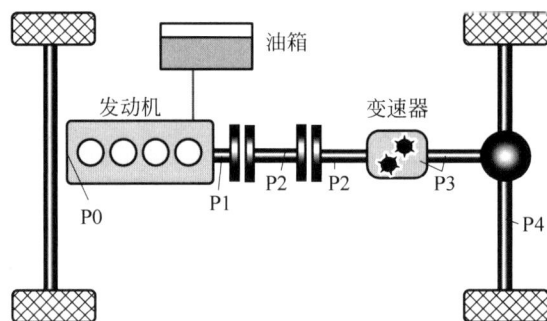

图 6-4   并联式混合动力系统构型命名规则示意图

（1）P0 型混合动力系统。

P0 型混合动力系统是将电机放置在传统起动机的位置。传统燃油汽车起动机与发动机曲轴通过皮带柔性连接。当发动机运转时，会有少量的能量传递并带动起动机逆变器发电。P0 就位于发动机前端附件驱动系统上，即传统燃油汽车上起动机的位置。

（2）P1 型混合动力系统。

P1 型混合动力系统是将电机固定连接在发动机上，位于发动机曲轴的后端，如图 6-5 所示。

（3）P2 型混合动力系统。

P2 型混合动力系统将电机放置于发动机与变速器之间，并在发动机曲轴末端与电机之间增加了一个离合器，如图 6-6 所示。

（4）P3 型混合动力系统。

P3 型混合动力系统将电机放置于变速器输出端或差速器之前，如图 6-7 所示。

（5）P4 型混合动力系统。

P4 型混合动力系统将电机布置于后桥上，内燃机布置在前桥上，如图 6-8 所示。

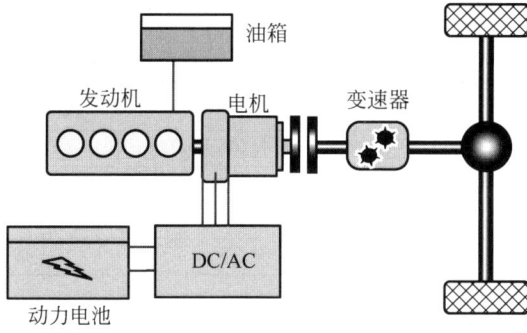

图 6-5　P1 型混合动力系统

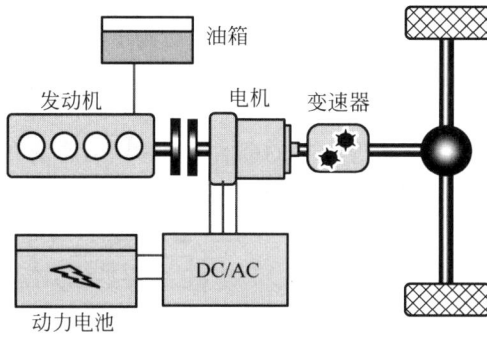

图 6-6　P2 型混合动力系统

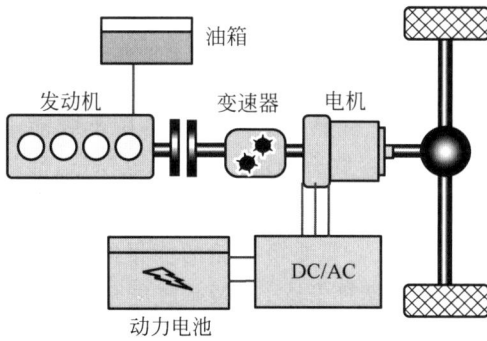

图 6-7　P3 型混合动力系统

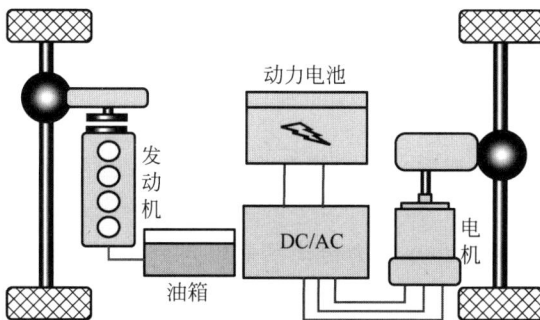

图 6-8　P4 型混合动力系统

并联式混合动力系统 P0、P1、P2、P3、P4 构型的特点对照见表 6-1 所示。

表 6-1　各种并联式混合动力系统的比较

构　　型	描　　　　述	电 动 驱 动	再 生 制 动
P0 型	增强型起动机,适用于频繁地起停运行	否	否
P1 型	发动机直连的电机	否	很少
P2 型	电机在发动机和变速器之间	是	好
P3 型	电机在变速器后侧	是	好
P4 型	电机在第二轴上	是	非常好

6.2　串联式混合动力结构与组成

6.2.1　串联式混合动力的概念

串联式混合动力汽车是混合动力汽车的一种基本类型,常见的串联式混合动力汽车也称为电电混合动力电动汽车。举例说明如图 6-9 所示。

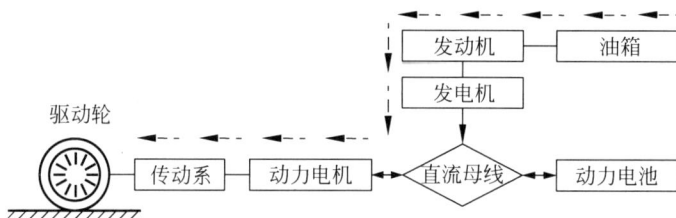

图 6-9　串联式混合动力汽车动力传动系组成

串联式混合动力汽车具有如下特点:①耦合发生在车载能量源环节;②动力装置唯一;③车载能量源由两个以上的能量联合组成。如图 6-9 所示,油箱-发动机-发电机与动力电池共同组成车载能量源,共同向动力电机提供电能;动力电机和传动系组成单一的动力装置。

串联式混合动力汽车的优缺点:①油箱存储的能量经发动机、发电机、动力电机、传动系的多次能量转换和传输,传递转换环节多,导致系统能量效率降低;②发动机、发电机、动力电机的功率都需要达到汽车行驶功率需求,整个动力传动系统的总部件功率(发动机、发电机、动力电机功率直接相加)接近于 3 倍的行驶功率,行驶功率与总部件功率之比相对于其他形式混合动力系统较低;③发动机的输出不与车轮直接机械连接,容易发生发动机工作点与汽车具体行驶工况的解耦,使发动机工作于高效率区间。

6.2.2　串联式混合动力的方案

根据耦合部件位置,串联式混合动力汽车具有单一能源存储耦合式和多种能源存储耦合式两种设计方案。

单一能源存储耦合式是指汽车动力传动系采用同一种能源而经不同的能量调节、转化装置实现向动力生成装置的供能。比如对同一种能源柴油,可经柴油制氢装置获得氢气后,再经燃料电池输出电能到动力生成装置(主驱动电机),也可经过柴油发动机、发电机输出电能到动力生成装置(主驱动电机),结构如图 6-10 所示。

多种能源存储耦合式是指汽车动力传动系具有多种能源存储系统或多种能量调节和转化系统,由它们共同完成向动力生成装置的供能,结构如图 6-11 所示。

图 6-10 串联式混合动力汽车动力传动系简图(单一能源存储耦合式)

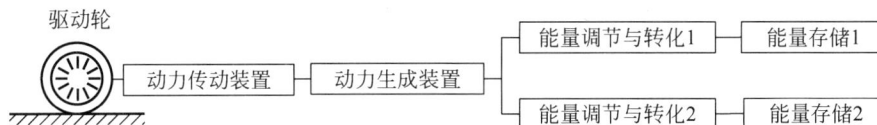

图 6-11 串联式混合动力汽车动力传动系简图(多种能源存储耦合式)

串联式混合动力系统也可实现车载能源的多样化,充分发挥各种能源的优势,并通过协同控制实现多能效的最佳搭配,满足车辆行驶的各种要求。例如:采用发动机-发电机组和动力电池两种车载能源的串联式混合电动系统,在市内运行时满足车辆一定的零排放行驶里程,同时在长途运输时,通过发动机-发电机为动力电池进行补充充电,延长了车辆的有效续驶里程。

6.2.3 串联式混合动力的组成与原理

串联式混合动力系统更详细的结构图如图 6-12 所示。

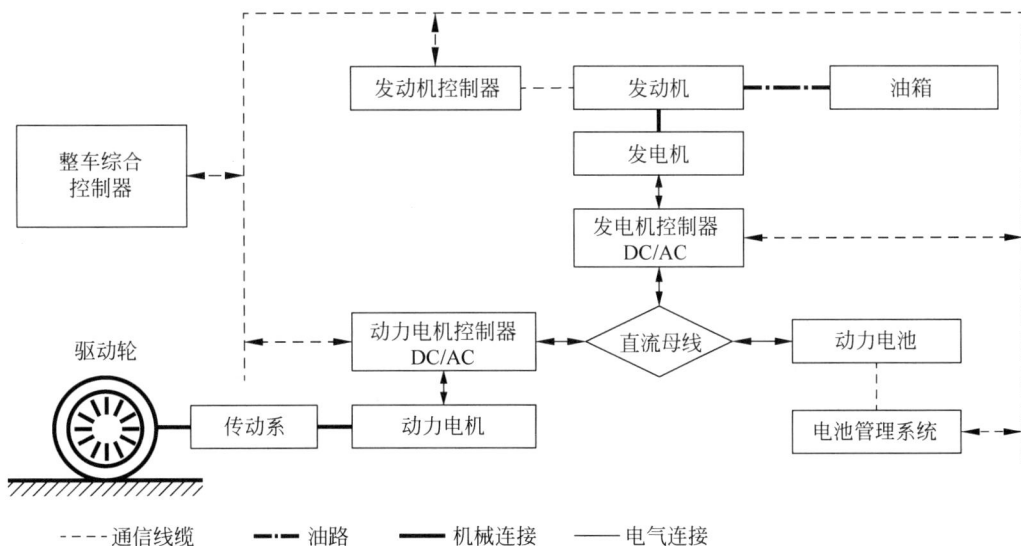

图 6-12 串联式混合动力系统的结构简图

串联式混合动力汽车由动力电机驱动行驶,动力电机控制器的供电来自发动机-发电机-发电机控制器(简称发动机-发电机组)与动力电池组成的串联式结构。整车综合控制器、动力电机控制器、发动机控制器、发电机控制器、电池管理系统等通过通信线缆连接组成整车控制系统,依据控制系统的状态信息以及驾驶员操控指令、车速等整车反馈信息,由整车控制器实施预定的控制策略,并输出指令到动力电机控制器,实施动力电机的电动(驱动汽车行驶)、发电(再生制动能量回收)控制,输出指令到发动机控制器、发电机控制器,实施发动机-发电机组的开关控制以及输出功率控制,从电池管理系统获得动力电池的实时状态信息,实施动力电池的充电/放电能量管理。

依据发动机-发电机组的工作状态以及动力电池的充/放电状态,串联式混合动力汽车具有 7 种工作模式,具体如表 6-2 所示。

表 6-2　串联式混合动力汽车的工作模式列表

工 作 模 式	发动机-发电机组	动 力 电 池	动 力 电 机	整 车 状 态
纯电池驱动	关机	放电	电动	驱动
再生制动充电	关机	充电	发电	制动
混合动力驱动	发电	放电	电动	驱动
强制补充充电	发电	充电	电动	驱动
混合补充充电	发电	充电	发电	制动
纯发动机驱动	发电	既不充电也不放电	电动	驱动
停车补充充电	发电	充电	停机	停车

各种工作模式的具体说明如下:

(1)当动力电池具有较高的电量且动力电池输出功率满足整车行驶功率需求时,串联式混合动力电动汽车以纯电池驱动模式工作,此时发动机-发电机组处于关机状态。

(2)当汽车以纯电池驱动行驶时,若汽车减速制动,则动力电机工作于再生制动状态,汽车制动能量通过制动回馈传递到动力电池中,即工作于再生制动充电模式。

(3)当汽车加速或爬坡需要更大的功率输出且超出了动力电池的输出功率限制时,发动机-发电机组启动发电,并同动力电池一起输出电功率,实施混合动力驱动工作模式。

(4)当动力电池的电量不足且发动机-发电机组输出功率在驱动汽车的同时有富余时,实施动力电池强制补充充电工作模式。

(5)当动力电池的电量不足且发动机-发电机组处于发电状态时,若汽车减速制动,则动力电机工作于再生制动状态,汽车制动能量通过回馈制动与发动机-发电机组输出功率一起为动力电池充电,实施动力电池的混合补充充电工作模式。

(6)当动力电池的电量在目标范围内,且发动机-发电机组输出功率满足汽车行驶功率需求时,为提高串联式混合动力系统的能量利用效率,采用纯发动机驱动工作模式,此时发动机-发电机组输出功率与汽车行驶功率需求相等。

(7)若动力电池的电量过低,为保证整车行驶的综合性能,需要对动力电池进行停车补充充电,此时发动机-发电机组输出的电功率全部用于为动力电池进行补充充电。

6.3　并联式混合动力结构与组成

6.3.1　并联式混合动力的概念

并联式混合动力汽车是混合动力汽车的一种基本结构,其耦合发生在汽车动力、传动环节,即通过对不同的动力生成装置输出的动能进行耦合,并经过相应的传动装置输出到驱动

轮,满足车辆行驶要求。常见的并联式混合动力汽车也称为机电混合动力电动汽车。举例
说明如图 6-13 所示。

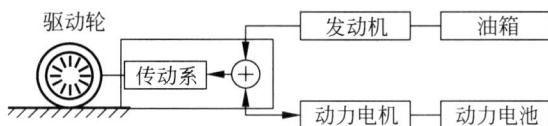

图 6-13　并联式混合动力汽车动力传动系示意图

并联式混合动力汽车具有如下特点:①机械动能的耦合;②具有两个或多个动力装
置;③每个动力装置都有各自单独的车载能源。对应图 6-13,发动机和动力电机输出的机
械动能经过动力耦合后输出到传动系驱动汽车行驶,发动机具有自己独立的车载能量
源——油箱,动力电机具有自己独立的车载能量源——动力电池。

并联式混合动力系统的优缺点:①相比串联式混合系统,其发动机的输出动力可以直
接用于驱动车辆,能量转换损失小;②发动机、动力电机的功率之和达到汽车行驶功率需求
即可,相比串联式混合系统,行驶功率与总部件功率之比更高;③由于发动机的输出与车轮
有机械连接,发动机工作点与车辆行驶工况相关,实际使用时发动机不能只在高效工作点
运行。

6.3.2　并联式混合动力的方案

根据耦合的位置,并联式混合动力汽车具有单轴耦合式、双轴耦合式和驱动系耦合式 3
种结构方案。

1. 单轴耦合式

单轴耦合式并联混合动力汽车的动力耦合是在动力生成装置输出轴处完成的,动力传
动装置的输入轴为单轴,结构如图 6-14 所示,实际应用如图 6-15 所示。发动机的输出轴通
过离合器与动力电机的转子轴直接相连,而动力电池通过电机控制器(DC/AC)的调节作用
于动力电机定子,实现发动机与动力电机输出转矩的叠加。单轴耦合式实现了多个动力生
成装置动力输出的合一,结构紧凑;但一些部件要经过特殊设计,比如本田 IMA(integrated
motor assist,集成电机辅助)系统的盘式飞轮电机等。

图 6-14　单轴耦合式并联混合动力汽车动力传动系简图

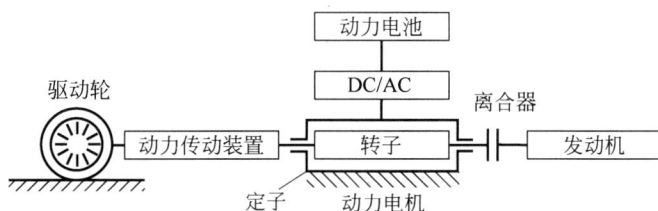

图 6-15　单轴耦合式并联混合动力传动装置应用示意图

2. 双轴耦合式

双轴耦合式并联混合动力汽车的动力耦合是在动力传动装置中完成的,该动力传动装置具有两个或多个输入轴,而输出轴仅有一根并直接与驱动轴相连,动力传动系结构如图 6-16 所示。双轴耦合式只是把不同动力生成装置的输出进行动力合成,因此系统元件可选用已有的现成产品,开发成本较低。

图 6-16 双轴耦合式并联混合动力汽车动力传动系简图

3. 驱动系耦合式

驱动系耦合式并联混合动力汽车的动力耦合是通过车轮与路面的作用完成的,动力传动系结构如图 6-17 所示。由于具有两套独立的动力传动装置直接驱动车辆,在充分利用地面附着力方面具有优势,通过合理的动力分配,可大幅改善车辆的动力性能,但系统组成和控制复杂。

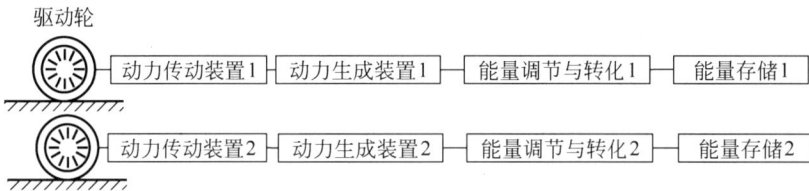

图 6-17 驱动系耦合式并联混合动力汽车动力传动系简图

另外,根据对动力生成装置输出的动力耦合方式的不同,并联式混合动力汽车动力传动系还可归类为:

(1) 转矩耦合式[连接部件为无级变速器(CVT)、带传动、啮合齿轮传动等];

(2) 转速耦合式(行星轮系传动等);

(3) 牵引力耦合式[四轮驱动(4WD),前、后轮分别与不同的单个动力传动系相连]。

上述的驱动系耦合式属于牵引力耦合式,而单轴耦合式和双轴耦合式均可采用转矩耦合式或转速耦合式。

6.3.3 并联式混合动力的组成与原理

并联式混合动力系统更详细的结构图如图 6-18 所示。

汽车的行驶动力由发动机、动力电机通过机电耦合装置单独或联合提供。整车综合控制器、动力电机控制器、发动机控制器、电池管理系统等通过通信线缆连接组成整车控制系统,依据控制系统的状态信息以及驾驶员操控信号、车速等整车反馈信息,由整车控制器实施既定的控制策略,并输出指令到动力电机控制器,实施动力电机的电动(驱动汽车行驶)、发电(再生制动能量回收)控制,输出指令到发动机控制器,实施发动机的开关控制以及输出功率控制,从电池管理系统获得动力电池的实时状态信息,实施动力电池的充电/放电能量管理。

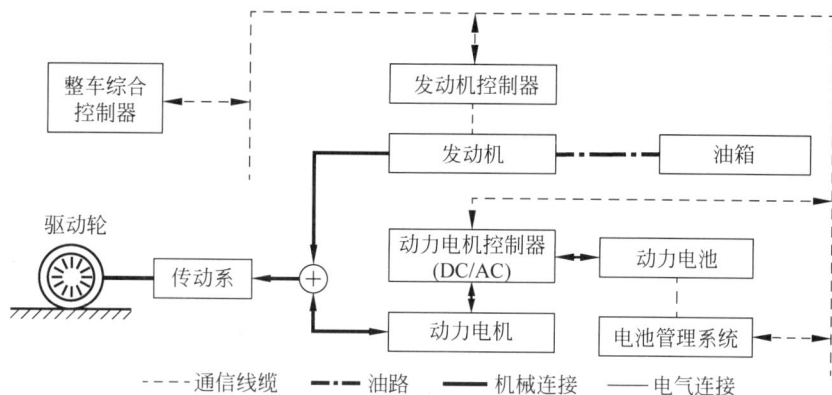

图 6-18　并联式混合动力汽车系统组成简图

依据发动机、动力电机的工作状态以及动力电池的充/放电状态,并联式混合动力汽车具有 6 种工作模式,具体如表 6-3 所示。

表 6-3　并联式混合动力汽车的工作模式列表

工 作 模 式	发 动 机	动 力 电 池	动 力 电 机	整 车 状 态
纯动力电机驱动	关机	放电	电动	驱动
再生制动充电	关机	充电	发电	制动
混合动力驱动	机械动力输出	放电	电动	驱动
强制补充充电	机械动力输出	充电	发电	驱动
纯发动机驱动	机械动力输出	既不充电也不放电	不工作	驱动
停车补充充电	机械动力输出	充电	发电	停车

各种工作模式的具体说明如下:

(1) 当动力电池具有较高的电量且动力电池输出功率满足整车行驶功率需求或整车需求功率较小时,为避免发动机工作于低负荷和低效率区,并联式混合动力电动汽车以纯动力电机驱动模式工作,此时发动机处于关机状态。

(2) 当汽车以纯动力电机驱动行驶时,若汽车减速制动,动力电机工作于再生制动状态,汽车制动能量通过再生发电回收到动力电池中,即工作于再生制动充电模式。

(3) 当汽车加速或爬坡需要更大的功率输出时,发动机启动工作,并同动力电机一起输出机械动力,经机电耦合装置后联合驱动汽车行驶,实施混合动力驱动工作模式。

(4) 当动力电池的电量不足且发动机输出功率在驱动汽车的同时有富余时,动力电机工作于发电模式,实施动力电池强制补充充电工作模式。

(5) 当动力电池的电量在目标范围内,且发动机输出功率满足汽车行驶功率需求时,为提高并联式混合动力系统的能量利用效率,采用纯发动机驱动工作模式,此时发动机输出功率与汽车行驶功率需求相等。

(6) 若动力电池的电量过低,为保证整车行驶的综合性能,需要对动力电池进行停车补充充电。此时发动机输出的电功率全部用于为动力电池进行补充充电,动力电机工作于发电模式。

6.4 混联式混合动力结构与组成

6.4.1 混联式混合动力的概念

在实际应用中,混合动力汽车动力传动系并非单纯是简单的串联式结构或并联式结构,而是由串联式结构和并联式结构复合组成的串并联综合式结构,即所谓的混联式结构,举例说明如图 6-19 所示。

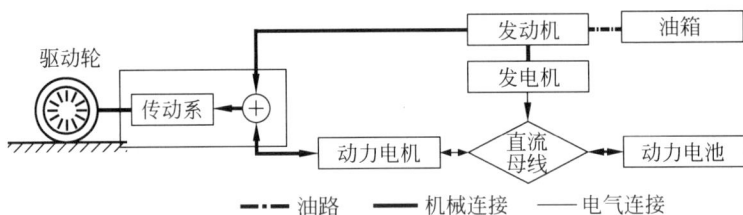

图 6-19 混联式混合动力汽车动力传动系示意图

混联式混合动力汽车动力传动系中具有两个电机系统,即发电机和动力电机,兼备了串联式混合动力的能量耦合以及并联式混合动力的动力耦合,在实际应用中主要有两种方案,即开关式和功率分流式,分别如图 6-20、图 6-21 所示。

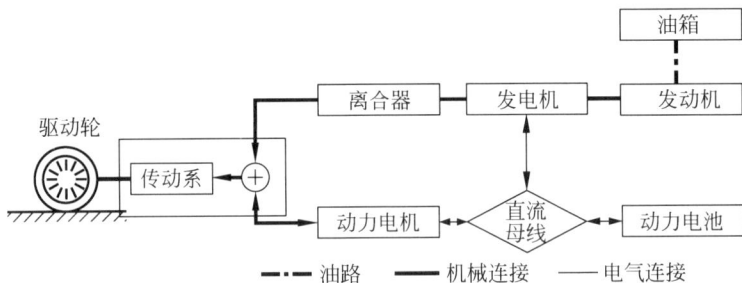

图 6-20 开关式混联混合动力汽车

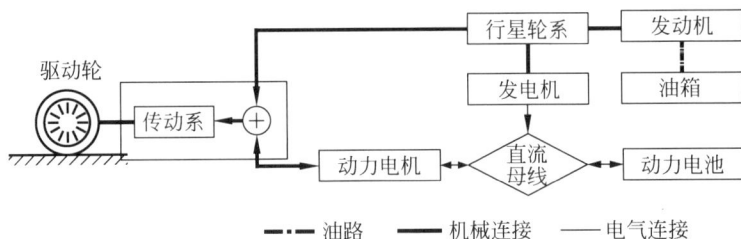

图 6-21 功率分流式混联混合动力汽车

图 6-20 中,离合器起到了串联结构和并联结构的切换作用,若离合器分离,则该混合动力传动系即为简单的串联式结构;若离合器接合且发电机不工作,则该混合动力传动系即为简单的并联式结构。

图 6-21 中,行星轮系起到功率分流的作用,并具有三个自由度,发动机、发电机及驱动轴分别与行星轮系的三个轴相连。在正常工作时,发动机的输出动力自动分流为两部分:

一部分直接输出到驱动轴,与动力电机输出的动力耦合,组成并联式结构;一部分输出到发电机,发电机与动力电池的电能耦合,组成串联式结构。

6.4.2　混联式混合动力的方案

以丰田 Prius 混合动力系统为例说明功率分流式混联混合动力传动系,如图 6-22 所示。可以看出,该系统具有三个独立的可以单独驱动车辆行驶的动力传动系:

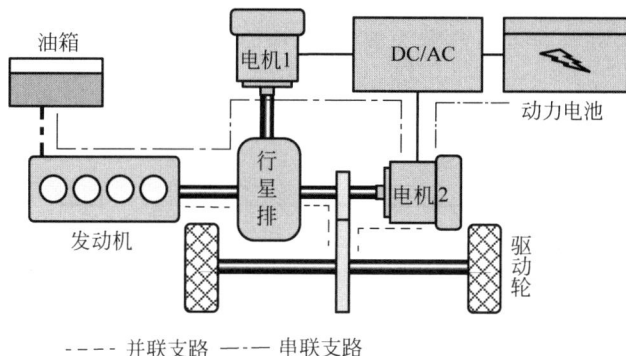

- - - - 并联支路 —·— 串联支路

图 6-22　丰田 Prius 混合动力系统

（1）油箱→发动机→行星排→电机 1(发电机)→DC/AC(逆变器)→电机 2(动力电机)→减速齿轮和差速器→驱动轮;

（2）油箱→发动机→行星排→减速齿轮和差速器→驱动轮;

（3）动力电池→DC/AC(逆变器)→电机 2(动力电机)→减速齿轮和差速器→驱动轮。

以比亚迪 DM-i 混动系统为例说明开关式混联混合动力系统,如图 6-23 所示。

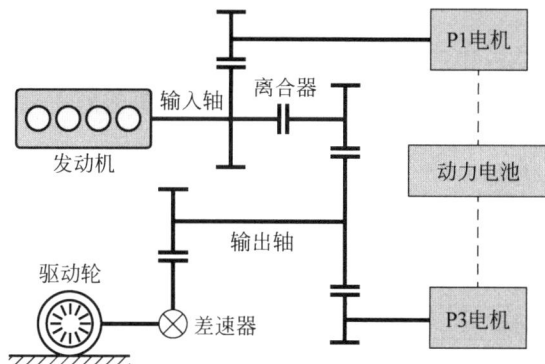

图 6-23　比亚迪 DM-i 混动系统

发动机直连 P1 电机,通过离合器与减速齿轮相连,最后功率流向输出轴。而 P3 电机直接与减速齿轮相连,最终功率同样流向输出轴。

6.4.3　混联式混合动力的组成与原理

混联式混合动力汽车同时具备了并联式混合动力汽车动力耦合以及串联式混合动力汽车能量耦合的特点。汽车的行驶动力由发动机、动力电机通过耦合装置单独或联合提供。动力电机控制器的供电来自发动机-发电机组与动力电池组成的串联式结构。整车综合控制器、动力电机控制器、发动机控制器、发电机控制器、电池管理系统等通过通信线缆连接组成整车控制系统,依据控制系统的状态信息以及驾驶员操控信号、车速等整车反馈信息,由整车控制器实施既定的控制策略,并输出指令到动力电机控制器,实施动力电机的电动(驱动汽车行驶)、发电(再生制动能量回收)控制,输出指令到发动机控制器,实施发动机的开关控制以及输出功率控制,输出指令到发电机控制器,实施发电机控制,并输出指令到电池管理系统,实施动力电池的充电/放电能量管理。

1. 典型功率分流式混联混合动力系统构型及工作原理

以功率分流式混联混合动力汽车为例,其结构简图如图 6-24 所示。

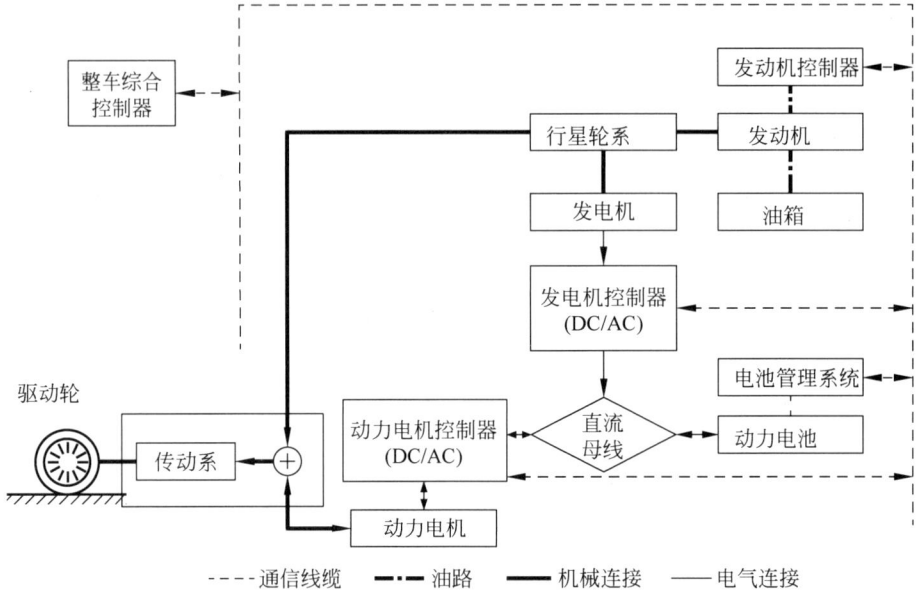

图 6-24　一种混联式混合动力汽车结构简图

依据发动机、发电机、动力电机的工作状态以及动力电池的充/放电状态,功率分流式混联混合动力汽车具有 5 种工作模式,具体如表 6-4 所示。

表 6-4　混联式混合动力汽车的工作模式列表

工 作 模 式	发　动　机	发　电　机	动　力　电　池	动　力　电　机	整　车　状　态
纯动力电机驱动	关机	关机	放电	电动	驱动
再生制动充电	关机	关机	充电	发电	制动
纯发动机驱动	启动	发电	既不充电也不放电	电动	驱动
混合动力驱动	启动	发电	放电	电动	驱动
强制补充充电	启动	发电	充电	电动	驱动

各种工作模式的具体说明如下:

(1) 当动力电池具有较高的电量且动力电池输出功率满足整车行驶功率需求或整车需求功率较小时,为避免发动机工作于低负荷和低效率区,混联式混合动力汽车以纯动力电机驱动模式工作,此时发动机处于关机状态。

(2) 当汽车以纯动力电机驱动行驶时,若汽车减速制动,则动力电机工作于再生制动状态,汽车制动能量通过再生发电回收到动力电池中,即工作于再生制动充电模式。

（3）当汽车需求功率增加或动力电池电量偏低时,发动机启动工作,若发动机输出功率满足汽车行驶功率且动力电池不需要充电时,整车以纯发动机驱动模式工作。此时动力电池既不充电也不放电,发动机输出的功率分两部分:一部分直接输出到驱动轮,一部分经过发电机、动力电机转化后输出到驱动轮。

（4）当汽车急加速需要更大的功率输出时,整车以混合动力驱动模式工作。此时发动机工作,动力电池放电,发动机输出的功率分两部分:一部分直接输出到驱动轮,一部分经过发电机、动力电机转化后输出到驱动轮。另外,动力电池放电输出额外的电功率到动力电机控制器,使得动力电机输出更大的功率,满足汽车总功率需求。

（5）当动力电池的电量不足且发动机输出功率在驱动汽车的同时有富余时,实施动力电池强制补充充电工作模式。此时,发动机工作,发动机输出的功率分三部分:一部分直接输出到驱动轮,一部分经过发电机、动力电机转化后输出到驱动轮,一部分经过发电机后为动力电池充电。

丰田 Prius 混联式混合动力汽车的一个典型的工作过程如图 6-25 所示。

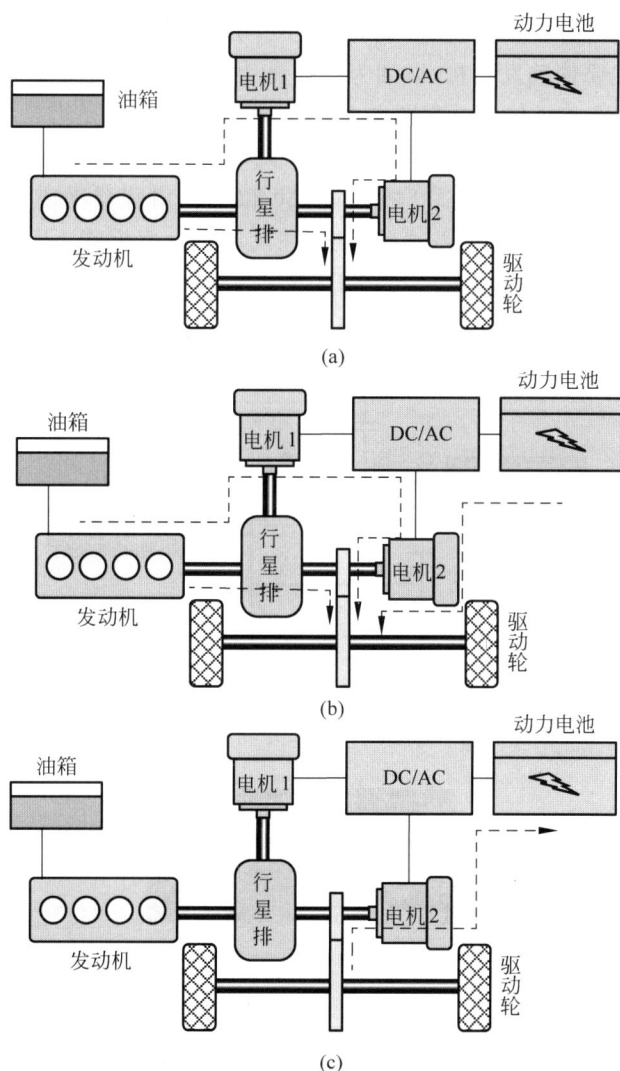

图 6-25　丰田 Prius 混联式混合动力汽车几种典型的工作模式

（a）纯发动机驱动模式；（b）混合动力驱动模式；（c）再生制动充电模式

对于丰田 Prius 混联式混合动力电动汽车,汽车以纯动力电机驱动模式起步。当汽车需求功率达到发动机启动门限时,发动机启动,汽车进入纯发动机驱动模式,如图 6-25(a)所示,发动机输出动力经过行星轮系分成两条路径:一条为驱动电机 1(发电机)发电,产生的电功率又直接输出到电机 2(动力电机),由电机 2 传动并驱动车轮;另一条直接驱动车轮。整车综合控制器自动对两条路径的动力进行最佳分配,以最大限度地优化系统效率。当汽车高速行驶需要较高的动力输出时,动力电池进行放电,额外增大了动力电机的输出功率,整车获得的功率为发动机输出功率与动力电池放电功率之和,如图 6-25(b)所示。当汽车减速制动时,混合动力系统自动实施制动能量回收,如图 6-25(c)所示。当汽车遇到红灯停车时,发动机自动熄火,避免了发动机怠速运转引起的不必要的油耗和污染物排放。

2. 典型开关式混联混合动力系统构型及工作原理

以比亚迪 DM-i 混动系统为例说明开关式混联混合动力系统构型,如图 6-26 所示。

比亚迪 DM-i 混动系统在架构上,以大容量电池和高性能大功率扁线电机为设计基础,主要依靠大功率电机进行驱动,汽油发动机的主要功能是在高效转速区发电,适时直驱,改变了传统混动技术主要依赖发动机、以油为主的设计架构,从而大幅降低了油耗。

如图 6-26 所示,发动机位于原理图左上角,与发动机相连的是齿轮结构,这个齿轮通过另外一个小齿轮和 P1 电机(发电机)直接连接。发动机右边有离合器,离合器的作用就是让发动机和车轮完全解耦,串联模式下发动机就可以当作增程器来使用。离合器下面是一个长轴齿轮结构,一端与车轴上的差速器相连,在发动机直驱模式下,动力可以直接通过差速器传递到车轮上。长轴齿轮的另一端与 P3 电机(动力电机,具备电动/发电模式)相连,P3 电机也可以单独驱动车轮。

(a)

彩图 6-26

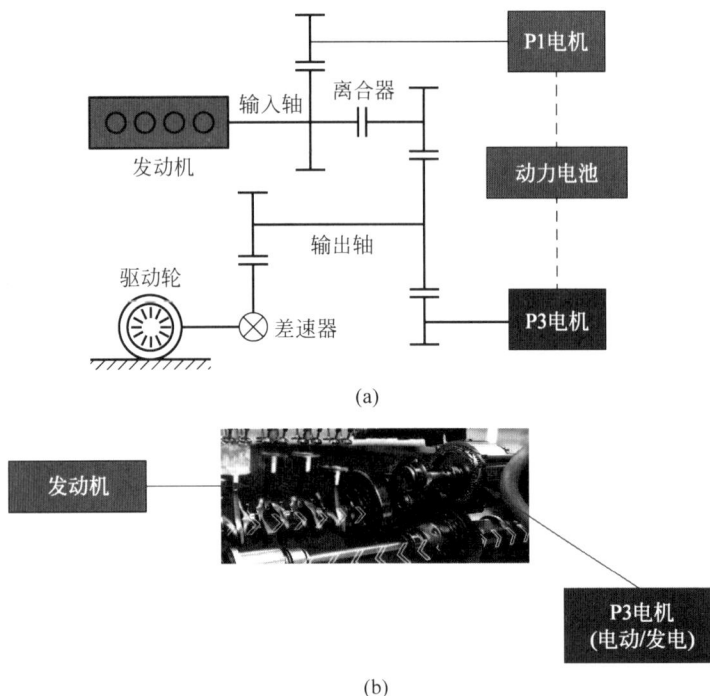

(b)

图 6-26 比亚迪 DM-i 混动系统构型

(a)原理图;(b)发动机、P3 电机;(c)输入轴、差速器、长轴齿轮(输出轴)、P3 电机;
(d)P1 电机、P3 电机;(e)系统布置示意图

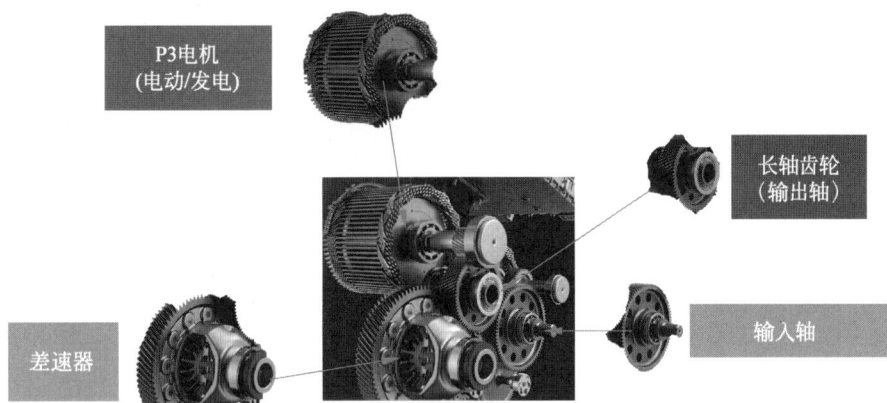

(c)

(d)

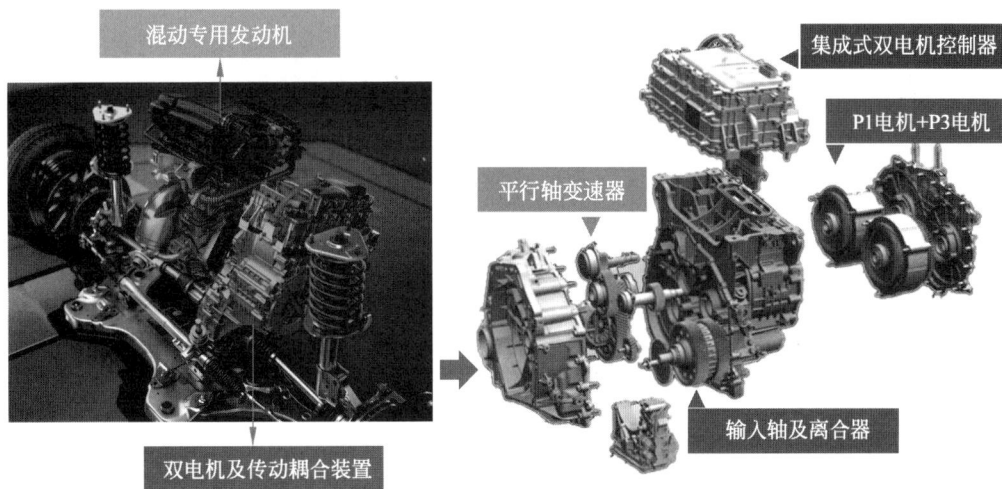

(e)

图 6-26(续)

如图 6-27 所示,比亚迪 DM-i 混动系统采用直喷式转子油冷技术。相比以往电机通过在外壳上设计水道降温的方式,直喷油冷技术能缩短传递路径,通过冷却油直接均匀地冷却扁线绕组,散热能力大大加强。相比传统冷却方式,电机额定性能大幅提升。

图 6-27　比亚迪 DM-i 直喷式转子油冷技术

如图 6-28 所示,平行轴变速器采用单速减速器,实现了较高的传动效率。动力耦合装置输入轴(发动机输出轴)与湿式离合器集成设计。湿式离合器具有较高的寿命和稳定性,而且可以在急加速时传递更高的转矩,进一步提高系统性能,降低能量损失。

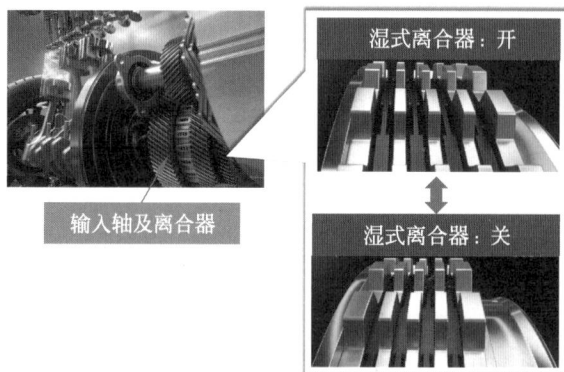

图 6-28　比亚迪 DM-i 湿式离合器

依据发动机、P1 电机(发电)、P3 电机(电动/发电)的工作状态以及动力电池的充/放电状态,开关式混联混合动力汽车具有 5 种工作模式,具体如表 6-5 所示。

表 6-5　混联式混合动力汽车的工作模式列表

工 作 模 式	发 动 机	P1 电机	动 力 电 池	P3 电机	整 车 状 态
纯电模式	关机	关机	放电	电动	驱动
串联模式	启动	发电	充电 & 放电	电动	驱动
并联模式	启动	关机	放电	电动	驱动
动能回收模式	关机	关机	充电	发电	制动
发动机直驱模式	启动	关机	既不充电也不放电	关机	驱动

在电量充足时,DM-i 混动系统处于纯电模式,车辆等效于纯电动汽车,由 P3 电机直接驱动车轮,如图 6-29 所示。

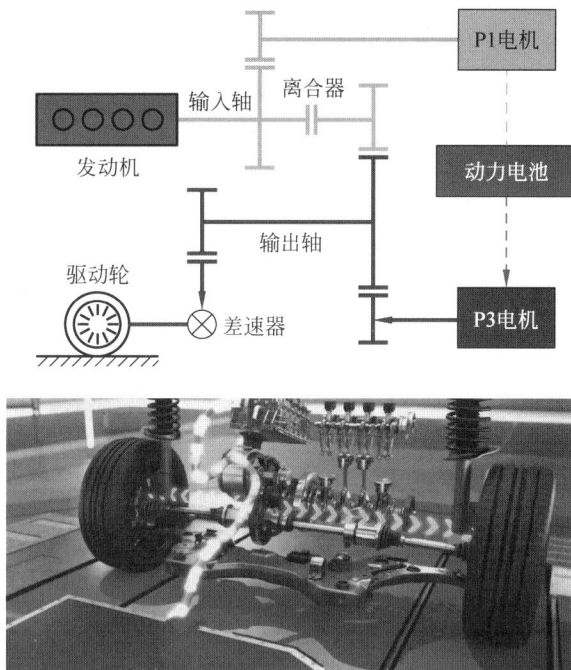

图 6-29　比亚迪 DM-i 混动系统纯电模式

彩图 6-29

　　在市区行驶且电量不足时,DM-i 混动系统处于串联模式,车辆等效于串联式混合动力汽车,发动机通过 P1 电机为动力电池充电,动力电池为 P3 电机提供能量,P3 电机驱动车轮,如图 6-30 所示。

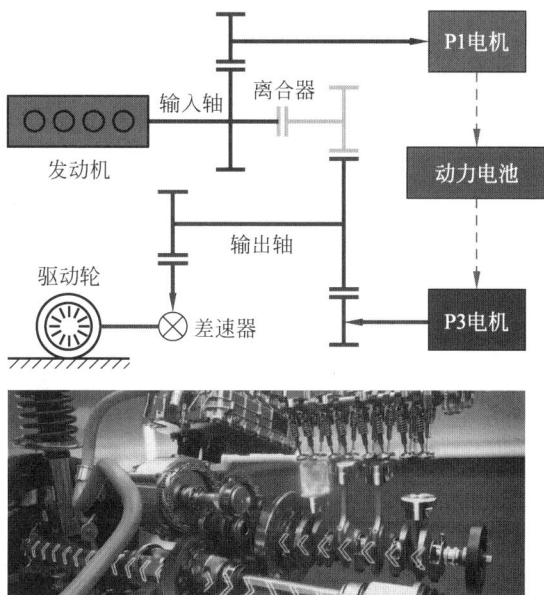

图 6-30　比亚迪 DM-i 混动系统串联模式

彩图 6-30

在高速行驶超车时,DM-i 混动系统处于并联模式,车辆等效于并联式混合动力汽车,发动机和 P3 电机同时驱动车轮,如图 6-31 所示。

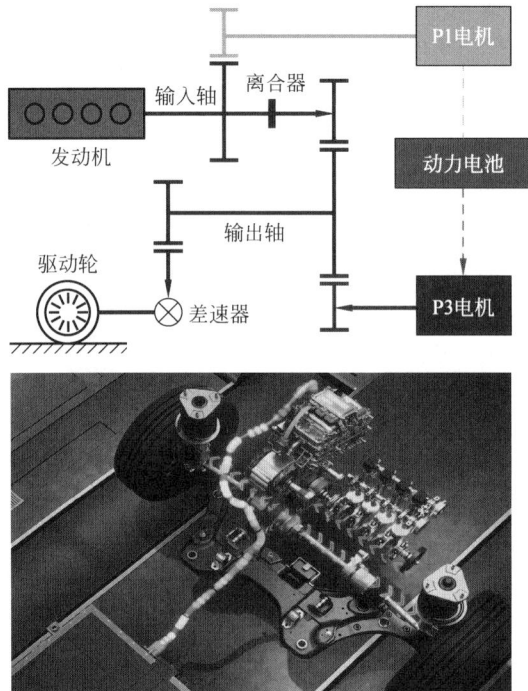

图 6-31　比亚迪 DM-i 混动系统并联模式

在行车制动且动力电池允许充电时,DM-i 混动系统处于动能回收模式,车辆的动能由车轮经过 P3 电机,回收至动力电池,如图 6-32 所示。

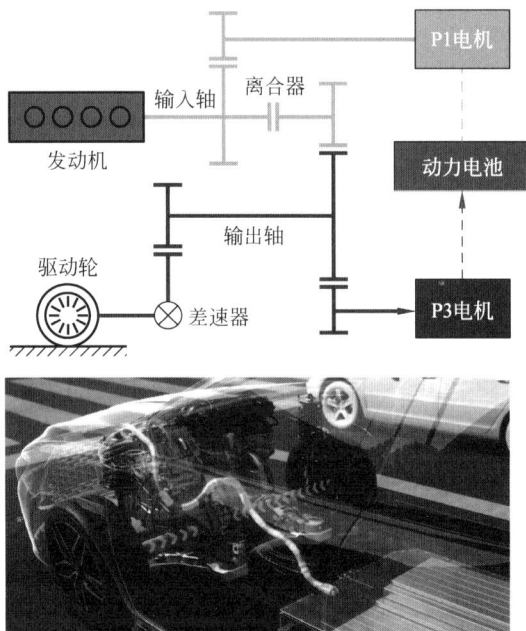

图 6-32　比亚迪 DM-i 混动系统动能回收模式

在高速行驶时,DM-i 混动系统常处于发动机直驱模式,发动机在高效区间直接驱动,简化了能量传递环节,实现高效率和低油耗,如图 6-33 所示。

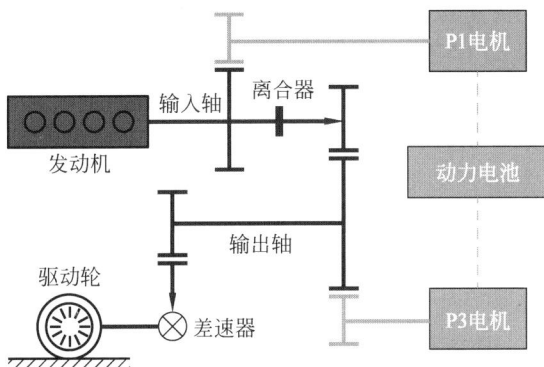

图 6-33　比亚迪 DM-i 混动系统发动机直驱模式

彩图 6-33

秦 PLUS DM-i 是比亚迪首款 DM-i 车型,动力方面,秦 PLUS DM-i 搭载 1.5 L 发动机和驱动电机,发动机最大功率为 81 kW,驱动电机则有高低两种功率：低功率版本最大功率为 132 kW,零百加速时间为 7.9 s；高功率版本最大功率时间为 145 kW,零百加速为 7.3 s。续航方面,秦 PLUS DM-i 搭载了 8.32 kW·h 和 18.32 kW·h 两种不同容量的刀片电池,所对应的纯电续航里程分别为 55 km 和 120 km,最低亏电油耗为 3.8 L/100 km。此外,比亚迪宋 PLUS DM-i 搭载"骁云"插混专用 1.5 L 高效发动机,零百加速时间为 7.9 s,百千米油耗为 4.4 L,综合续航里程长达 1200 km。DM-i 混动系统还在唐 DM-i 和宋 Pro DM-i 等车型中搭载应用。

6.5　混合动力的发展趋势

混合动力耦合装置是混合动力系统的核心之一,也是最具技术挑战的部分,其主要功能是实现发动机和动力电机的动力高效耦合并传递到车轮。耦合装置的发展趋势决定了混合动力系统的发展趋势。

1. P2 混合动力

发展趋势一：增加变速器挡位,以改善发动机匹配特性,提高发动机的实际工作效率。

早期有 P2＋4AT(automatic transmission,自动变速器)、P2＋6AT、P2＋6DCT(dual clutch transmission,双离合变速器)混合动力系统,近年来出现了 P2＋8AT、P2＋10AT 混合动力系统。发展趋势二:减少变速器的能量损耗,例如降低离合器的阻力,减少液压系统的能量消耗。很多 P2＋AT 混合动力用离合器取代液力变矩器,减少搅拌液体的能量损失。发展趋势三:电机与变速器深度集成,充分发挥电机的作用,提高混合动力的性价比。

2. 功率分流式混联混合动力

功率分流式混联混合动力发展方向是,在保持速比变化灵活性的条件下,降低电力传动的比例,提高机械传动的比例,从而提高系统整体的燃油经济性。一种广泛采用的方法是增加工作模式切换装置,使系统在不同的情况下切换,发挥电力传动的灵活性和机械传动的高效率。另一种方法是在功率分流系统的输出端增加机械变速机构,使系统在低速时具有更强的加速能力,在高速巡航时具有更好的燃油经济性。

3. 串联式混合动力

串联式混合动力发展的主要方向是,提高发电机和驱动电机的效率,提高传动效率,降低油耗/电耗。另一个方向是提高性价比,即在保障动力性和燃油经济性的条件下降低成本,方法是提高转速,减小电机转矩、体积和质量。此外,多挡位传动机构也是串联式混合动力的发展方向。

4. 混联式混合动力

在离合器分离、系统依靠电力传动时,混联式和串联式混动系统相同,改进方向和路径相同。在离合器锁定、系统依靠机械传动的情况下,最直接的方法是增加挡位,扩大机械传动的速度范围,提高整体效率,降低油耗/能耗。

总之,串联式、混联式和功率分流式混联混合动力系统都是双电机系统,全部或部分或分时具有电力传动。从串联到混联,增加一个离合器,从而可以实现分时机械传动;混联式动力系统有增加挡位的趋势,目的在于利用机械传动效率高的特性;功率分流式混联混合动力系统增加多挡自动变速器(AT)变速机构,也是利用机械传动的高效率优势。

思 考 题

1. 常见的混合动力系统有哪些类型? 各有什么特点?
2. 串联式混合动力系统能量传递和转化环节多,能量损耗较大,为什么实现了产业化应用?
3. 开关式混联混合动力系统有哪些工作模式?
4. P0、P1、P2、P3、P4 混合动力系统是什么类型混合动力系统? 如何区分?
5. 功率分流式混联混合动力系统处于制动能量回收时,有哪些相关部件在工作? 能量流动的具体路径是什么?

参 考 文 献

[1] 康拉德·莱夫,卡尔·诺来卡特,凯·伯格斯特.机动车混合动力系统:原理、组件、系统、应用[M].邹渊,陈瑶,韩维文,译.北京:北京理工大学出版社,2017.

［2］约翰 M.米勒.混合动力汽车驱动系统：原书第 2 版［M］.刘玉梅,赵聪聪,徐振,等译.北京：机械工业出版社,2016.

［3］康拉德·莱夫.BOSCH 传统动力传动系统和混合动力驱动系统［M］.北京永利信息技术有限公司,译.北京：北京理工大学出版社,2015.

［4］张俊智,吕辰,李禹橦.电动汽车混合驱动与混合制动系统：现状及展望［J］.汽车安全与节能学报,2014,5(3)：209-223.

［5］张俊智,卢青春,王丽芳.汽车混合动力传动的能量流动与比较［J］.机械科学与技术,2001,20(5)：746-747.

第7章 纯电驱动动力系统

与内燃动力相比,纯电驱动动力系统是新能源汽车的特有系统,是车辆行驶的主要动力来源。为了满足不同应用场景下的使用需要,纯电驱动动力系统在轿车与商用车应用场景中发展出了不同的系统组成形式与技术方案优势。根据系统能量来源不同,纯电驱动动力系统还可以分为锂电池动力系统与燃料电池动力系统。本章节主要介绍了轿车动力系统、商用车动力系统、锂电池动力系统与燃料电池动力系统的构型特性与系统功能,分析了纯电动力系统关键技术方法的下一代发展趋势。

7.1 轿车纯电驱动系统

本节系统介绍了纯电驱动系统的核心构成、配置形式及技术发展趋势。首先,详细分析了纯电驱动系统的基本组成部件,包括电机控制器、驱动电机与减速器,阐述其如何协同将电能转换为机械能,实现车辆驱动。随后本章探讨了纯电驱动系统在不同应用场景中的多样配置形式,按电机数量与布置方式分为集中式、分布式等类型,分析其各自的特点与适用场景,进一步介绍了集中式和分布式驱动系统的典型结构。从早期的分立式到高度集成的一体式电驱系统的发展,展示了集成度提升对传动效率、空间利用率和系统可靠性的影响。同时,讨论了分布式驱动系统在高端车型中的应用优势,如轴间分布式与轮间分布式驱动系统对操控性和布置灵活性的提升作用。最后,本章展望了纯电驱动系统的技术发展趋势,强调未来在驱动功率密度、结构紧凑性及模块化设计方面的提升潜力,揭示了其在高效性、智能化及舒适性等方面的优化方向。

7.1.1 纯电驱动系统的基本构成

纯电驱动系统是电动汽车中将电能转换为机械能驱动车辆行驶的系统,是电动汽车行驶的原动力,被称为电动汽车的"心脏"。电动汽车行驶的过程中,主要的能量流转过程如图 7-1 所示。高压动力电池的能量经高压电缆传输给电机控制器,由电机控制器将高压直流电变换为高压交流电,驱动电机将高压电缆传来的高压交流电转化为旋转机械能;减速器将轴传来的高转速、小转矩旋转机械能转换为低转速、大转矩的旋转机械能,并由半轴传递给车轮,驱动车辆行驶。

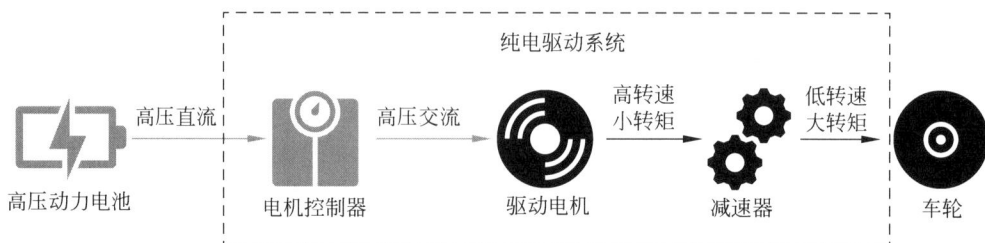

图 7-1 电动汽车行驶过程中的能量流转示意图

从构成上看,纯电驱动系统主要包括电机控制器、驱动电机、减速器三大部分。

1. 电机控制器

电机控制器的电气原理如图 7-2 所示。U_{DC} 为电池的直流输入电压,U_{AC} 为输出给电机的三相(U、V、W)交流电压,主要控制单元为驱动控制板,主要执行单元为起开关作用的功率器件 $VT_1 \sim VT_6$。为了平抑开关过程中的直流端电流、电压脉动等,在直流正、负极之间串联一个大容量的电容。这些就构成了电机控制器的主要组成部件。

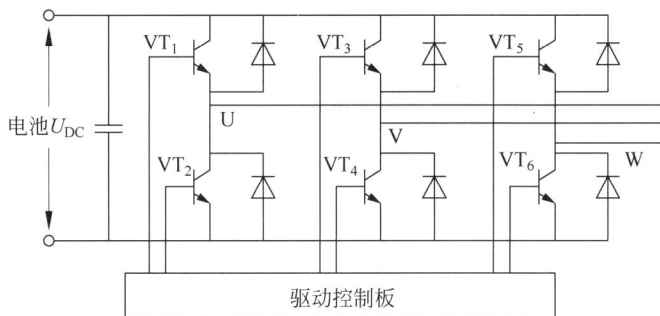

图 7-2 电机控制器的主要电气原理图

在实际控制器产品中,还需要考虑高频开关对高低压回路的电磁兼容性影响、停机时支撑电容的能量泄放、直流端和交流端的电流及电压检测、功率器件的散热等,因此需增加滤波电路、电磁屏蔽板、放电电阻、电流传感器、散热水套或散热片等;考虑控制器的防水、防尘、抗机械冲击等要求,将电气系统可靠封装于坚固的壳体中;同时控制器还有高压输入接口、高压输出接口、低压插接器接口等。典型的电机控制器产品如图 7-3 所示。

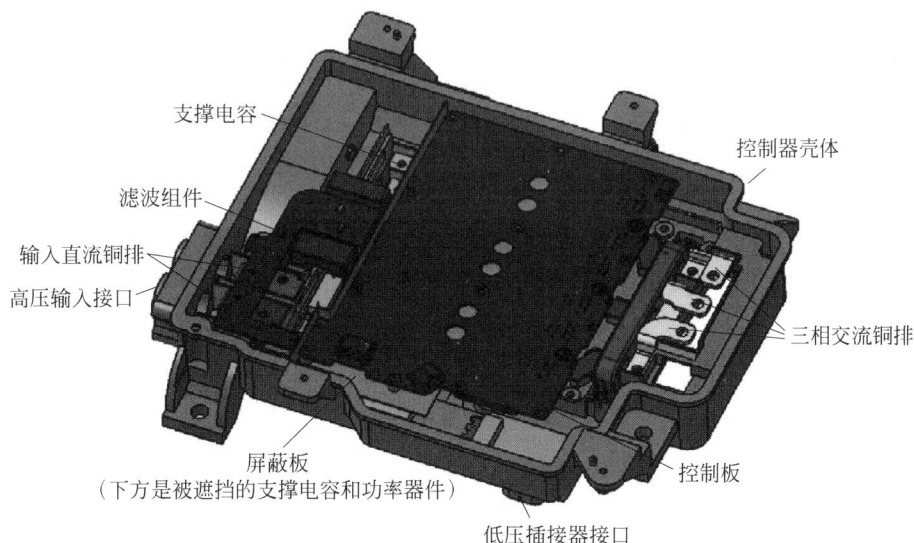

彩图 7-3

图 7-3 北汽新能源的某车型电机控制器内部构造

2. 驱动电机

驱动电机是电能与机械能转化的关键装置,通常通过控制定子电流方向和大小实现磁场的旋转方向、速度和大小变化,使电机产生所需的驱动力。车用驱动电机主要包括输入电能的定子和输出旋转机械能的转子两个核心部件,另外还有作为电气接口的接线柱、起散热作用的水套、起保护作用的壳体和端盖、起支撑作用的轴承和轴等机械件(图7-4),以及检测定子温度的温度传感器、检测转子位置的旋转变压器等。

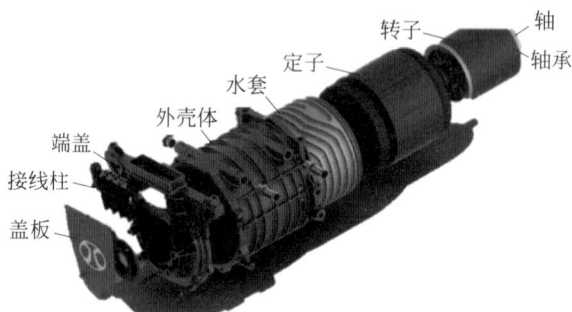

图7-4　北汽新能源的驱动电机构成图

3.减速器

减速器的作用是实现电机转速与车速的适配,将车用驱动电机最大10 000 r/min以上的转速降至行车所需转速,同时将电机转矩从最大100～400 N·m增至2000～5000 N·m,实现高性能加速与爬坡。从构成上,减速器主要包括起减速增扭作用的减速齿轮对、自适应左右轮输出转速需求的差速器、支撑齿轮的轴系和壳体、起支撑作用的轴承和密封润滑油的油封等(图7-5)。

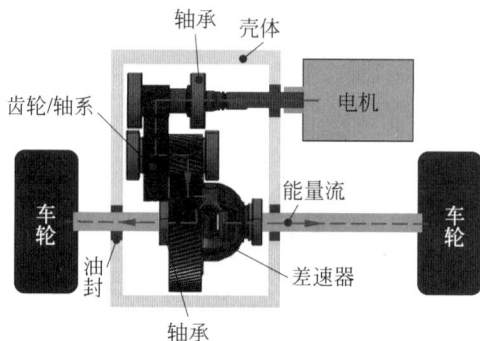

图7-5　减速器的构造示意图

7.1.2　纯电驱动系统形式

与内燃机驱动系统相比,纯电驱动系统具有体积小、附件少等优势,根据应用场景与用户需求的不同,在整车上布置更加灵活,产生了多种驱动形式(图7-6)。根据驱动电机数量可分为单电机驱动、双电机驱动、三电机驱动、四电机驱动等形式。按驱动电机布置分布可分为集中式驱动、轴间分布式驱动、轮间分布式驱动、全分布式驱动等形式。

集中式驱动系统如图7-6(a)所示,与传统汽车驱动结构较为相近,动力系统采用单电机取代内燃机作为动力源,动力经传动系统通过减速器、差速器、传动轴等传动装置传递到驱动轮上。由于集中式驱动系统与传统汽车的驱动系统在结构上相似,其具有技术成熟、安全可靠的优点,但这种驱动类型的底盘结构相对复杂,动力传递链路较长,系统传动效率较低,车内空间狭小,且传动效率比较低。

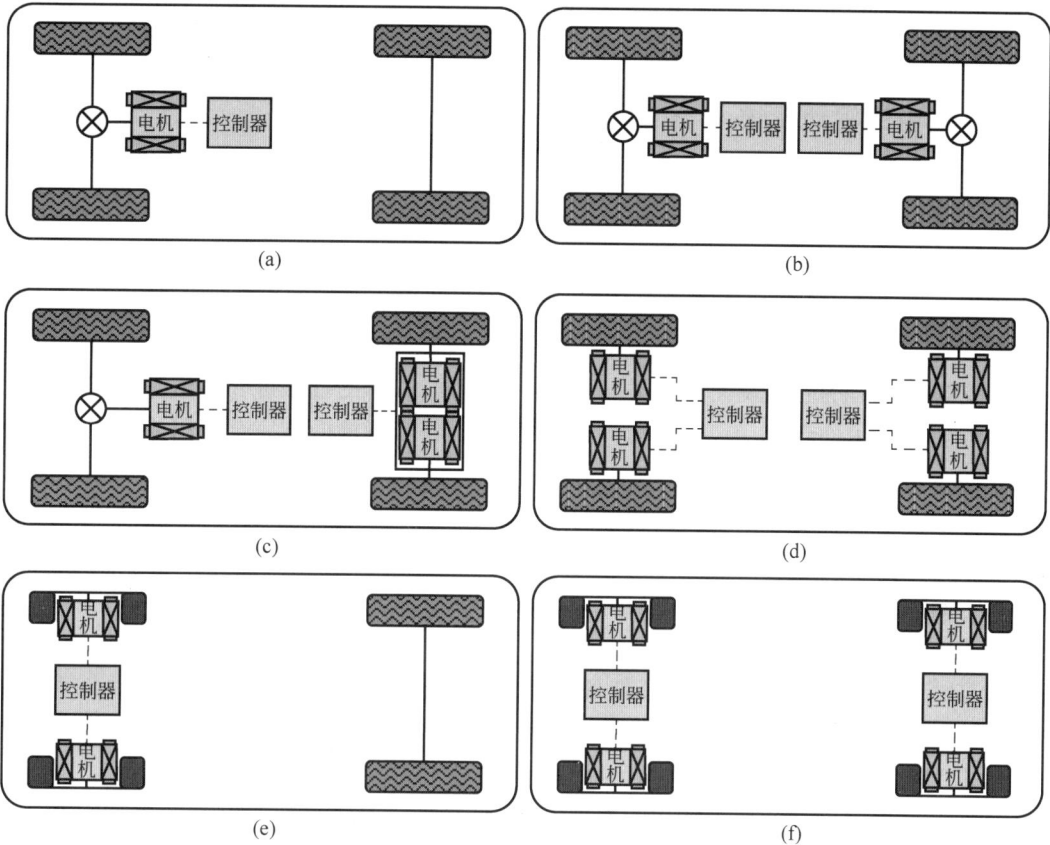

图 7-6　纯电驱动系统形式

(a) 单电机/集中式驱动；(b) 双电机/轴间分布式驱动；(c) 三电机/轴间分布式驱动；(d) 四电机/全分布式驱动(轮边)；
(e) 双电机/轮间分布式驱动(轮毂电机)；(f) 四电机/全分布式驱动(轮毂电机)

　　轮边电机驱动系统如图 7-6(d)所示,将电机布置在副车架的驱动轮外部,与固定速比的减速器连接,通过半轴实现对车轮的驱动,是从集中式驱动到轮毂电机驱动之间的过渡形式。轮边电机驱动的汽车传动链和传动空间进一步减小,底盘结构更简单,整车质量减小且布置更合理,具有较高的传动效率,但由于簧下质量较高,影响行驶的舒适性,目前轮边电机在客车上应用较多。

　　轮毂电机驱动系统如图 7-6(e)和(f)所示,将驱动电机设计安装在驱动轮内部,输出转矩直接传输到车轮,全部或部分舍弃传统的减速器、差速器、传动轴等传动装置。轮毂电机驱动汽车的底盘结构大为简化,动力传递路径短,传递效率更高;电机布置于驱动轮内,减小了传动空间,提升了整车布置灵活度,易于实现底盘一体化模块设计;由于驱动系统布置位置下降,整车重心高度降低,车辆具有更好的稳定性;由于没有半轴等传动装置的约束,车轮能够实现 360°转向,整车可以实现原地转向、横向行驶等独特功能,进而增加整车的运动自由度。但轮毂电机驱动系统也面临难题,电机布置于驱动轮内导致车辆的簧下质量增加,影响行驶的平顺性。

　　总的来看,集中式驱动系统与传统内燃机汽车的驱动系统较为相似,因此存在传动系统零部件较多、成本高、控制复杂等缺点。与集中式驱动系统和传统内燃机汽车的驱动系统相比,新型纯电驱动系统具有结构紧凑、传动链短、经济性好、车身内部空间利用效率高等特点,并具有更大的空间控制和性能优化潜力,代表了纯电汽车驱动系统的重要发展方向。

7.1.3　集中式驱动系统

为了节省空间,提高效率,纯电驱动系统构型逐步由分立式向集成式和一体式发展。电机控制器、驱动电机和减速器之间的连接和相对位置关系设计是电驱系统结构设计的主体内容。

在分立式构型下,电机控制器与驱动电机之间的主要连接仅用于三相交流电的传输,一般由三根电缆完成;当采用集成式结构时,电机控制器直接安装在电机外壳上,同时由很短的铜排直连。驱动电机的输出轴端与减速器的输入轴端通常通过花键连接传递转矩,各自由轴承支撑在各自的壳体端面上。根据集成度的不同,二者的端面可合二为一,甚至是驱动电机和减速器共用外壳体。一体式结构集成度更高,将三者的壳体完全共用或者深度集成,仅存在接合面,没有间隔空隙。

在 2015 年之前,电动汽车发展的早期,电驱动系统三大部件都是独立的。如北汽新能源 2016 款的 E150 EV 前驱纯电动汽车,其电驱动系统为分立式结构,电机和减速器安装在副车架上,电机控制器及其他电气设备则安装在二层支架上,电机控制器和驱动电机之间没有硬性机械连接,如图 7-7(a)所示。

分立式结构的电驱动系统,零部件各自独立,关联故障少、可维修性好;但不仅外壳形状各异,而且相互之间需要大量的线束、电缆连接,导致成本高、空间浪费、安装布置困难,同时因线束电缆交错、连接点多导致高压电与低压信号相互干扰,连接的可靠度较差。

集成式的电驱动系统成为随后的发展方向,趋势之一是将电机控制器及电动汽车上的电机控制器、整车控制器、车载充电、配电单元、电压变换单元、电池管理系统和热管理控制器等进行集成,同时电机控制器与驱动电机之间由铜排直连取代电缆连接。典型产品如北汽新能源 2019 款 EU5 的七合一电驱动系统,如图 7-7(b)所示。

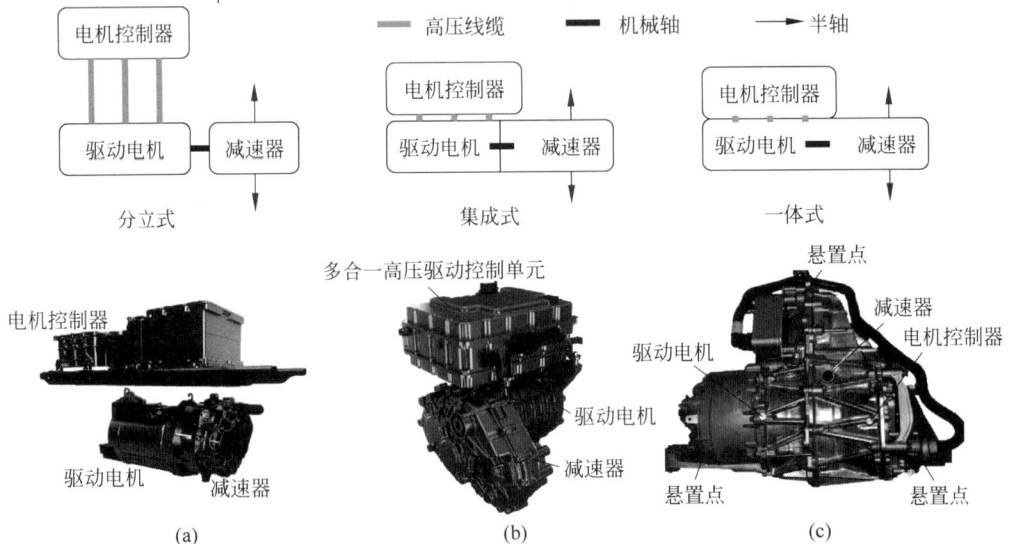

图 7-7　纯电驱系统不同构型示意图

(a) 北汽新能源 E150 EV 车型分立式电驱动系统;(b) 北汽新能源 EU5 车型集成式前驱动系统;
(c) 特斯拉 Model 3 车型一体式电驱动系统

多合一集成式电驱动系统有效解决了分立式结构的连接复杂问题,不仅节省了线缆等物料成本,更重要的是因为接插件减少,有效提升了系统可靠性;另外,系统的紧凑性也大幅度提升,体积和质量显著降低,与相同功率的内燃机系统相比降低了 2/3 的质量,与分立式结构相比降低了 1/3 的质量。

电驱动系统的体积、质量显著低于内燃机系统,使得电动汽车(尤其是后驱动桥空间狭小的五座家用轿车)在后桥位置布置独立的驱动系统成为可能,四轮驱动不再需要传动轴将前驱动力传递到后桥,而是直接布置两套独立的电驱动系统。在此动力配置下,考虑到电机控制器、驱动电机、减速器在前后桥的复用等因素,单独将这三个部件集成为三合一电驱动系统成为新趋势,这也是当前电动汽车最主流的电驱动系统结构。如北汽新能源 2021 款极狐 αT 四驱版的前后桥电驱动系统都采用了三合一集成式结构,如图 7-8 所示。

图 7-8　北汽新能源极狐 αT 车型三合一集成式后驱动系统

一体式电驱动系统的紧凑性更好、功率密度更高,整体刚度、NVH(噪声、振动与声振粗糙度)性能也更好。特斯拉 Model 3 的电驱动系统是典型的一体式结构,驱动电机、减速器和电机控制器的壳体采用一体化设计,直接使用螺栓连接,构成一个高集成度总成,同时集成了与副车架悬置连接的悬置支架,质量功率密度较常规产品提高 30% 以上,如图 7-7(c)所示。

7.1.4　分布式驱动系统

电驱动系统的高功率密度使得分布式驱动成为可能。当前高端车用的燃油动力总成(含变速器)功率密度在 0.6 kW/kg 左右,而高端车用的电驱动系统功率密度在 2.0 kW/kg 左右,这使得电驱动系统在整车的布置更灵活方便。乘用车要求乘坐空间大、造型低矮、风阻小,传统燃油车通常只能布置一个动力总成,并且往往只能布置在前机舱,若布置在后机舱会影响第二排座位和后备箱的设计,四驱车型一般通过传动轴将动力传递到后轮。电动汽车则可以布置 2~4 个动力总成,实现分布式驱动。

1. 轴间分布式驱动

轴间分布式驱动是指汽车两前轮和两后轮分别由一个电驱动系统独立驱动,且左右两轮无独立动力源的驱动形式,仅用于全驱车型。轴间分布式驱动形式下,电驱动系统分别布置于前舱和后座椅下方,车辆由布置于前后两轴位置的独立驱动系统协同驱动,可实现更好的操控性和更强的通过能力(图 7-9);甚至在传统燃油车的基础上,通过在后驱动桥增加一套电驱动系统就能够实现双动力驱动,形成混动车型结构。

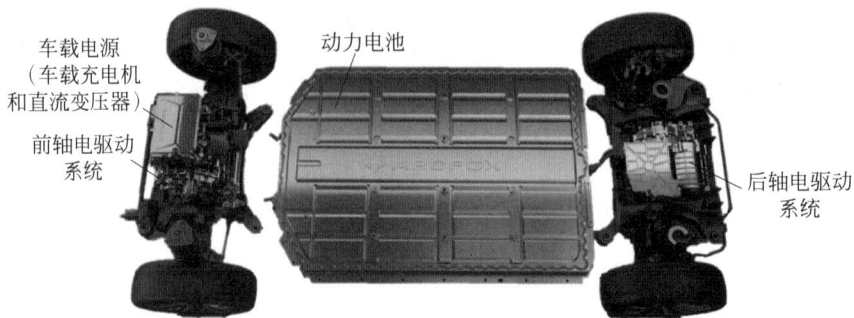

图 7-9　2021 款北汽新能源极狐 αT 四驱车型底盘

在追求高动力性能的乘用车型上,可实现三电机驱动,即前驱动桥由一个独立的电驱动系统驱动,后驱动桥则由两个电机组成的电驱动系统驱动,如上汽集团 Marvel X(图 7-10)和特斯拉 Model S、Model X 都有三电机驱动的量产车型。不过限于功率密度不足够高、驱动控制复杂等方面的一些技术难度,双电机驱动桥仍然采用集中驱动,借助差速器实现左右半轴的差速驱动。

图 7-10　上汽集团 Marvel X 的双电机后驱动系统

在当前电动乘用车的底盘结构下,前驱动桥由于受到转向机构、碰撞溃缩空间等的约束,电驱动系统一般在行驶方向的尺寸较小而高度方向的尺寸较大,如 EU5 前驱动系统(图 7-7);后驱动桥受到后地板高度约束,对高度方向的尺寸要求更高,如极狐 αT 后驱动系统(图 7-8)。随着将来底盘线控转向、线控刹车等技术的成熟应用,前驱动桥在行驶方向上受到转向机构的约束将消失,尤其是在实现左右半轴的分布式驱动后将不再需要转向机构,前、后驱动桥的电驱动系统将有望统一共用。

2. 轮间分布式驱动

轮间分布式驱动是指汽车的左右两轮分别由一个电驱动系统独立驱动的驱动形式,可实现 4×2、4×4 驱动。轮毂电机是轮间分布式驱动的主要驱动系统形式。早在 1900 年,费迪南德·保时捷发明了首台前置轮毂电机电动汽车,受限于电池及电机技术水平,道路车辆用轮毂电机技术发展缓慢。近年来随着电动汽车技术进步,轮毂电机技术再度成为研发热点。Protean、舍弗勒、NTN、NSK、米其林等国外公司研发了各具特色的轮毂电机产品。虽然各家轮毂电机在细节上略有差异,但基本结构类似,一般将制动盘、制动卡钳、电机定子、电机转子集成到标准的轮辋内,转子与制动盘、轮辋固定在一起。

图 7-11 所示的是 Protean 公司的 PD18 外转子轮毂电机电动轮结构图,电动轮由轮胎轮辋、转子、轴承、定子、电容环、电力电子、保护外壳、制动卡钳和制动盘构成,其逆变器集成在定子上,同时采用水冷方式进行冷却。电机质量 35 kg,额定功率 54 kW,峰值功率 75 kW,额定转矩 650 N·m,最大转矩 1250 N·m,最高转速 1600 r/min。

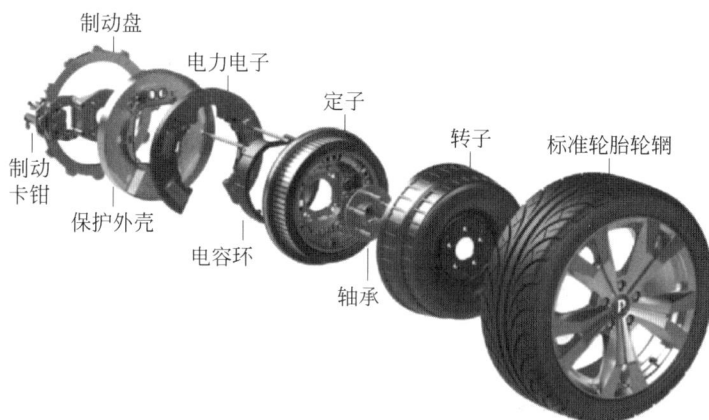

图 7-11　Protean 公司 PD18 外转子轮毂电机电动轮结构图

舍弗勒研发的内转子轮毂电机通常采用高速内转子电机,配备固定传动比的减速器,能够获得较高的功率密度,具有极数少、转矩小、转速高的特点。为获得较高的功率密度,电机的转速可高达 10 000 r/min,需配备固定传动比的减速器方可驱动车轮。图 7-12 所示为内转子轮毂电机的结构简图。

图 7-12　舍弗勒内转子轮毂电机结构简图

图 7-12 所示的内转子轮毂电机,包括车轮主体,车轮主体中心连接有电机,车轮主体安装有行星齿轮组,行星齿轮组外侧依次套设有轴承和制动鼓;电机包括电机转子,电机转子与行星齿轮组安装连接,电机转子外套设有电机绕组,在电机转子和电机绕组之间设有磁

钢；车轮主体外圆周一体成形有轮辐，轮辐外套有轮胎；行星齿轮组内置有与电机转子相连接的编码器。

清华大学车辆与运载学院研发的乘用车用轮毂电机，采用内转子电机＋减速器结构方案，内部润滑油强制冷却，外部风冷，并实现与悬架、转向、制动系统深度集成，如图 7-13 所示。轮毂电机由四个部件组成，包括轮毂单元(3)、减速器壳体(5)、电机壳体(7)、电机端盖(9)。轮毂单元旋转端与制动盘、车轮连接，固定端以螺栓固定在减速器壳体上；减速器壳体带有麦佛逊悬架的弹簧减振器总成连接孔位(6)、悬架下控制臂球头座固定孔位(1)、制动器连接孔位(4)，并集成了转向节臂(2)，保障悬架部件、制动器部件、转向拉杆部件的结构相容、运动协调。

减速风冷式轮毂电机内部动力传动构造如图 7-14 所示。图 7-14 中轮毂电机内部结构由两大部分组成，包括内转子电机和减速器。内转子电机由驱动电机(5)、高压电源线(6)、旋转变压器(7)、转子轴承(8)组成，内转子电机通过驱动电机螺栓连接孔(9)以螺栓固定在电机壳体上；减速器由一级减速器主动齿轮(4)、一级减速器从动齿轮(10)、二级行星齿轮减速器(11)组成，通过两级减速，减速比可达到 10 以上。

1—悬架下控制臂球头座固定孔位；
2—转向节臂；3—轮毂单元；
4—制动器连接孔位；5—减速器壳体；
6—弹簧减振器总成连接孔位；
7—电机壳体；8—高压线；
9—电机端盖；10—低压线连接器。

图 7-13　减速风冷式轮毂电机
外部结构

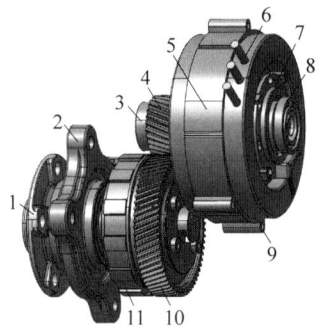

1—轮毂单元-旋转端；2—轮毂单元-固定端；
3—转子轴承；4——级减速器主动齿轮；
5—驱动电机；6—高压电源线；7—旋转变压器；
8—转子轴承；9—驱动电机螺栓连接孔；
10——级减速器从动齿轮；11—二级行星齿轮减速器。

图 7-14　轮毂电机内部结构示意图

图 7-15 为轮毂电机底盘中高压系统的主要组成，其中高压电池包总成为车辆提供能量，电池包从前、后两个高压接线端子输出电源给前轮毂电机控制器(9)和后轮毂电机控制器(3)；控制器将高压的直流电能转化为轮毂电机需要的三相交流电并提供给前轮毂电机(8)和后轮毂电机(4)，并分别进行转速与转矩的控制。电池包有两套充电系统：一是高压直流充电系统，在充电站将直流充电枪插入直流充电插座(1)可进行快速充电；二是交流充电系统，可用 220 V 电源，将交流充电枪插入交流充电插座(2)，电源经过三合一 CDU(conversion & distribution unit，转换与分配单元)总成(7)中车载充电机进行电压转换和充电控制，其充电速度较慢，但更为方便。三合一 CDU 总成(7)还集成了直流变压器，将电池包中的高压电

变成 12 V 低压电,为汽车低压电气系统供电,集成了动力分配单元,可分别为电机控制器和空调压缩机(10)供电。

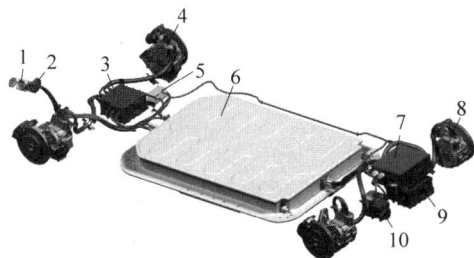

1—直流充电插座;2—交流充电插座;3—后轮毂电机
控制器;4—后轮毂电机;5—后电机控制器配电盒;
6—高压电池包总成;7—三合一 CDU 总成;8—前轮
毂电机;9—前轮毂电机控制器;10—空调压缩机。

图 7-15 　轮毂电机底盘高压系统

图 7-16 为轮毂电机前轮边单元后视图。此轮毂电机适配 17 英寸(1 英寸＝25.4 mm)及以上轮辋和 12.5 英寸制动盘。轮毂电机在设计时考虑了容纳滑柱总成中减振器、制动器中制动卡钳的空间和螺栓连接位置,从而使制动卡钳(2)、滑柱总成(5)能够在轮毂电机上嵌入式安装;转向拉杆(9)与集成在轮毂电机上的转向节臂连接,前下控制臂总成(14)通过球头销总成(13)与轮毂电机悬架下控制臂球头座固定孔位相连接,下控制臂内侧通过液压衬套支座(15)用螺栓连接到前副车架(11)上。电机壳体设计中应充分考虑车轮垂直跳动和转向过程中悬架下控制臂、转向拉杆的运动空间,同时转向拉杆和下控制臂的形状也需精细设计,避免运动干涉。轮毂电机前轮边单元可实现主销接地点偏距－3 mm,悬架行程±75 mm,转向轮转角 40°等指标,满足高速汽车对轮边单元的基本要求。

彩图 7-16

1—制动盘;2—制动卡钳;3—车轮;4—轮
胎;5—滑柱总成;6—滑柱支架连杆;7—稳定杆连接杆总成;
8—轮毂电机总成;9—转向拉杆;10—前稳定杆总成;
11—前副车架;12—转向器;13—球头销总成;14—前
下控制臂总成;15—液压衬套支座。

图 7-16 　轮毂电机前轮边单元后视图

清华大学车辆与运载学院基于轮毂电机开发了一款滑板式底盘,如图 7-17 所示,底盘采用 17 英寸轮辋,4×4 轮毂电机驱动,峰值功率 4×25 kW,车轮峰值驱动力矩 4×600 N·m,动力电池 40 kW·h,前悬架行程±75 mm,转向轮转角 40°。底盘充分发挥轮毂电机不占用机舱空间优势,最大限度增加了两轴间平坦空间,底盘总长 3765 mm,轴距 2850 mm,前悬550 mm,离地间隙 140 mm,底盘质量 1000 kg,最高车速 140 km/h,续驶里程 300 km。

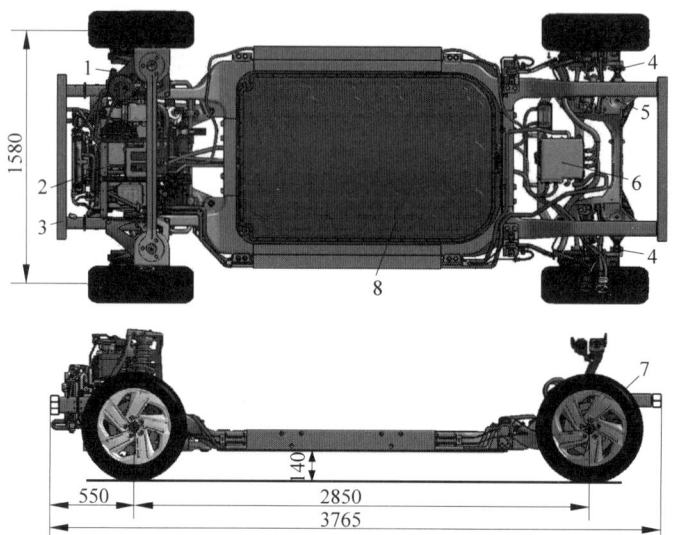

1—悬架;2—换热器;3—防撞梁;4—轮毂电机;5—悬架;6—电机控制器;
7—轮胎;8—电池包。

图 7-17 轮毂电机驱动的滑板式底盘(单位:mm)

7.1.5 纯电驱动系统技术发展趋势

电驱动系统的技术发展历程,是在满足电动汽车需求的前提下最大化发挥其优势的过程。在当前的技术下,电驱动系统已经满足了电动汽车对驱动功率、空间布置、运行效率、使用安全等方面的基础要求。后续的技术发展,一方面在这些基础要求上进一步深化,另一方面是满足电动汽车对舒适性、操控性等方面的要求。

电驱动系统的驱动功率随售价和时间逐渐增长是总体趋势。从 2020 年和 2021 年年销量过千的车型统计来看,驱动功率基本与售价正相关,但在售价 30 万元附近存在拐点:①售价 30 万元以上车型的驱动功率随售价增加而增大的趋势明显变缓;②售价 30 万元以上车型才会配置四驱车型。另外,历年统计数据还显示,售价 20 万元以下车型的驱动功率基本不变,而 20 万元以上车型的驱动功率逐年提升(图 7-18)。

在空间布置上,电驱动系统未来的一个趋势是在总体积几乎不变的情况下,提升驱动功率,实现功率密度的不断提升,如 Lucid Air 的电驱动系统,就通过在电机内集成差速器等技术,实现了质量功率密度 6.3 kW/kg(当前行业平均水平在 1.8 kW/kg);另一个趋势是在驱动功率满足乘用车需求的情况下,不断降低总体积,从而具备轮边布置甚至轮毂布置的可能性(当前商用车已经量产了轮边布置的电驱动系统)。

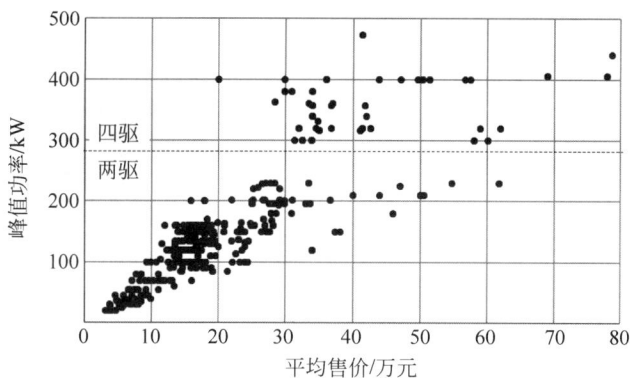

图 7-18　电驱动系统的功率与售价的相关性

7.2　商用车纯电驱动系统

与轿车纯电驱动系统相比,商用车纯电驱动系统体积大、载重量大,对驱动系统经济性、可靠性要求高。因此,商用车纯电驱动系统逐步演化出集中驱动、分布式驱动等构型。不同构型在结构布置、系统效率等方面差异显著,重载电动轮分布式驱动方式有望在商用车纯电驱动系统中得到进一步应用。

7.2.1　商用车集中驱动

随着交通节能减排与智能电动技术的发展,新能源商用车技术得到了产业界与企业界的广泛关注。伴随电动技术的不断突破,新能源商用车从燃油动力发展到油电混合动力,最后发展到纯电动力,带动了商用车的产业升级。

传统的燃油动力商用车动力系统是内燃机依次经过离合器、变速器、传动轴,将动力传递至车辆的轮端,其结构如图 7-19 所示。燃油动力系统传动链长、零部件多、质量大、占用空间大。

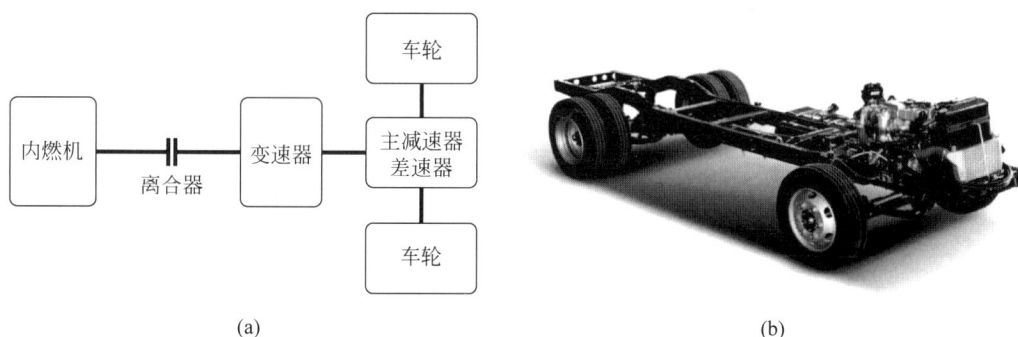

(a)　　　　　　　　　　　　　(b)

图 7-19　燃油动力系统拓扑构型及应用
（a）拓扑构型；（b）实物

随着电动技术的突破,纯电动力系统构型展现出更好的应用价值,已经开始应用在商用车上。一方面,更少的部件降低了整车开发难度及成本,减少了整车质量;另一方面,全生命周期下,纯电动力系统大幅降低了行驶成本。图 7-20 展示了纯电动力系统中首先发展的单电机集中驱动方案。

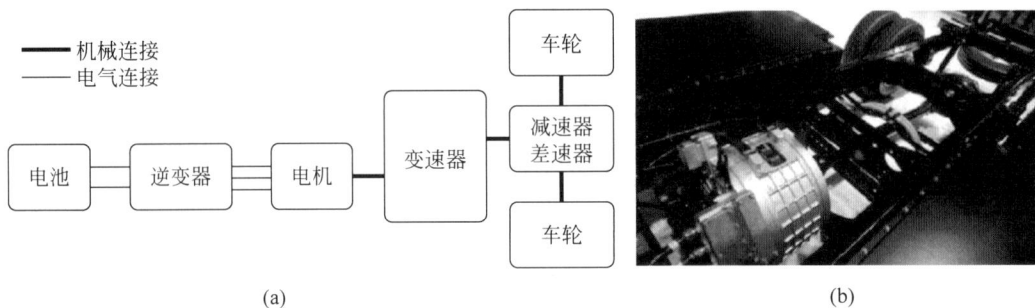

图 7-20　单电机集中驱动方案拓扑构型及应用
(a) 拓扑构型;(b) 实物

集中电驱动构型保留了大部分传统驱动桥的结构,动力传递需要依次经过离合器、变速器、传动轴、减速器、传动轴和轮边减速器等传动部件,最终实现车轮驱动。这种方案最大限度地保留了传统内燃机底盘的结构,可以实现电驱底盘与内燃机械底盘的技术体系兼容,具有开发难度小的优点。

图 7-21 所示是典型的中央电驱总成(德国采埃孚公司的 CeTrax 系列),由于输出采用了"即插即用(plug-and-drive)"的设计方法,与传统内燃机一致,可直接替代内燃动力适用于商用车,且无须对传统机械底盘、前后桥或差速器进行较大改动。

需要注意的是,集中电驱动构型与燃油动力系统驱动构型有很大相似性,都存在传动链较长、传动部件多、集成度低和传动效率低的缺点,如图 7-22 所示,图中部件上方数字表示其能量转换效率。此外,传动件太多导致车身质量大,传动系统的结构

图 7-21　采埃孚 CeTrax 系列中的中央电驱总成

较为复杂,占用底盘空间较大,继而导致电池的布置空间相对较小,限制了整车的续航里程。

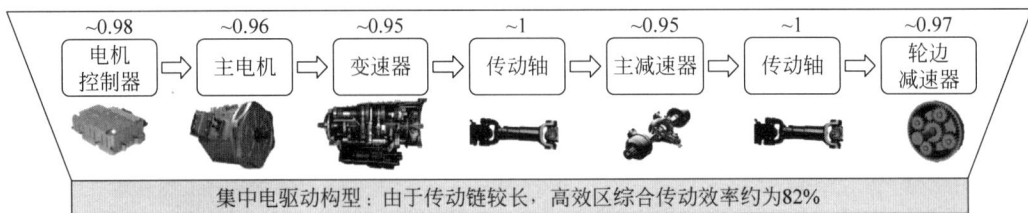

图 7-22　重载集中电驱动效率缺点

7.2.2　商用车纯电驱动系统构型

缩短传动链是提高驱动系统效率的重要途径,分布式电驱动采用多个驱动电机同时驱动底盘系统,不再通过单一电机进行驱动分配,减少了传动轴与差速器等传动部件,简化了传动系统,在回馈制动性、机动性、布置空间利用率及可控性等方面具有显著的优势,是电驱

底盘发展的重要方向。

根据传动链构型差异,商用车纯电驱动系统主要包括集中式电驱动、集成式电驱桥、分布式电驱动三种主流类型(图 7-23)。

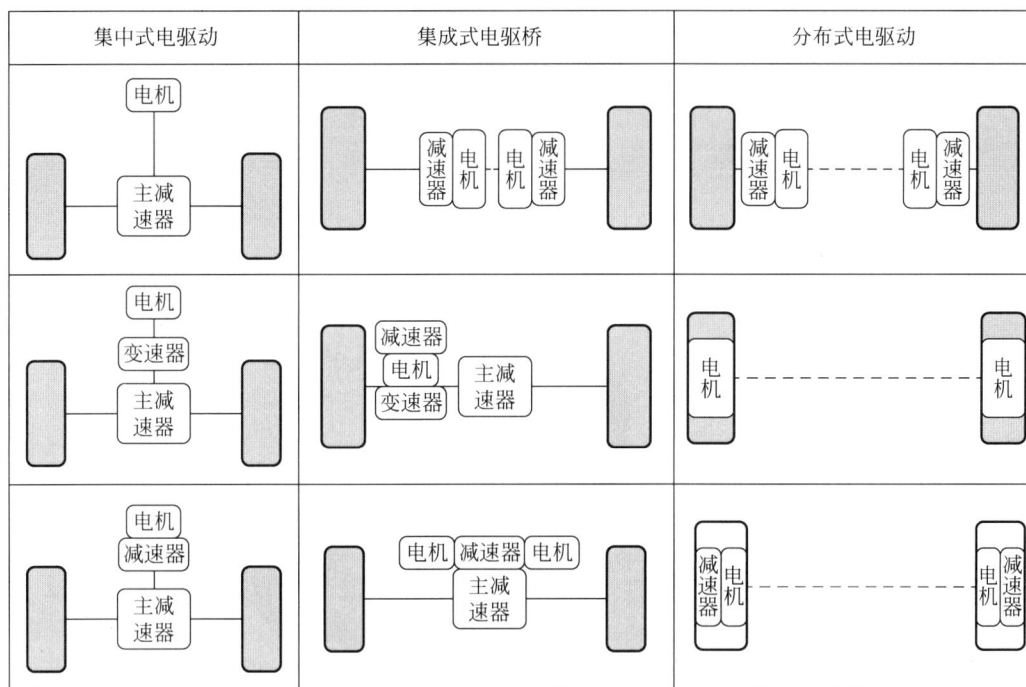

图 7-23　商用车纯电驱动系统构型

1. 集中式电驱动

集中式电驱动把原有的内燃机替换成电机,与传统内燃机汽车的驱动形式基本相同。主要包括电机连接主减速器、电机连接变速器再连接主减速器、电机连接减速器再连接主减速器三种构型。商用车采用集中式电驱动的主要优点在于结构简单且成本较低,但存在质量较大,传动效率低的问题。

2. 集成式电驱桥

集成式电驱桥(图 7-24)是将驱动单元集成在桥上,节省了驱动单元到驱动桥的长传动轴,缩短了传动链,通过与桥体集成设计,减小了驱动系统的质量。主要包括双电机分别连接减速器集成在桥上、电机连接减速器和变速器再连接主减速器、双电机连接减速器再连接主减速器三种构型。

集成式电驱桥零部件更少,且与桥体高度集成,降低了成本,提升了传动效率。另外由于占用空间小,布局灵活,方便动力电池及燃料电池、氢瓶等布置。但是,电驱桥将驱动系统位置由簧上转为簧下,降低了整车操控性,且 NVH 存在更大挑战。

图 7-25 展示了一种单电机集成式电驱桥。驱动电机产生动力,经过副减速器降速增扭,跨过车轴经变速器变速变扭,再经过主减速器降速增扭,最后通过差速器将动力传递到轮端。这种方案具有车身受力均匀以及结构布置合理的优点。

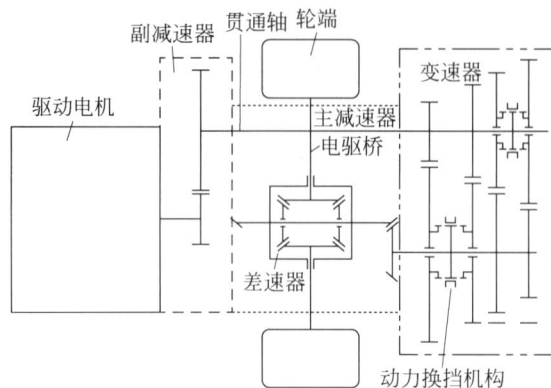

图 7-24   集成式电驱桥示意图

彩图 7-25

图 7-25   集成式电驱桥外观

图 7-26、图 7-27 展示了一种双电机集成式电驱桥。驱动桥装置包括驱动桥壳体和布置在桥两侧的电动力总成；电动力总成包含电机、行星减速器组和制动器；行星减速器组包括第一行星减速器和第二行星减速器。电机布置在驱动桥壳内,第二行星减速器布置在驱动轮内,第一行星减速器布置在电机附近。该构型下驱动桥的动力性与效率更佳。

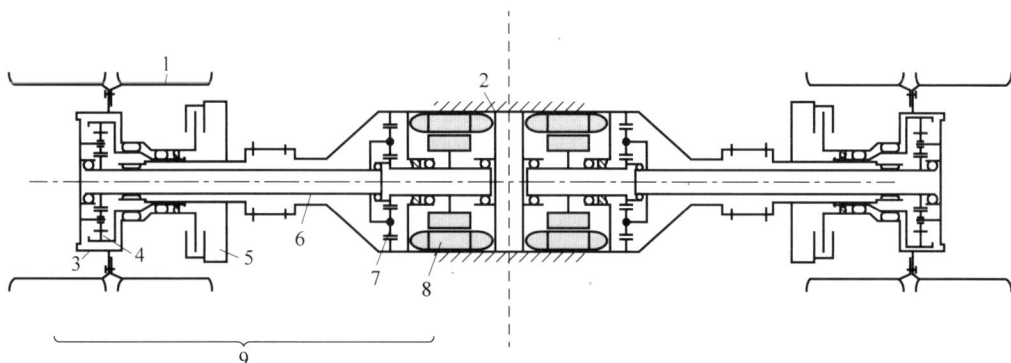

1—驱动轮；2—驱动桥壳体；3—减速器壳体；4—第二行星减速器；5—制动器；6—半轴；7—第一行星减速器；8—驱动电机；9—电驱动总成。

图 7-26   驱动桥装置

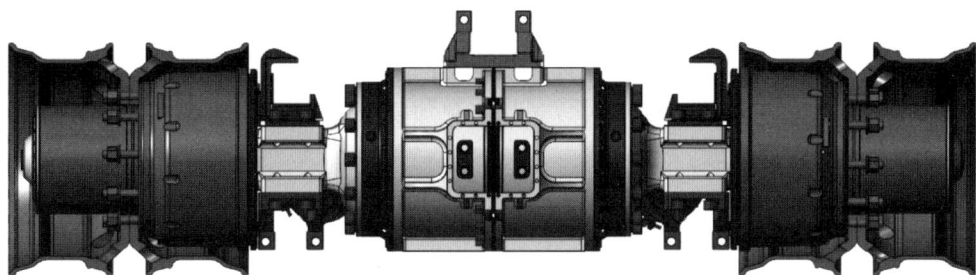

图 7-27　集成式电驱桥

彩图 7-27

3. 分布式电驱动

分布式电驱动是指有多个驱动系统,但这里主要指轮边电机驱动和轮毂电机驱动这两类典型驱动构型。

轮边电机驱动将驱动单元布置在驱动桥靠近车轮处,减速器布置在车轮内部,如图 7-28 所示。轮边电机构型进一步缩短了传动链长度,具备提升传动效率的潜力。但是,单一减速器匹配对电机全工况的适应能力,也带来了更大的挑战。此外,驱动电机数量的增加,也增加了对系统可靠性的挑战。

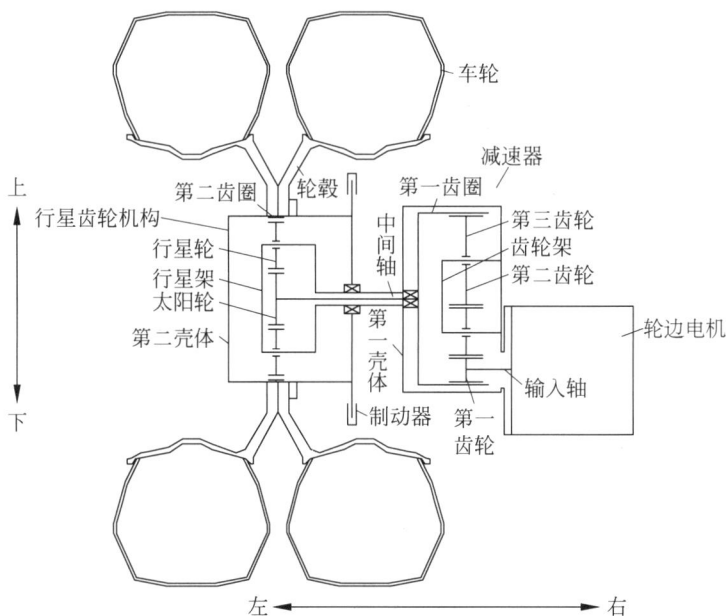

图 7-28　轮边电机驱动拓扑构型

轮毂电机驱动将电机和减速器均布置在车轮内部,轮毂电机驱动对于提高传动效率,进一步节省底盘空间,降低底盘高度具有优势。但是,轮内空间有限,对轮毂电机的转矩密度提出了更高的要求。

对于分布式驱动系统,其传动链最短,提高了传动效率,减少了驱动系统的质量;由于驱动系统高度集成,结构紧凑,使得地板空间被完全释放,空间更加自由。但是,分布式电驱动也给驱动控制与系统可靠性带来了更大的挑战。

图 7-29 展示了一种轮边电驱动构型方案。轮边驱动电机通过输入轴将动力传递到减速器,再通过中间轴将动力传递到行星齿轮机构,驱动车轮旋转。对比来看,分布式驱动相比集中式驱动在动力方面更加灵活,可以适用于更加复杂的驱动形式,在提升车辆的动力性和经济性方面有更大的潜力。

彩图 7-29

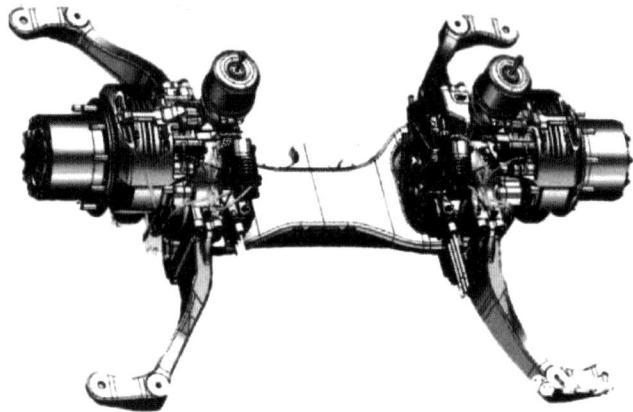

图 7-29   比亚迪轮边电驱动

7.2.3   商用车重载电动轮

轮毂电机驱动是分布式电驱动的一类方案,将采用轮毂电机驱动的独立驱动轮称为电动轮。一个电动轮一般包含轮毂电机、制动器、转向节等部件,可含或不含减速器。在电动轮的构型方面,一般根据轮毂电机和减速器的匹配关系,将其分为如图 7-30 所示三类:轮毂电机直驱、轮毂电机配减速器、轮毂电机配变速器。

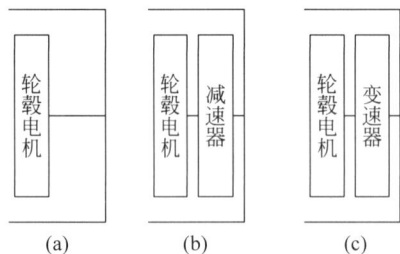

图 7-30   电动轮构型图
(a) 轮毂电机直驱;(b) 轮毂电机配减速器;
(c) 轮毂电机配变速器

图 7-31 所示为 E-traction 电动轮,采用轮毂电机直驱方案。受限于电机转矩密度水平,这种电动轮轴向尺寸较长,不利于布置,同时具有密封冷却困难,可靠性低的缺点。但轮毂电机直驱方案由于传动链最短,驱动效率也较高。

在重型商用车中,由于车辆载重大、驱动轮的峰值转矩需求高,电动轮往往采用轮毂电机配减速器驱动的构型,此时电动轮中包含减速器。采用轮毂电机配减速器的方案有利于降低轮毂电机的峰值转矩设计目标,便于实现更高的系统转矩密度,这种方式的不足是增加了系统集成布置的困难。

对于典型商用车场景,可以采用单级减速的电动轮方案,如图 7-32 与图 7-33 所示。电动轮采用内转子电机,电机轴一端布置驻车制动器,另一端输出动力至行星齿轮减速器的太阳轮;行星齿轮减速器的齿圈固定,行星架将动力传递到轮辋;在行星齿轮减速器和电机之间夹设盘式制动器。在矿用车辆电动轮领域,常采用两级或两级以上传动,以便于进一步提升输出转矩。

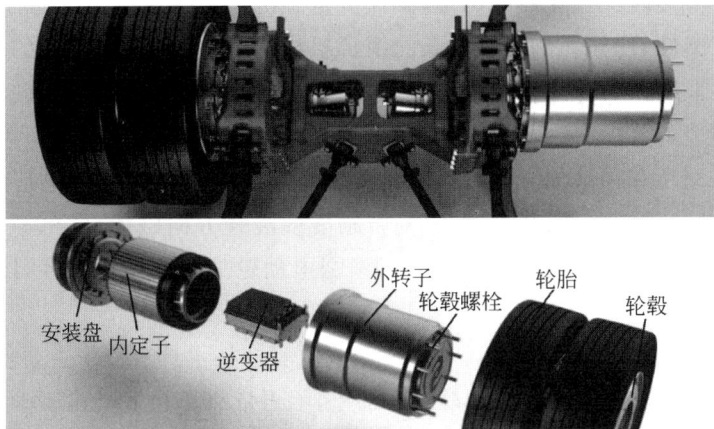

外转子 轮胎 轮毂
安装盘 内定子 轮毂螺栓
逆变器

图 7-31 E-traction 电动轮的构造

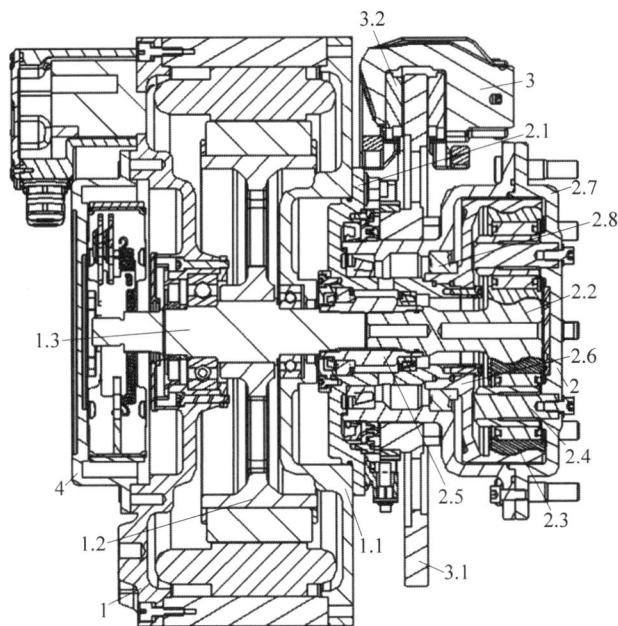

1—电机;1.1—电机壳体;1.2—内转子;1.3—电机轴;2—行星减速机构;2.1—行星减速器输入轴
端盖;2.2—太阳轮;2.3—行星轮;2.4—行星轮轴;2.5—花键套;2.6—行星架;2.7—行星减速器
壳体;2.8—轴承;3—行车制动器;3.1—制动盘;3.2—制动卡钳;4—驻车制动器。

图 7-32 一种轮毂电机配单级减速器的电动轮构型
注:n.m 编号代表 n 元件的子组件。

轮毂 轮毂电机 制动气室
制动间隙自动调整臂
桥管

图 7-33 清华大学自研重型商用车双胎电动轮

电动轮还有一类匹配变速器的构型,其优势是方便兼顾高转矩和高速的工况,但限于电动轮内空间的紧凑性,往往无法布置复杂的换挡机构,只能采用轮离合器的方式,在停车状态下换挡;也有采用差动行星传动的方案,以双电机双输入,通过两电机转矩、旋向独立控制实现传动比调节的效果。

电动轮的构型还存在其他分类方式:①依据轮毂电机的结构类型进行分类,主要包含径向磁场电机、轴向磁场电机、复合磁场(复合励磁或混合方向磁场)电机等,其中径向磁场电机还可分为内转子电机与外转子电机;②根据电动轮的载荷传递路径,以轮毂电机机壳是否传递载荷分类。

在重型车辆中采用以电动轮为代表的分布式电驱动技术具有以下主要优势:

(1)车辆动力性好。传统机械驱动的多轴车,不再依靠单台发动机驱动,动力性不再受限于发动机功率,可以采用峰值功率更高的新能源动力系统搭配多台驱动电机,车辆的加速性能和爬坡能力更强。

(2)易于车辆轻量化,总布置简化。采用电动轮后,车辆传动系统简化,变速器、传动轴、分动箱、主减速器和差速器等结构省略,同时为整车的布局留下更大空间。

(3)提升经济性。由于传动系统的简化,采用电动轮对车辆的传动效率有显著的提升。而且,由于各轮转矩可以独立控制,可以实现更灵活的机电复合制动协调,达到更优的制动能量回收率。

(4)可靠性好。各电动轮互为冗余,可以实现车辆的容错控制,在部分车桥或车轮失效的情况下仍可保持良好的动力性和车辆动力学控制能力。

(5)车辆动力学控制潜力高。一方面,电动轮本身既是执行器也是传感器,电机的转矩可以通过测量电流计算,极大方便了车辆的状态估计,从而便于实施车辆的控制;另一方面,由于每个车轮的转矩可以独立而精准控制且转矩响应速度快,车辆可以实现更高水平的主动安全控制。传统的驱动防滑、制动防抱死、横向稳定性控制主要通过调节各轮的制动气压或液压来实现,在采用电动轮后,可以直接通过控制电机转矩高精度和快速地实现上述控制功能。

重载电动轮相关技术还在发展之中,面临着一些挑战,主要体现在以下方面:

(1)电动轮空间紧张、减重压力大。在车轮内集成除了布置轮毂单元、制动器等,还需至少增加一个轮毂电机,空间布局紧张,而且还会带来簧下质量过大的问题,影响车辆的操纵稳定性和平顺性。因此,需要在满足驱动轮的转矩和功率设计指标的同时,尽可能提升电动轮单位质量和体积下的转矩和功率。

(2)电动轮一方面需要直接承受来自路面的冲击和振动,另一方面还要传递轮胎与地面的作用力、承受垂向和侧向的载荷,需要充分考虑其结构刚度、强度、可靠性等方面的问题。

(3)电动轮空间布局紧张,结构复用度高,轮毂电机散热条件较常规驱动电机更差,且更易受到制动器制动过程中传递的热量影响,需要充分考虑其散热和冷却问题。

(4)电动轮构造尚未形成固定方案。虽然这项技术已经在乘用车、商用车、工程车辆、特种车辆等不同领域有了探索与初步应用,但由于系统复杂度高,针对不同类型的车辆,还需要具体选择最合适的总体构型。

7.3　锂电池纯电驱动系统

锂电池是轿车纯电驱动系统的重要组成部分,为纯电驱动系统提供电力。在结构上,锂电池的布置方式在很大程度上决定了动力平台的结构;在功能上,锂电池需要频繁进行充换电。随着电动汽车的普及,电动汽车将与电网实现双向互联、深入互动,共同构建智慧能源系统。

7.3.1　动力电池系统的布置方式

动力电池系统是电动汽车的核心部件之一,通常也被称为电池包。随着电动汽车的发展,电池包的整体形状和布置方式也经历了多次演变,如图 7-34 所示。早期的电动汽车多由传统燃油汽车改装而来,因此电池包通常布置在原有的发动机舱中,形状也与发动机比较相似,典型代表为雪佛兰 Spark EV。随着整车特别是底盘空间的进一步挖掘,电池包的设计不再受到传统燃油汽车结构的束缚,形状逐渐扁平化,电池的布置空间显著增加。而在大众推出 MEB(modular electrification toolkit,模块化电驱动工具套件)平台、VDA(Verband der Automobilindustrie,德国汽车工业联合会)制定电芯尺寸标准后,电池包的设计正式进入了标准化时代。近年来,汽车厂商开始寻求将电池包直接集成到底盘上的终极成组方案,即 MIV 和 CTV 技术。

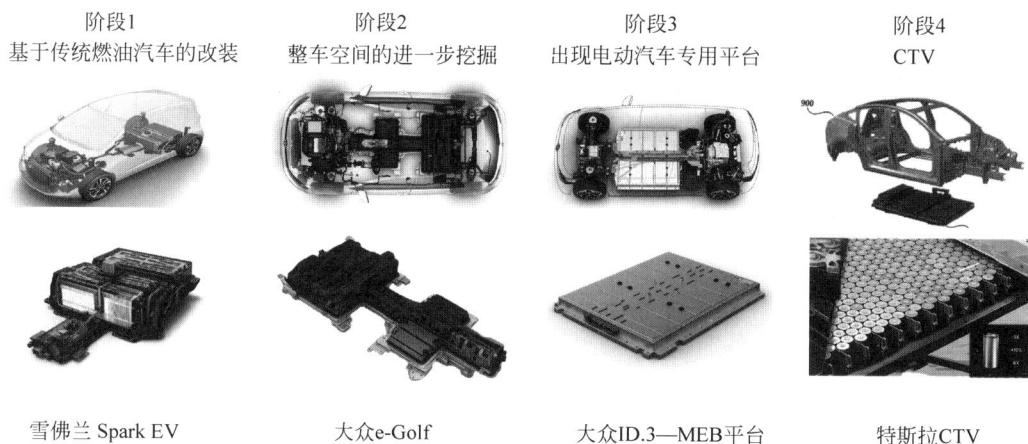

阶段1　　基于传统燃油汽车的改装
阶段2　　整车空间的进一步挖掘
阶段3　　出现电动汽车专用平台
阶段4　　CTV

雪佛兰 Spark EV　　大众e-Golf　　大众ID.3—MEB平台　　特斯拉CTV

图 7-34　电池包布置方式的演变过程

电池包的结构创新主要体现在非电池结构件数量的减少,以进一步增加电池的布置空间,从而提升系统的体积和质量能量密度。虽然标准化模组降低了电池包的开发难度,但仍然存在电芯空间占比小、成本高等缺点。因此,许多厂家进行了无模组技术的探索,包括比亚迪的刀片电池,宁德时代的 CTP 技术和国轩高科的 JTM(jelly roll to module,卷芯到模组)技术等。这些技术显著提高了电池包的能量密度,同时降低了生产成本。未来,随着 MIV 和 CTV 技术的应用,电池包的能量密度将会再度实现飞跃(图 3-27)。

7.3.2 动力电池充换电方式变化

电动汽车的充电方式主要有两种：接触式充电和无接触式充电。接触式充电可分为插电充电与换电充电，其中插电充电是新能源汽车主要的能源补给方式之一。图7-35给出了不同类型新能源汽车的出行特征与理想能量补给方式之间的对应关系。目前充电桩主要分为交流桩（俗称慢充，通常为3.5 kW和7 kW）和直流桩（包括小功率慢充和大功率快充，主要聚焦快充）。直流快充桩是未来发展趋势，普通快充功率为60 kW，标准快充功率为120 kW，典型快充功率为150 kW。超级快充桩已逐步进入市场，目前聚焦于实现350 kW以上的超大功率快充技术。对于小型轿车，平时在居住社区或工作单位以交流慢充为主，而直流快充主要应用在长途驾驶（例如出租车）期间。

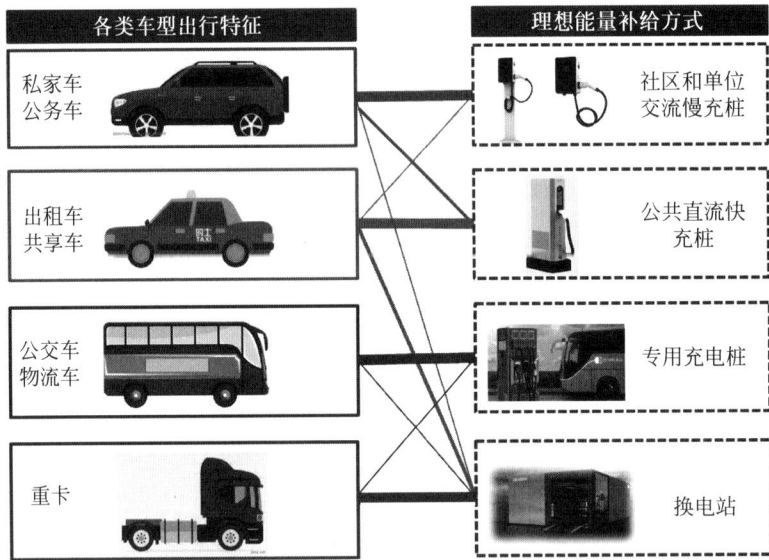

图7-35　新能源汽车能量补给方式

电动汽车充电系统的主要组成与拓扑结构如图7-36与图7-37所示。无论是交流桩还是直流桩，从电网输出的交流电均需要经过AC/DC和DC/DC两种电压转换器转换为适合车用动力电池的直流电。对于交流桩，电压转换器通常布置在专门的车载充电机中；对于

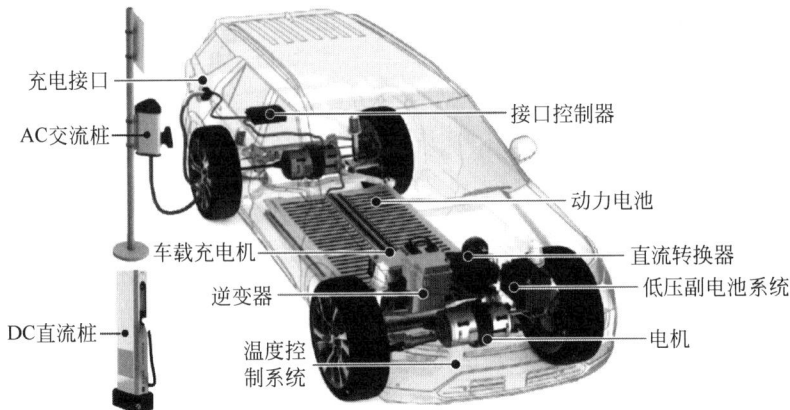

彩图7-36

图7-36　电动汽车充电系统主要组成

直流桩,电压转换器直接布置在充电桩内部,汽车上只需要保留一个充电接口。未来,车载交流充电器将逐步取消使用,而交流慢充桩将由具有车网互动(vehicle-to-grid,V2G)功能的直流慢充桩取代。

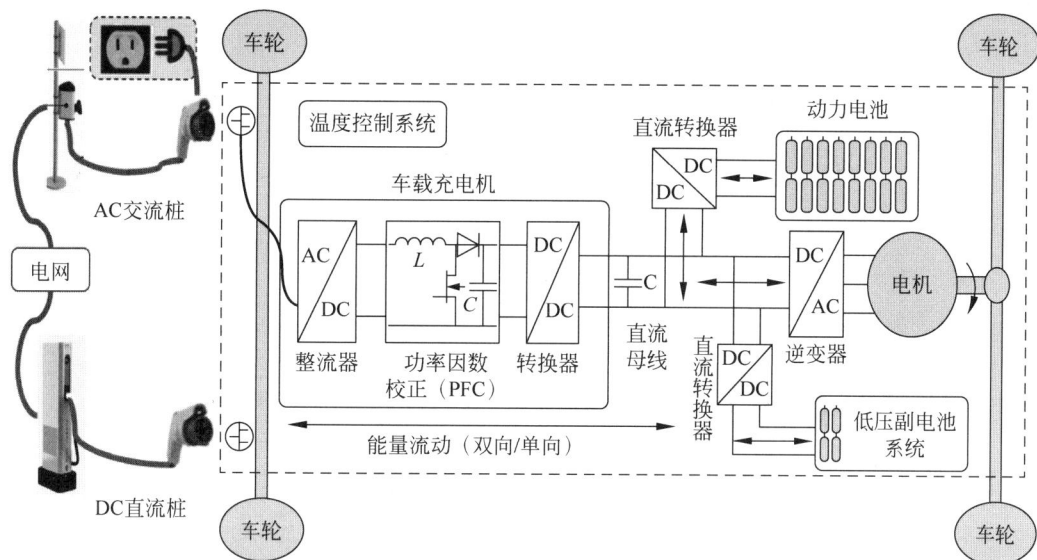

图 7-37　电动汽车充电系统拓扑结构

对于商用车,货车日均行驶里程约为 305 km,公交车日均行驶里程约为 165 km,物流车日均行驶里程约为 90 km。这类车辆如使用公共充电桩等方式补电,将存在车辆运营时间减少、车辆占用场地大、充电功率利用率低、对电网短时冲击大、充电站规划建设难度大且成本高等问题。因此,对于货车而言,由于大功率充电设施稀缺,运营效率要求高,补电方式以换电为主;而公交车、物流车到站停车时间较长,补电方式以专用充电桩为主;换电充电则是电动重卡的理想补能模式。对于不同车辆快充快换可以互补耦合,如图 7-38 所示。目前电动重卡的换电时间约为 3~5 min,已在客户侧展示出其媲美燃油重卡的快速能量补给能力,可充分保障车辆运营效率。

随着超级快充、充储一体、电池充电检测的规模化应用,充电业务的场景与商业模式还将更加灵活。其中换电具有特殊的商业特点,可以与充电优势互补,协同发展,智慧联动,共同为所有消费者提供补电服务,尤其换电提供的可调度电池资源可用于缓解快充的配电压力,助力交通深度电气化。

另一种新型充电方式是无接触式充电,又称为无线充电。目前无线电能传输有 3 种主要形式:感应式、谐振式和微波电能传输。其中微波电能传输是一种远场辐射能量传输方式,效率低,易对人体产生危害,不适宜电动汽车无线充电场景。感应式与谐振式无线充电已在电动汽车充电领域有了初步发展。美国工业协会将电动汽车感应充电(无线充电)系统按照功率分为 3 类:①用于应急的小功率充电器,功率等级为 1~3 kW;②中等功率充电器,功率等级为 5~25 kW;③大功率快速充电器,功率等级为 75~300 kW。目前国内外已有多个汽车厂商推出具有无线充电功能的量产车型,其无线充电功率等级在 2~10 kW。典型的电动汽车无线能量传输系统包含 3 个基本结构(图 7-39):线圈系统(也称磁耦合机构)、电力电子

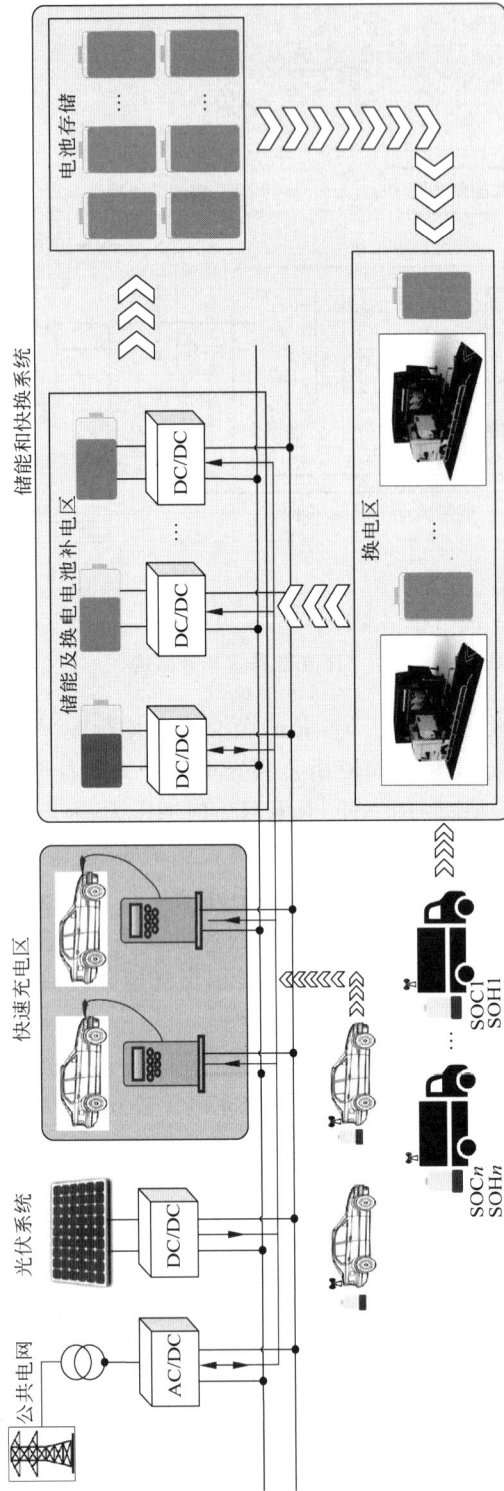

SOC—电池荷电状态；SOH—电池健康状态。

图 7-38　快充快换互补耦合示意图

低频电流 ——　高频电流 ——　高频磁场 ------

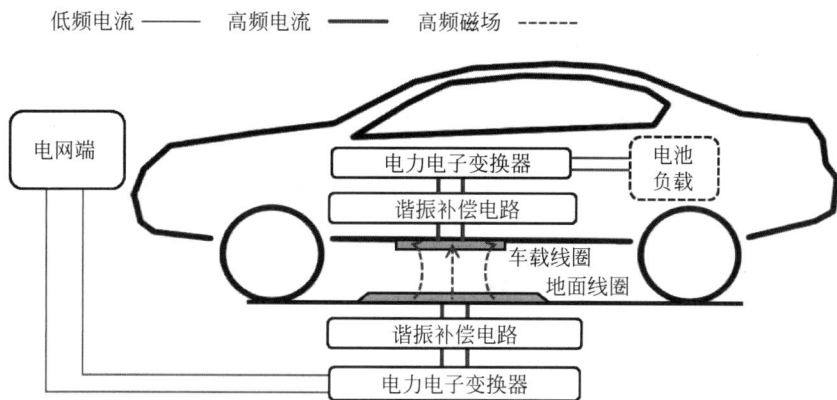

图 7-39　电动汽车无线能量传输系统结构

变换器及其控制系统、谐振补偿电路。电动汽车无线能量传输系统按所处位置可分为地面侧和车载侧(也称原边和副边),其中地面侧与电源(如电网端)相连,车载侧与负载(如动力电池)相连。

下面结合这 3 个基本结构,介绍无线充电原理。

无线充电的基本原理为电磁感应,线圈系统是实现电磁感应的核心结构。如图 7-40 所示,线圈系统分为地面线圈和车载线圈两部分。给地面线圈通以交变电流,空间就会激发出磁场,该磁场部分与车载线圈耦合(称为互感磁场)。根据法拉第电磁感应定律,该互感磁场会在车载线圈内产生感应电压。因而车载线圈相当于一个电压源,与电路相连后即可形成电流并向负载供电。

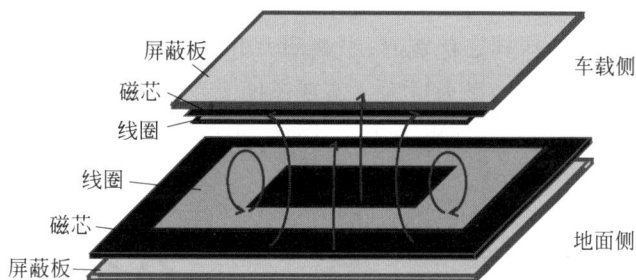

图 7-40　无线充电线圈系统示意图

地面线圈和车载线圈结构相似,一般由三部分组成:①线圈绕组,一般采用高频内阻较小的利兹线,以减小能量传输过程中的损耗;②磁芯,常采用铁氧体材料,其磁导率是空气的上千倍,可以减小两侧线圈之间的磁阻,从而增大线圈间互感、提升传输功率和效率,并起到一定的泄漏磁场抑制作用;③屏蔽板,材料一般为铝或铜,位于磁芯背侧,利用涡流效应抵消部分泄漏磁场,使车内和车旁人员处于更低的泄漏磁场环境中。

无线充电的传输功率与线圈电流频率成正比,大功率传输需要高频电流。为了给地面线圈提供高频电流,必须将 50/60 Hz 的工频市电变换为高频交流电(一般为几十 kHz),这一变换需借助工频整流器和高频逆变器实现。相应地,车载线圈内的高频电流需通过整流器转换为直流后才能为动力电池充电。此外,在必要时还可在地面侧或车载侧引入 DC/DC,用于调控电压或电流的幅值,实现充电功率目标。以上提到的逆变器、整流器和 DC/

DC,组成了系统的电力电子变换器。

图 7-41 从多个角度给出了各类电动汽车充换电方式的总结。

	目的地充电			充电站充电		
充电位置	居民区	工作单位	公交物流等场站	高速公路	快充站	矿山、港口等
服务车型	私家车为主	私家车为主	公交、物流车等	私家车、出租车、物流车等		卡车
充电速度		慢充: 7~20 kW		快充:120 kW 超充:>180 kW 快换:<5 min		
技术方案		慢充为主,停充复合 光伏-充电-建筑一体化 有序充电,车网互动		快充为主,即充即走 光储充一体化 充换电互补、柔性充电 站网互动		

图 7-41　各类电动汽车充换电方式总结(慢充、快充、快换、无线充电)

7.3.3　智慧能源车网互动

车网互动,顾名思义,就是电动汽车给电网放电,从而实现双向互联,如图 7-42 所示。随着电动汽车的保有量持续增长,无序充电将大大加剧晚间用电高峰,导致电网压力显著增大。通过开展有序充电和车网互动,使电动汽车在用电低谷充电,在用电高峰放电,能够实现"削峰填谷",从而有效减轻电网压力。此外,车网互动将电动汽车变为移动的储能装置,据测算,当电动汽车保有量达到 3 亿辆时,车载动力电池容量将超过 200 亿 kW·h,与中国每天消费总电量基本相当,储能潜力巨大。实现车网互动的本质是将电网到电动汽车的单向电力传输转变为两者之间的双向电力传输,因此,需要将电压转换器从单向变为双向,如图 7-43 所示。

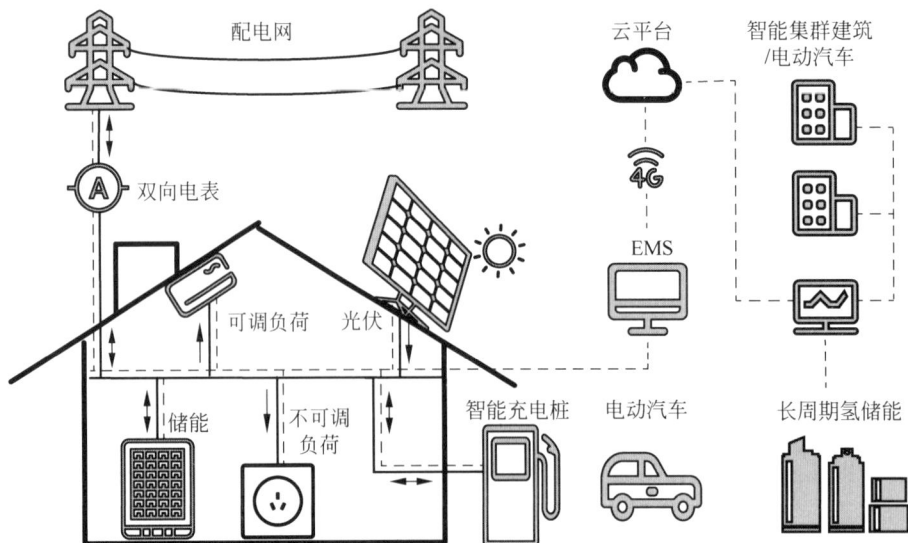

图 7-42　电动汽车接入家庭交流电网示意图

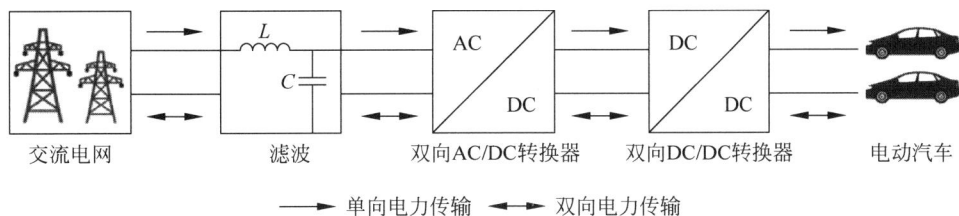

图 7-43　双向电力传输拓扑结构

具体而言,电动汽车接入民用或工业用低压配电系统的形式主要包括如下几种:①V2H(vehicle to house,车辆到家庭),与家庭分布式光伏协同(农村地区常用);②V2B(vehicle to building,车辆到建筑物),城市楼宇和停车场互动,集群后可参与 V2G;③V2mG(vehicle to microgrid,车辆到微电网)(AC),配合小型火电机组和可再生能源单元使用;④ V2mG(DC),直流微电网系统,集群后可参与 V2G。电动汽车还可通过⑤换电站或者⑥快充站接入 10 kV 传输线(中压配电系统)。车网互动(V2G)的多种常见形式如图 7-44 所示。

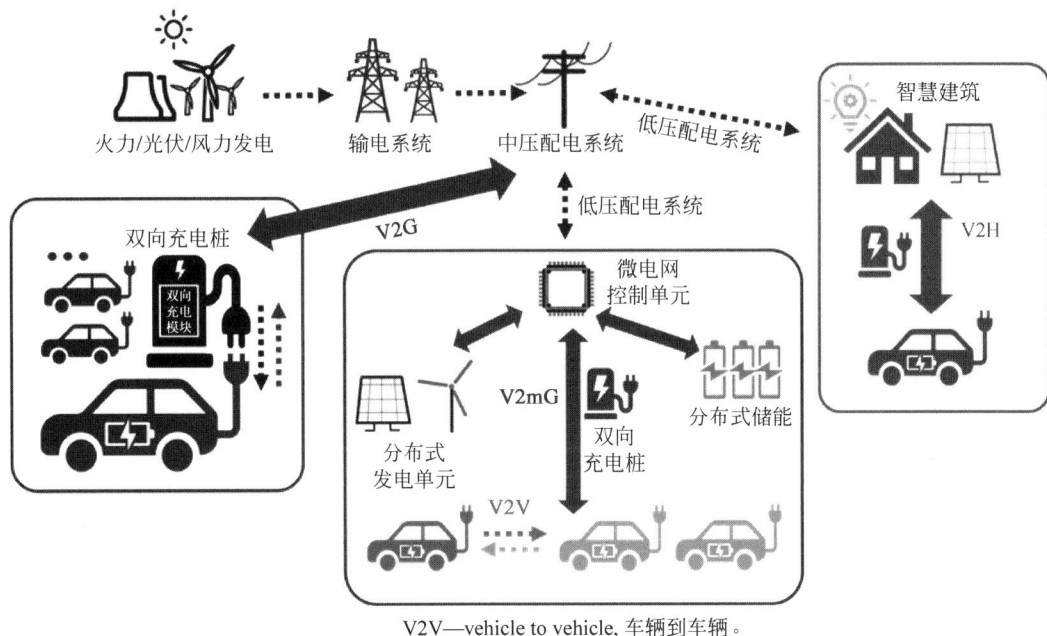

彩图 7-44

V2V—vehicle to vehicle, 车辆到车辆。

图 7-44　车网互动(V2G)的多种常见形式

7.4　燃料电池纯电驱动系统

燃料电池纯电驱动系统的核心组件是燃料电池堆,并采用车载储氢系统提供能源物质。该系统的主要优点包括高效能、零排放(仅排放水)、快速加氢和长续航里程,使得其在交通运输领域,尤其是长途和重型车辆中,具有广阔的应用前景。

7.4.1 燃料电池动力系统构型

燃料电池是一种氢能与电能的能量转化装置,其能量转化效率高,清洁环保,被认为是一种极具潜力的汽车动力源,其基本原理可以参考第 5 章,本章主要聚焦于燃料电池动力系统技术介绍。

早期汽车企业直接采用燃料电池系统替代传统内燃机系统,形成了燃料电池直驱的动力构型。在这种构型中,燃料电池系统直接将电能通过总线传给驱动电机,驱动电机驱动传动系统使整车前进。这种系统构型相对简单,容易实现系统控制和整体布置。系统的部件较少,也有利于车辆的轻量化,其结构简图如图 7-45 所示,但该系统电池成本较高。

由于燃料电池无法直接作为储能装置,直驱结构的燃料电池电动汽车无法实现制动能量回收,不利于节能减排。

总体来看,直驱式燃料电池动力系统结构简单,部件较少,控制简单,有利于整车轻量化。但是,直驱式燃料电池功率要求很高,需要频繁动态响应,耐久性会受到较大影响,也无法进行制动能量回收。

对于空间较为宽裕的商用车,一般采用燃料电池增程式混动构型,此时电机与动力电池或超级电容直接连接;燃料电池通过单向 DC/DC 转换器与电机连接。这种构型也称为能量混合型,主要应用于客车、卡车等对干空间不太敏感的商用车型,构型原理如图 7-46所示。

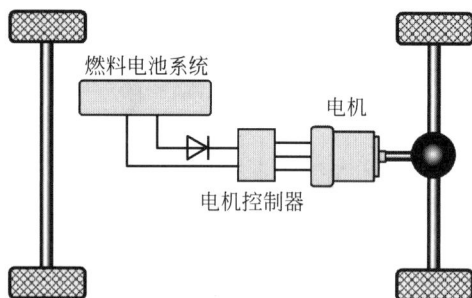

图 7-45 燃料电池直驱式系统结构原理图

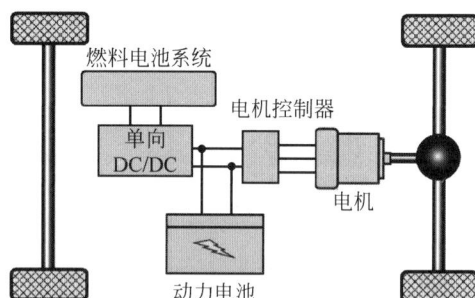

图 7 46 燃料电池增程式混合动力系统 结构原理图

燃料电池增程式混动构型中燃料电池输出电压一般低于动力电池,且随着输出电流增加,电压下降速度较快。DC/DC 转换器起到升压、稳压的调节作用,使燃料电池系统输出电压与电机驱动电压相匹配,并且可以在固定输出功率下,减小驱动系统的电流,保护各个功率器件,也可以提高燃料电池输出电压以满足电池充电需要。

采用这种构型时,燃料电池额定功率一般小于电机额定功率,只提供持续且均匀的能量输出。当电机需求功率大于燃料电池额定功率时,动力电池(或超级电容)放电,补充能量需求。

图 7-47 展示了 ECE 工况(欧洲经济委员会制定的汽车行驶油耗测试工况)下,车辆各部件功率曲线。由于动力电池容量大,动力系统可以回收更多的制动能量,也起到了对燃料电池输出功率"削峰填谷"的作用,保证了燃料电池可以持续稳定地输出功率,使其稳定工作

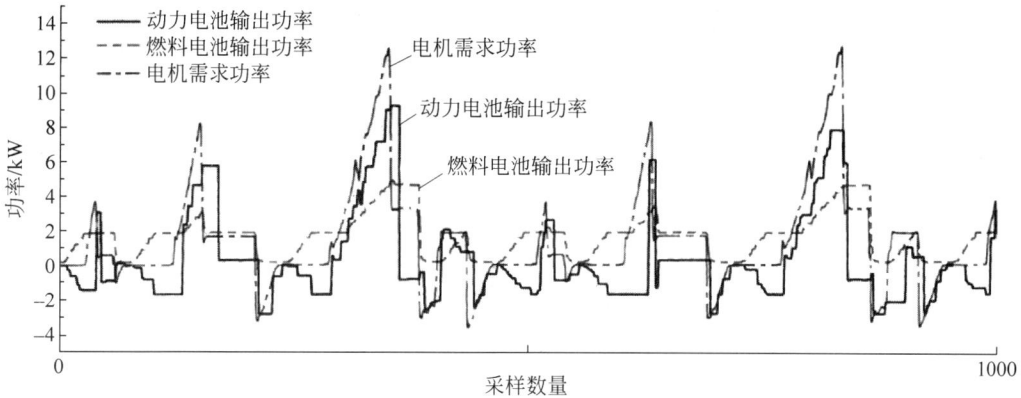

图 7-47　ECE 工况下车辆各部件功率曲线

注：负功率代表制动/能量回收。

在高效区；同时也可以降低燃料电池的额定功率,提高车辆的经济性。

　　总结来看,增程式混动构型可以降低燃料电池输出功率需求,从而降低整车成本;且由于燃料电池工况稳定,可以在高效区长期工作,提高了工作效率,延长了使用寿命。由于动力电池容量大,增程式混动构型更有利于汽车的冷起动,并回收更多的制动能量。

　　需要注意的是,增程式混动构型需要使用大容量动力电池,会明显增大整车质量,影响车辆动力性和经济性,需要进行仔细的匹配设计。此外,由于动力系统较为复杂,其控制难度也随之增大。

　　燃料电池主动力式混动构型(也称为功率混合型)也是一种较常见的构型,与增程式混动构型最大的区别在于 DC/DC 转换器的位置不同。燃料电池直接与驱动电机相连,储能模块(即动力电池/超级电容)则通过双向 DC/DC 转换器与驱动电机相连,如图 7-48 所示。

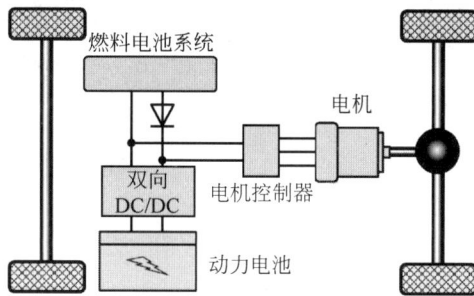

图 7-48　燃料电池主动力式混合动力系统结构原理图

　　这一方案中燃料电池与电机控制器之间的能量是单向流动的。储能模块可以直接通过双向 DC/DC 转换器将能量输出到母线上,而电机回馈的能量也可以经过转换器由储能模块吸收。

　　燃料电池主动力式混动构型的核心是利用双向功率转换器实现对能量的控制。而双向 DC/DC 转换器的控制非常复杂,需要与整车控制紧密配合,否则容易引起安全问题。

　　表 7-1 对三种构型进行了比较。

表 7-1   燃料电池各动力系统构型特征对比

性能特征	燃料电池增程	燃料电池主动力	燃料电池直驱
电机直连部件	储能装置	燃料电池	燃料电池
DC/DC 转换器类型	单向	双向	无
额定功率	小	大	大
成本	高	低	无
寿命	长	较长	较短
效率	高	中	低

随着燃料电池动力系统技术发展,各类构型方案也在融合发展。以丰田 Mirai 为例,图 7-49 所示动力系统主要包括储能电池、燃料电池发动机、驱动电机和氢气瓶,使用了两套 DC/DC 转换器进行动力系统控制。为了延长行驶里程,Mirai 使用了两个氢气瓶,这使得燃料电池空间布置十分紧凑。另外,为保证动力系统的快速功率响应能力,储能电池选用高倍率的镍氢电池,并通过 DC/DC 转换器升压与总线相连。燃料电池发动机置于前排座椅下方,其输出功率可达 100 kW 以上,是车辆的主动力源,并可通过主 DC/DC 转换器将电压升高至 650 V。

彩图 7-49

图 7-49   丰田 Mirai 动力系统示意图

7.4.2   车载储氢与液氢重卡

车用燃料电池一般指 PEMFC,主要以氢作为能源。氢在常温常压下为气态,密度很低,车载储氢技术的发展是氢燃料电池车发展的重中之重。

衡量储氢技术的性能参数有体积储氢密度、质量储氢密度、充放氢速率、充放氢的可逆性、循环使用寿命及安全性等,其中体积储氢密度、质量储氢密度及操作温度是主要评价指标。美国能源部先后提出车载储氢技术研发目标,要求最终达到质量储氢密度 7.5%,体积储氢密度 70 g/L,操作温度为 40~60℃。

　　目前车载储氢技术方案多采用物理储氢方式,主要包括高压气态储氢(compressed gas hydrogen,CGH$_2$)、深冷高压储氢(cryo-compressed hydrogen,CcH$_2$)、液态储氢(liquid hydrogen,LH$_2$)等,如图 7-50 所示。

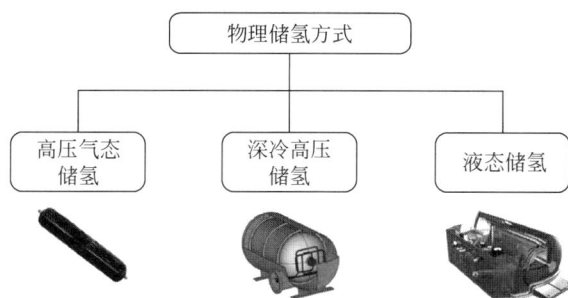

图 7-50　氢燃料电池汽车车载物理储氢方式

　　高压气态储氢是目前最常见也是应用最广泛的储氢方式,其利用气瓶作为容器,通过高压压缩储存气态氢。增加内压、减小罐体质量、提高储氢容量是车载储氢技术的发展方向。目前,高压气态储氢容器主要分为纯金属瓶、金属内胆纤维缠绕瓶及全复合轻质纤维缠绕瓶。纯金属瓶多采用高强度无缝钢管旋压收口而成,储氢密度低、氢脆问题严重,难以满足车载质量储氢密度要求;而后两种类型由内胆、碳纤维强化树脂层及玻璃纤维强化树脂层组成,明显减小了气瓶质量,提高了单位质量储氢密度。因此,车载储氢瓶大多使用碳纤维缠绕内胆。

　　金属内胆纤维缠绕瓶一般采用锻压铝合金,包覆碳纤维,气瓶使用压力主要有 35 MPa、70 MPa 两种。我国的车载储氢主要使用 35 MPa 铝内胆碳纤维缠绕瓶,70 MPa 气瓶也已经研制成功并逐渐推广使用。同时,由于金属内胆纤维缠绕瓶成本相对较低,储氢密度相对较大,也常被用作大容积的氢气储罐。

　　全复合轻质纤维缠绕瓶是另一种高压储氢容器的发展方向,如图 7-51 所示,这类储罐的筒体一般包括 3 层:塑料内胆、纤维缠绕层、保护层。塑料内胆不仅能保持储罐的形态,还能兼作纤维缠绕的模具。同时,塑料内胆的冲击韧性优于金属内胆,且具有耐腐蚀性、耐高温、高强度、高韧性等特点。但是在高压条件下,氢气易从塑料内胆泄漏,且塑料与金属接口的连接与密闭技术有待改进。

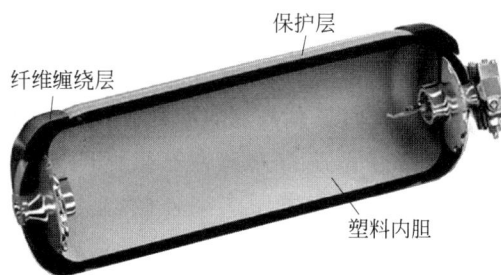

图 7-51　全复合轻质纤维缠绕瓶

　　高压气态储氢以气瓶为储存容器,其优点是成本低、能耗少,可以通过减压阀调节氢气释放速度,充气、放气速度快,动态响应好,能在瞬间开关氢气,满足氢燃料电池车车用要求。同时,其工作温度范围较宽,可在常温至零下几十摄氏度的环境下正常工作。高压气态储氢是目前较为成熟的车载储氢技术,但其质量储氢密度还有待提升。今后,高压气态储氢将向着轻量化、高压化、低成本、质量稳定的方向发展。

　　液氢体积储氢密度为气态氢气的 845 倍,可以实现氢气的高效储氢,是商用车储氢与大规模运氢的理想技术方案。然而,低温液氢极易汽化,不仅对储罐材质有要求,而且需要有配套的严格的绝热方案与冷却设备。已开发的液氢储氢系统质量能量密度约为 10%。目前,低温液化储氢技术还需解决以下几个问题:

　　(1) 低温液态储氢需要增加保温层或保温设备,会降低储氢密度;

　　(2) 储氢过程中,氢气汽化将会造成 1% 左右的损失;

　　(3) 液化过程所耗费的能量相当于液氢质量能量的 30%;

　　(4) 液化过程成本高昂,国产化进程缓慢。

　　2020 年,清华大学联合国内有关单位,研发了全球首台装载大容量液氢储供系统的燃料电池重载车辆,将新能源重卡续驶里程提升到 1000 km 以上,实现了新能源商用车技术的突破,如图 7-52 所示。车载大容量液氢储供系统由航天院所研发,将航天液氢供应技术和燃料电池车辆的技术融合,通过综合热管理,实现液氢汽化的稳定供给,为长续驶里程重卡提供了新的储氢方案。

彩图 7-52

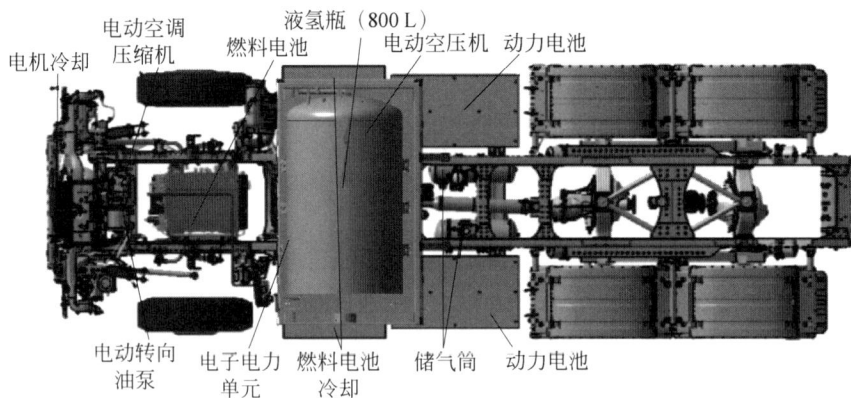

图 7-52　北汽福田液氢重卡

　　液氢重卡采用气氢燃料电池重卡总体布置方案,并在此基础上进行液氢系统改装。燃料电池及氢系统布置于发动机舱内及车身后方。因底盘部分车架内侧为传动系统,动力电池、电池附件、配电系统及冷却系统都布置在车架两侧或气瓶底部。车身下方布置燃料电池,车身后背液氢瓶,将空压机放置于车架外侧,一二轴之间两侧布置电池,电池采用水冷。

　　目前,车载储氢技术还在快速发展,如何兼顾成本、效率、储氢密度,对于燃料电池汽车的推广应用十分重要,也是当前储氢技术研发的重点。

7.4.3 整车综合热管理

燃料电池工作温度较低（60～80℃），绝大部分热量需要通过冷却系统排出，同时燃料电池汽车具有多个动力源，在起动和运行过程中既需要兼顾燃料电池和动力电池的能耗、耐久性，又要控制燃料电池和乘客舱的温度在合适范围，系统耦合度高，协调控制难度大，这都对燃料电池车辆热管理提出了挑战。

燃料电池重卡整车热管理系统（图 7-53）一般包括电堆热管理、动力电池热管理、电机冷却三套热管理子系统。其中动力电池热管理与电机冷却子系统一般沿用动力电池汽车热管理系统；电堆的低温冷却系统与传统发动机的结构相同，主要包括大循环和小循环。图示热管理系统具有 1 个独立热回路和 2 个热交换器，已考虑增压空气的冷却和电堆的加热；中冷器和冷凝器的冷却循环是一个独立的高温回路系统；散热器和风扇是热管理系统的核心部件，其换热性能对 PEMFC 发动机的稳定运行具有重要意义。

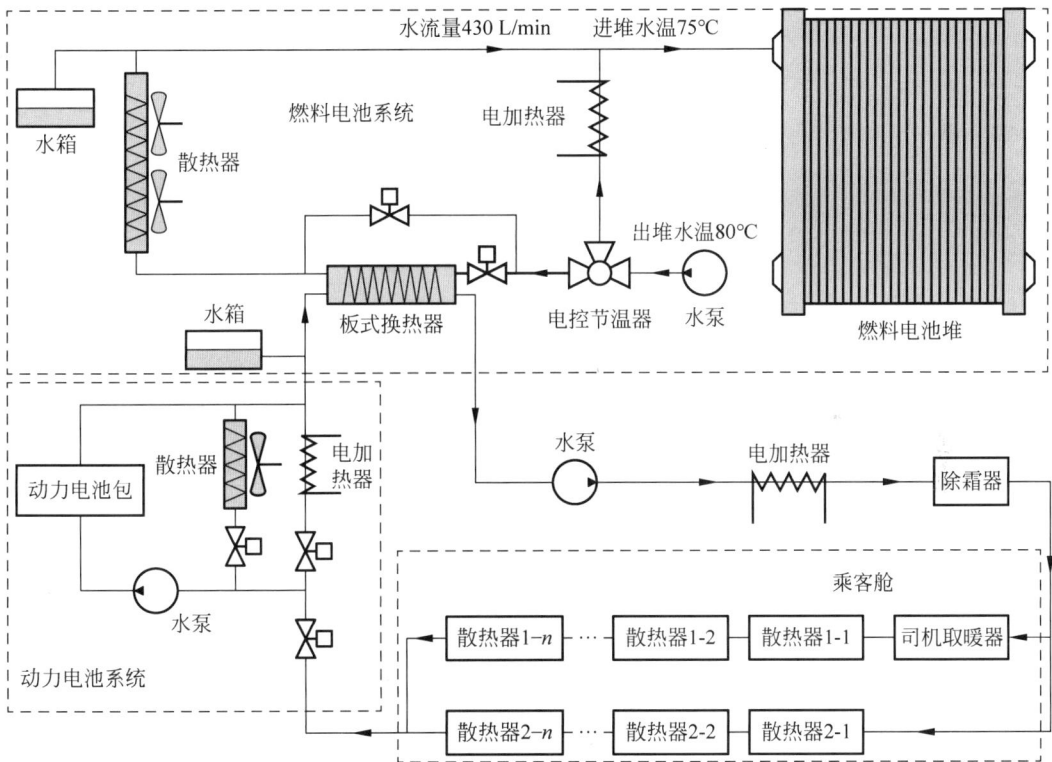

图 7-53 燃料电池整车热管理系统示意图

当考虑整车的热管理系统布置时，就需要考虑燃料电池产热与整车能量需求之间的供需关系与转换过程。传统方案的氢气能量利用率为电能占氢气能量的比例。低温环境下整车能量需求包括热能需求和电能需求。如图 7-54 所示，燃料电池堆在工作过程中会产生大量的热量，电能需求用于动力系统驱动车辆行驶，热能则可用于燃料电池的低温起动过程升温或者整车供暖。这部分余热的利用可以有效提高低温环境下燃料电池的能量利用效率。

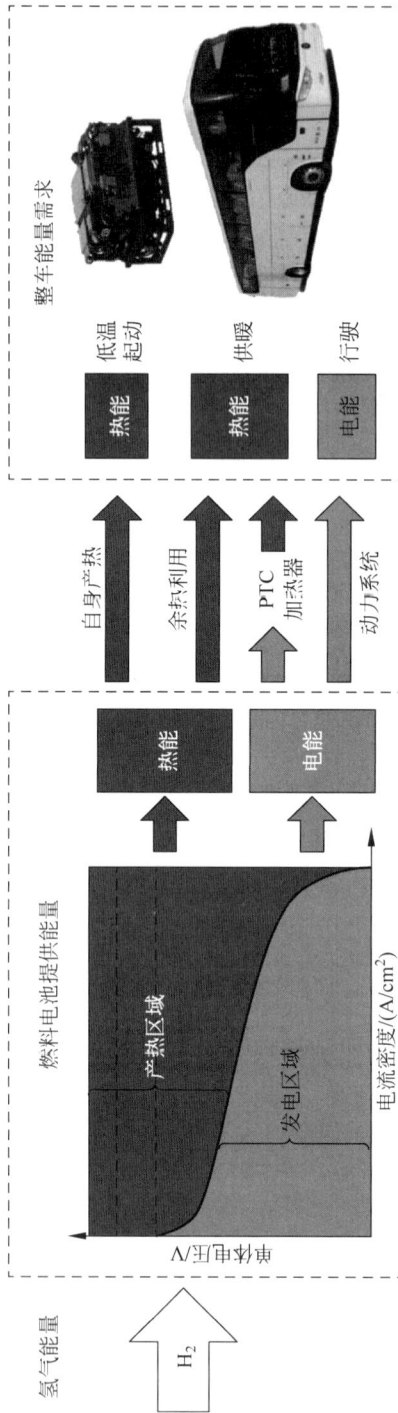

图 7-54 燃料电池汽车能量转换与供需关系

思　考　题

1. 分布式驱动与集中式驱动的优势与劣势分别是什么？怎么进行比较？
2. 新能源车辆的补电方式有哪些？各面临怎样的挑战和未来发展方向？
3. 从系统架构的角度出发，讨论车网互动在提高可再生能源利用率方面的作用和意义。
4. 无线充电的原理是什么？怎样提高无线充电的传输效率？
5. 燃料电池纯电驱动系统包含几种构型？各自有什么特点？

参考文献

[1] 欧阳明高,李建秋,杨福源,等.汽车新型动力系统:构型、建模与控制[M].北京:清华大学出版社,2008.
[2] GNRICH B,ECKSTEIN L,GRUBE T,et al. Fuel cells-data,facts and figures[M]. Weinheim: Wiley-VCH,2016.
[3] MASSON-DELMOTTE V,ZHAI P,PIRANI A,et al. Climate change 2021: the physical science basis: working group I contribution to the sixth assessment report of the intergovernmental panel on climate change[M]. Cambridge: Cambridge University Press,2021.
[4] AHLUWALIA R K,PENG J K,HUA T Q. 5-cryo-compressed hydrogen storage[M]//GUPTA R B, BASILE A,VEZIROǦLU T N. Compendium of hydrogen energy. Vol. 2: hydrogen storage, distribution and infrastructure. Cambridge: Woodhead Publishing,2015: 119-145.
[5] 魏一凡,韩雪冰,卢兰光,等.面向碳中和的新能源汽车与车网互动技术展望[J].汽车工程,2022,44(4): 449-464.
[6] 赵争鸣,张艺明,陈凯楠.磁耦合谐振式无线电能传输技术新进展[J].中国电机工程学报,2013,33(3): 1-13.
[7] 田春林.新能源商用车驱动方案及电驱动桥的应用[J].汽车制造业,2020(5): 16-19.
[8] 李长生.江淮自产动力客车底盘月销突破千台[J].运输经理世界,2013(10): 115.
[9] 李航,胡尊严,胡家毅,等.新型分布式驱动液氢燃料电池重型商用车设计、分析与验证[J].汽车工程,2022,44(8): 1183-1198.
[10] 李璐伶,樊栓狮,陈秋雄,等.储氢技术研究现状及展望[J].储能科学与技术,2018,7(4): 586-594.
[11] 陕西汉德车桥有限公司.一种用于氢燃料电池的比例阀:CN114454664A[P].2020-11-10.
[12] 比亚迪股份有限公司.轮边驱动系统以及车辆:CN110654220A[P].2020-01-07.
[13] 东风汽车公司.一种一体化集成式轮毂电机驱动单元:CN107487175B[P].2019-12-31.
[14] 张琴.燃料电池汽车动力系统能量管理策略研究[D].武汉:武汉理工大学,2013.
[15] 江宏亮.低温环境下的燃料电池启动建模与控制及整车能耗优化[D].北京:清华大学,2020.
[16] IRENA. Renewable power generation costs in 2020[R]. Abu Dhabi: IRENA,2020.
[17] AMERI M H,VARJANI A Y,MOHAMADIAN M. A new maximum inductive power transmission capacity tracking method[J]. Journal of Power Electronics,2016,16(6): 2202-2211.
[18] KURS A,KARALIS A,MOFFATT R,et al. Wireless power transfer via strongly coupled magnetic resonances[J]. Science,2007,317(5834): 83-86.
[19] MOHAMED A A S,SHAIER A A,METWALLY H,et al. A comprehensive overview of inductive pad in electric vehicles stationary charging[J]. Applied Energy,2020,262: 114584.
[20] CIRIMELE V,DIANA M,FRESCHI F,et al. Inductive power transfer for automotive applications: state-of-the-art and future trends[J]. IEEE Transactions on Industry Applications,2018,54(5): 4069-4079.